管理会计学

主　编　杨公遂　林丰岩　叶　飞
副主编　曹庆华　刘　芳　李　云

山东人民出版社

图书在版编目(CIP)数据

管理会计学/杨公遂,林丰岩,叶飞主编.—2版.—济南:山东人民出版社,2009.2(2024.8重印)
ISBN 978-7-209-04746-3

Ⅰ.管… Ⅱ.①杨…②林…③叶… Ⅲ.管理会计-高等学校-教材 Ⅳ.F234.3

中国版本图书馆CIP数据核字(2009)第016474号

管理会计学

杨公遂 林丰岩 叶 飞 主编

山东出版传媒股份有限公司
山东人民出版社出版发行
社 址:济南市市中区舜耕路517号 邮 编:250003
网 址:http://www.sd-book.com.cn
市场部:(0531)82098027 82098028
新华书店经销
日照报业印刷有限公司印装
规 格 16开 (184mm×260mm)
印 张 19.75
字 数 340千字 插页2
版 次 2014年10月第2版
印 次 2024年8月第10次
ISBN 978-7-209-04746-3
定 价 39.00元

如有质量问题,请与印刷厂调换。电话:(0633)8221365

前　言

管理会计学是把会计和管理结合起来的一门边缘性学科，它主要是通过运用一系列的专门方法，对财务会计及其他相关资料进行深加工，为企业内部进行预测、决策、规划、控制和业绩考核评价服务的一整套信息处理系统。管理会计与财务会计是现代企业会计的两大分支，它们之间既有区别又有联系。管理会计提供的资料是以企业领导者和管理人员为对象；财务会计虽然也提供资料，但以企业投资者、债权人及其他外界组织或人士为对象。

管理会计是在成本会计的基础上发展起来的。成本会计最初是为了满足财务报告的需要而产生的。成本会计侧重于成本的汇集、分配和产品成本的计算。通过成本的分配，使与产品相关的费用能够在产成品与在产品之间区分开来，进而以此为基础，对已完工的产品成本进一步区分为已销产品成本和期末存货成本。20世纪初，整个西方世界，总的来说是社会物资缺乏、供不应求、卖方市场占主导地位。企业之间的竞争并不激烈，企业对外界经济环境的分析显得并不重要，重要的是如何有效地生产产品。因此，泰罗的科学管理思想被广为推崇，其核心内容是通过各项生产和工作的标准化，来提高生产和工作效率，尽可能减少一切可以避免的浪费，从而达到提高企业利润的目的。与此相适应，会计的重点也放在产品成本的确定与控制上，形成了标准成本制度。这一制度的形成被认为是管理会计的雏形。第二次世界大战以后，西方国家的经济得到了迅速发展，日新月异的科学技术大规模应用于生产，资本进一步集中，企业规模日益的扩大，生产经营日趋复杂，竞争日趋激烈。泰罗的科学管理思想被以西蒙为代表的现代科学管理学说取代，人们已逐渐认识到："管理的重心在经营，经营的关键在决策。"在此情况下，以标准成本制度为特征的执行型管理会计被以决策为主要职能的管理会计所取代。其不同点在于：以决策为主要职能的管理会计为企业进行正确的经营决策、改善经营管理、全面提高经济效益提供信息和智力支持。

20世纪后期，科学技术迅猛发展，电脑数控机床和机器人、电脑辅助设计、电脑辅助制造以及弹性制造系统等高科技成果在生产中的广泛运用,使企业生产组织和生产管理显示出许多革命性变革,适时生产系统、全面质量管理等新观念、新理论和新方法相继形成,这对原有管理会计的技术和方法提出了新的挑战。人们开始对原有的管理会计技术和方法进行反思,认识到原有管理会计技术和方法已难以继续适应新的生产组织和环境,必须作出相应的变革。因此,产生了管理会计一些新的领域,诸如:价值链分析、战略定位分析、成本动因分析、作业成本会计、人力资源会计等。

本书共十章,可分为四大部分:第一部分是管理会计基础,由第一章至第四章组成,着重介绍管理会计的基本概念和基本方法;第二部分是预测决策会计,由第五章至第七章组成,着重介绍预测分析、决策分析的内容和方法;第三部分是规划与控制会计,由第八章和第九章组成,着重介绍全面预算和成本控制方法;第四部分是责任会计,着重介绍责任中心的建立、责任预算与责任报告的内容及编制方法。

为了尽量避免不同课程教学内容的重复,在《成本会计》、《战略管理会计》、《战略成本管理》等课程中涉及的相关内容,本书不再涉及。

本书由山东财经大学会计学院的杨公遂、林丰岩、叶飞老师任主编,曹庆华、刘芳、李云老师任副主编。参加本书编写和习题、案例资料整理的人员还有:王维祝、王琳、李连燕、韩倩倩、杨若谷、陈静、葛洪朋、高玉荣、马君、曲娟、仲帅、陈金丽、王宁、刘艳雪、张岳、王璐璐、薛一汛。本书阐述了作者的教学实践体会,并吸收了国际、国内最新研究成果。在写作过程中,参阅了国内外大量教材和文献,在此表示衷心的感谢!另外,山东财经大学博士生导师胡元木教授,会计学院院长汪平教授,会计学院党委书记张涛教授,会计学院副院长朱德胜教授、孙文刚副教授,对本书的写作也提出了很多富有建设性的意见和建议,山东人民出版社有关领导和工作人员对本书的出版也付出了大量心血,在此一并表示诚挚的谢意!

本书可作为高等财经院校、高职高专院校相关专业的教材,也可以作为广大管理干部自学或进修的参考用书。

在编写过程中,虽然我们本着严肃认真的态度做了多次审校和修改,但由于水平所限,书中疏漏错误在所难免,恳请广大读者批评指正,以便在修订时改正提高。

《管理会计学》编写组

2014 年仲夏于燕子山

目 录

CHAPTER 1 第一章 管理会计概述

【学习目标】

1.了解管理会计的概念和产生发展过程。
2.理解管理会计的基本职能和基本内容。
3.掌握管理会计与财务会计的区别和联系。

第一节　管理会计的产生和发展

一、管理会计的概念

目前,对于管理会计的概念还没有做出一个统一的规范,比较有代表性的观点主要有以下几种:

美国会计学会管理会计委员会 1958 年对管理会计所下的定义是:"管理会计是指,为了协助经营管理人员拟定能达到合理经营目的的计划,并做出能达到上述目的的明智决策,在处理本企业历史和计划的经济资料时所运用的被认为是适当的技术和概念。"

英国成本和管理会计师协会在 1982 年发表了一个广义的管理会计定义,认为:"管理会计是为管理当局提供所需要信息的那一部分会计工作,使管理当局得以确认方针政策;对企业的各项经营活动进行计划和控制,保护财产的安全;向企业的外部人员反映财务状况;向职工反映财务状况;对各个行动的备选方案做出决策。为此,需要编制长期计划;确定短期经营计划;对实际业务进行记录;采取行动纠正偏差,将未来的实际业务纳入进来;获取并控制各种资金。"这种广义的管理会计定义及其解释,当时得到了国际会计师联合会管理会计委员会的认可。

美国著名会计学家、卡内基梅隆大学工业管理研究生院院长罗伯特·S·卡普兰教授在其代表作《高级管理会计》一书中指出:"管理会计是一个对信息进行搜集、分类、汇总、分析和报告的系统。它帮助管理人员进行决策和控制活动。与财务会计不同的是:财务会计侧重于对企业的外部人士提供报告,而管理会计侧重于内部的计划和控制活动。"

20世纪80年代初,西方管理会计学的理论被介绍到中国。我国会计学者在解释管理会计定义时,提出了如下重要观点:

1.管理会计是一个服务于企业内部经营管理的信息系统。

2.管理会计是一种为管理部门提供信息服务的工具。

3.从学科的性质看,管理会计是一门新兴的以现代管理科学为基础的综合性交叉学科;从工作性质看,管理会计是信息系统的一个子系统,是决策支持系统的重要组成部分。

综合以上各种观点,可对管理会计做出如下定义:管理会计是把会计和管理结合起来的一门新兴的边缘性学科,它主要是通过运用一系列的专门方法,对财务会计及其他相关资料进行深加工,为企业内部进行预测、决策、规划、控制和业绩考核评价服务的一整套信息处理系统。这一定义不仅概括了管理会计的对象、职能和方法,而且还指明了管理会计的学科性质和工作性质。

管理会计与财务会计是现代企业会计的两大分支,它们之间既有区别又有联系。二者的区别与联系将在本章第二节中具体阐述。

二、管理会计的产生和发展

管理会计的雏形产生于20世纪20年代,20世纪50年代形成基本体系,70年代以后在世界范围内得以迅速发展和传播。先后经历了传统管理会计和现代管理会计两个发展阶段。

(一)传统管理会计阶段(20世纪20年代至40年代)

管理会计从传统的会计中分离出来,成为一门新兴的学科,是有它的客观依据的。管理会计是市场经济发展和科学技术发展的必然结果。管理会计的雏形,或称之为早期的执行性管理会计,其形成可以追溯至20世纪二三十年代。

19世纪末20世纪初,产业革命加速了资本主义经济的发展,生产规模的社会化和激烈的自由竞争,使原来那种单凭经验和主观臆断进行管理的方法已不能适应企业管理的要求,于是泰罗的科学管理理论便应运而生。1911年,被西方誉为"科学管理之父”的泰罗在《会计月刊》上发表了著名的“科学管理原理”，从而开创了企业管理上的一个新纪元。“泰罗制”逐步被推广，并于20世纪20年代到达顶峰。“泰罗制”的核心是：通过动作与时间的研究，制定额定的工作量和工资标准，用来考核和评价工作成绩。泰罗于1881年在米德维多钢铁厂任领班时，就开始了“动作与时间”的研究。他把每一种工作尽可能分解为许多基本动作，然后通过观察最熟练工人的操作，从中找出最快与最好的操作方法，再加上一些额外的时间（如必要的休息、无可避免的耽搁等）作为额定的时间，在此基础上定出一天的额定工作量，并根据每天完成的好坏，给予高低不同的工资。“泰罗制”实践的效果是明显的，如搬运工搬运的生铁，由原来每人每天16吨提高到50吨；工人工资由每天1.15美元提高到1.88美元；每吨生铁的搬运费由7.2美分下降到3.8美分。动作和时间方面的高度标准化，可以大大降低人工成本并提高企业利润。列宁于1918年在《苏维埃政权的当前任务》一文中指出：“资本主义在这方面的最新发明——泰罗制——也同资本主义其他一切进步的东西一样，有两个方面，一方面是资产阶级剥削的最巧妙的残酷手段，另一方面是一系列的最丰富的科学成就，即按科学来分析人在劳动中的机械动作，省去多余的笨拙的动作，制定最精确的工作方法，实行最完善的计算和监督制等等。”

作为配合推行泰罗的科学管理而进行的初步尝试，一些同泰罗的科学管理方法直接相联系的技术方法开始引进到会计中来。在会计业务中增加了“标准人工成本”和“成本差异”，出现了标准人工成本法。后来，另一位管理学专家甘特把标准人工成本法引申到材料和制造费用的成本管理中，形成了“标准人工成本”、“标准材料成本”和“标准制造费用”的标准成本体系。1919年，美国成本会计师协会的成立，加快了标准成本的推广，并将它纳入会计系统，成为标准成本会计。与此同时，预算控制和差异分析等方法也相继出现。20世纪20年代，少数学者开始提出“管理会计”这一名词，并有相关著作问世。1922年，美国会计学家奎因坦斯出版了《管理会计：财务管理入门》；1924年，麦金西的《管理会计》专著面世；布里斯出版了《通过会计进行经营管理》等著作。他们提出了利用会计加强企业内部管理，为企业内部管理服务的观点，但是由于没有形成相对独立的完善体系，当时并未引起人们的重视。据此，可以认为，以泰罗的科学管理理论为基础，以标准成本、预算控制和差异分析为主要内容的早期执行性管理会计，在20世纪20年代已经开始萌芽。

进入20世纪三四十年代以后，由于受到几乎波及整个西方资本主义世界范围的经济危机和第二次世界大战的双重影响，企业经营环境恶化，资金筹措不易，迫使企业想方设法加强企业内部管理，挖掘内部潜力。人们又提出了成本性态分析、本量利分析和变动成本法等管理会计的基础理论和方法，再加上原来的标准成本、预算控制和差异分析，管理会计的原始雏形基本形成。

在传统管理会计阶段，管理会计在实践上主要停留在个别或分散的水平上，着眼点仅限于既定决策方案的落实和经营计划的执行上，其职能集中体现在"控制"方面。因此，有人称传统管理会计阶段的特征是以控制会计为核心。

(二)现代管理会计阶段(20世纪50年代至今)

现代管理会计的真正形成和迅速发展，是从20世纪50年代开始的。

20世纪50年代，世界经济进入了战后发展的新时期。其主要特点表现在：第一，现代科学技术突飞猛进并广泛应用于生产，使生产力获得十分迅速的发展；第二，资本进一步集中，企业规模日趋扩大，跨国公司大量涌现，市场竞争更加激烈，企业经营环境更趋复杂。这些特点对企业管理也提出了相应的新要求：一方面要求企业内部管理更加合理化、科学化；另一方面要求企业具有灵活多变的反应能力和适应能力，以免在激烈竞争中被淘汰。战后经济的这些新的特点和要求，直接冲击了曾经风靡一时的泰罗科学管理理论。泰罗的科学管理理论的根本缺陷逐渐显露出来，如它只重视对生产过程的个别环节的高度标准化和高效化而忽视企业管理的全局以及企业与外部的关系；不把人当做有主动性、创造性的劳动者而只作为机器的附属物来管理，势必会引起广大工人的强烈不满，因此难以持久地取得良好的效果。在这种背景下，现代管理科学理论应运而生。现代管理科学理论广泛吸收了自然科学和管理科学的研究成果，形成了以运筹学、行为科学为主要支柱，包括系统科学、电子计算机技术在内的一整套能较好地适应战后经济特点和要求的理论和方法，从而克服了泰罗学说的重要缺陷。

现代管理科学理论的发展及其在企业管理中的成功应用，为现代管理会计学奠定了理论和方法的基础。例如，借助于运筹学中的有关理论和方法，建立了经营决策会计、投资决策会计和预测分析会计；借助于行为科学理论，建立了责任会计的方法体系。这样，以预测决策会计为主，以规划控制会计和责任会计为辅的现代管理会计体系就正式形成了。管理会计的应用范围日益扩大，作用越来越明显，越来越受到重视。

1952年，在伦敦举行的会计师国际代表大会上，正式通过了"管理会计"这一专门术语。原来传统的那一部分会计工作被称为财务会计，会计学被划分为财务会计和管理会计两大领域。

进入20世纪50年代以后，管理会计理论研究也出现了良好的发展势头。美、英等发达国家陆续将管理会计学课程作为高等院校会计专业和其他财经管理专业的主干课程。西方的会计学者撰写了大量的管理会计教材、专著和论文，其内容广泛，涉及预测决策会计、规划控制会计和责任会计。起初，西方学者只注重管理会计的实用性，而不注重它的理论研究，把管理会计理解为各种专门技术的应用。从20世纪80年代至今，管理会计的研究从实用的角度转向了理论研究。美国会计学会所属的管理会计实务委员会自1980年以来系统地发布《管理会计公告》，作为解决管理会计问题的指导原则。截止到1988年2月，管理会计实务委员会共发布了14个《管理会计公告》。这些公告是按管理会计体系的类别进行编号的，其主要内容包括："目标"类公告 5 个，"术语"类公告 1 个，"实务与方法"类公告 8 个。

专业管理会计团体的成立，也是现代管理会计形成的标志之一。早在 20 世纪 50 年代，美国会计学会就设立了"管理会计委员会"。1972 年，美国全国会计师联合会又成立了独立的"管理会计协会"，并举行了全美第一届执业管理会计师资格考试；几乎与此同时，英国也安排了类似的考试。从此，西方出现了"执业管理会计师（CMA）"职业，管理会计与财务会计的区分已形成制度化。1985 年，美国"管理会计协会"改称为"执业管理会计师协会"。同期，英国也成立了"成本和管理会计师协会"。它们分别出版了专业性刊物《管理会计》月刊，并在全世界发行。后来，又有许多西方国家出版发行管理会计专业杂志。

从 60 年代末 70 年代初开始，受统计决策理论和不确定条件下的经济学研究成果的影响，西方管理会计学者开始对以新古典经济学为基础的管理会计进行反思，并逐步放松了管理会计原有的基本设定，将不确定因素和信息成本概念引入管理会计，进而开始将信息统计学、代理人学说和行为科学等引入管理会计的研究，使管理会计的研究领域进一步拓宽。70 年代管理会计逐步风靡全世界。

如果说 70 年代以前管理会计理论比较流行的话，那么 80 年代以后则是研究管理会计如何推广和应用的问题。1980 年 4 月 24—26 日，国际会计师联合会在法国巴黎召开了第一次欧洲会计专家会议。会议上，与会专家和学者发出呼吁："为了在当今复杂多变的世界上能够使企业生存下去并繁荣起来，一个战略性的问题就是推广和应用管理会计。"王丙乾在 1980 年全国会计工作会议上提出，要在中国逐步推广和应用管理会计，管理会计开始引进到中国。

20 世纪 80 年代前后，伴随着全面质量管理、适时制造、时间竞争、弹性制造等管理理念的陆续产生以及在企业管理中的不断应用，企业面临着竞争更加激烈的全新的商业环境，管理会计产生了一个新的研究领域——战略成本管理。战略成本管理的主要内容包括价值链分析、战略定位分析、作业成本管理。由于篇幅所限，战略成本管理的内容将在《战略管理会计》课程中详细介绍，本书不做详细说明。

第二节 管理会计与财务会计的区别和联系

一、管理会计与财务会计的区别

(一)工作侧重点不同

财务会计工作的侧重点在于,通过一系列专门的会计核算方法,定期对外提供会计报告,满足企业外部债权人、投资者、财政税务部门、金融部门、上级主管部门及社会公众(包括潜在的投资者等)的需要,向上述与企业有利害关系的团体和个人报告企业的财务状况、经营成果和现金流量等方面的信息。其具体目标主要是为企业外界服务,从这个意义上说,财务会计也可称为“对外报告会计”。

管理会计工作的侧重点在于加强企业内部管理,对企业的生产经营活动进行预测、决策、规划和控制,并对各个部门的工作业绩进行考核和评价,为企业内部各级管理人员提供有用的信息。其具体目标主要为企业内部管理服务,从这个意义上来说,管理会计也可称为“对内报告会计”。

(二)作用时效不同

财务会计的作用时效主要在于反映过去,它只是根据客观性原则,对于已经发生的经济业务进行核算和监督,它强调客观性和可核实性,坚持历史成本原则,因为财务会计反映的都是过去实际已经发生的经济业务,所以它实质上属于算“死账”的“报账型会计”。

管理会计的作用时效不只局限于分析过去,更主要地还在于它能动地利用有关资料控制现在,预测和规划未来。因此,管理会计实质上属于算“活账”的“经营型会计”。

(三)工作依据不同

为了取信于人,财务会计工作必须严格遵守一般公认的会计原则(GAAP)。在我国现阶段,财务会计工作还必须遵守会计法、企业会计准则的规定。

管理会计主要是向企业内部各级管理人员提供加强内部管理所需要的信息,而且是面向未来,涉及的领域又比较广泛,所以它在很多方面可以不受上述原则和制度的约束。如在短期经营决策时,可以不受历史成本的约束,充分考虑重置成本和机会成本等因素的影响;在长期投资决策时,可以不受币值稳定假定和权责发生制原则的约束,按照收付实现制原则确定各期的现金净流量,并充分考虑货币的时间价值对决策方案的影响。

(四)工作程序不同

财务会计必须执行固定的会计循环程序。经济业务发生后,首先要取得和填制原始凭证,对原始凭证进行审核并据以填制记账凭证,然后要登记到有关的总账、明细账和日记账,进行试算平衡、成本计算,期末要进行账项调整,最后在财产清查保证账实相符的基础上编制各种会计报表。通常情况下,不得随意变更其工作内容或颠倒会计循环程序,它本身具有一定的强制性。在会计实务中,尽管不同行业之间经济业务的类型差异较大,但是财务会计循环的程序基本是固定的。

管理会计工作程序是不固定的。企业可以根据自己的实际情况和管理需要,自行设计管理会计工作流程。有些能够从财务会计中直接取得的成本和收入资料,管理会计就没有必要按照固定的程序重新计算。在会计实务中,不同企业间管理会计的工作程序具有较大的差异性。

(五)计算方法不同

财务会计计算方法比较简单,只涉及初等数学的知识,而且运用范围也较窄,一般情况下,加减乘除四则运算就能大体上满足财务会计计算方面的需要。

管理会计在计算方法的运用方面要求更高,为了解决复杂的经济问题,越来越多的高等数学、统计学方法、资金运筹学方法等应用到管理会计中来。例如,应用回归分析法进行成本性态分析;应用微积分法计算边际收入和边际成本,以确定产品最优价格;应用概率分析法进行各种预测和决策分析;应用线性规划法进行产品最佳组合的决策分析等。

(六)工作范围不同

财务会计主要以整个企业为核算对象,全面、系统、连续地核算和监督企业发生的全部经济业务,提供集中概括的财务会计信息,用来反映整个企业的财务状况和经营成果。全面性要求凡属于该企业的经济业务都必须加以记录,不能有所遗漏。

管理会计主要针对企业局部的特定问题进行预测和决策,以企业内部的各个责任中心为单位进行业绩考核和评价。同时,管理会计也从整个企业的全局出发,认真考虑各项计划与决策之间的协调配合和综合平衡,把局部和全局有机地统一起来。

(七)会计报告方面不同

财务会计提供的会计报告需要对外公布,对准确性和真实性要求较高,并要承担一定的法律责任。为了便于有关部门进行汇总和比较分析,财务会计报表的格式比较固定,并要求定期对外报送。

管理会计提供的信息主要满足对内管理的需要,而且有许多是涉及未来的信息,不要求绝对精确,只要求满足及时性和相关性。由于它们一般不向社会发布,法律效力不高,只有参考价值。管理会计报表属于企业内部报表,没有统一的格式,企业可以根据管理需要自行设计,而且会计报告的编制时间也是不定期的。

(八)人员素质要求不同

财务会计的主要任务是对外提供会计信息,主要强调信息的真实性、相关性、及时性和清晰性,对会计人员的专业素质要求较高,对会计人员的知识方面相对而言要求并不苛刻。财务会计工作一般需要专业操作能力较强、工作细致的专门人才来承担。

管理会计主要任务在于加强企业内部管理,为企业内部管理服务。由于管理会计的方法灵活多样,又没有固定的程序可以遵循,其体系相对来说缺乏统一性和规范性,管理会计的工作水平在很大程度上取决于会计人员素质的高低。同时,由于管理会计工作需要考虑的因素较多,涉及的内容和方法比较复杂,要求从事这项工作的人员必须具备较宽的知识面和较深厚的专业造诣,具有较强的分析问题、解决问题和果断应变的能力。再加上管理会计所涉及的问题大多关系重大,尤其是决策工作决不允许素质较低的人员瞎参谋,乱指挥。因此,管理会计工作对会计人员素质的要求起点比较高,需要由复合型高级会计人才来承担。

二、管理会计与财务会计的联系

管理会计作为从传统财务会计中分离出来的一门学科,与财务会计存在着一定的联系。管理会计与财务会计的联系主要体现在以下三个方面:

(一)基本信息同源

管理会计虽然可以通过不同的渠道取得多种形式的资料,但最基本、最重要的还是会计核算资料。它不必像财务会计那样填制和审核凭证、登记账簿、记录和汇总企业日常发生的经济业务。这方面的工作依旧由财务会计完成,管理会计直接从财务会计中抽取有关的收入成本等信息即可。所以,管理会计和财务会计虽说是两个不同的会计信息系统,但它们的基本信息来源却是相同的,即都是直接反映企业生产经营活动的原始信息。财务会计负责取得会计凭证并据以登记账簿;而管理会计只是对财务会计提供的有关数据进行一系列特殊的加工、改造,使之成为企业管理者预测、决策、规划、控制和考核评价经营业绩的主要依据。因此,归根结底,二者基本信息的源头是一致的。

(二)服务对象交叉

前面讲到,管理会计可称之为对内报告会计,财务会计可称之为对外报告会计。但这样比拟,只是表明它们服务对象的侧重点不同,并不意味着二者在这个问题上完全割裂或对立。事实上,财务会计作为“对外报告会计”同时也为内部服务;管理会计作为“对内报告会计”同时也为外部服务。这是因为,财务会计提供的许多重要指标,如资金、成本、利润等,对企业管理者特别是高层决策者同样需要,也是他们制定决策、编制计划和实施控制等活动所不可缺少的。很难想象,企业管理层在不了解企业财务状况和经营成果的条件下,能够对未来生产经营活动进行正确的规划,做出科学的预测和决策。同样,管理会计提供的许多重要经济信息,以及根据这些信息所确定的目标、方针、计划和现金流量等等,企业外部的债权人、投资者等也需要有所了解,这是他们决定投资、放款和估量未来收益时需要考虑的。尤其是管理会计所进行的预测、决策、规划和控制等项工作,是围绕着企业生产经营的最佳运转而展开的,是为怎样保持良好的财务状况和取得预期的经营成果服务的,同投资者、债权人的最终经济利益密切相关。20世纪70年代初,美国会计准则委员会要求把作为管理会计内部报表的财务状况变动表作为对外报送的资料。后来,国际会计准则委员会认可了这一决定,要求把财务状况变动表作为对外报送的三大报表之一。可见,管理会计与财务会计在为谁服务的问题上虽然有明确区别,但也有某些共同之处,二者之间存在着服务交叉的现象。

(三)最终目标一致

管理会计和财务会计都处于现代经济条件下的现代企业环境之中;他们的工作对象从总的方面看基本相同,都是企业经营过程中的价值运动;两者统一服从于现代企业会计总体要求,共同为满足信息使用者的要求服务。因此,它们的最终奋斗目标是一致的,都是为了加强企业经营管理,提高企业经济效益和生产效率。

第三节　管理会计的基本职能和内容

一、管理会计的基本职能

会计的职能是指会计应具备的内在功能。财务会计的基本职能是核算和监督。

管理会计的职能是指管理会计实践本身客观存在的必然性所决定的内在功能。管理会计的基本职能可以概括为以下五个方面:

(一)预测经营前景

预测是指采用科学的方法预计推测客观事物未来发展必然性或可能性的行为。可以根据现在推测判断将来,根据已知推测判断未知。管理会计发挥预测经营前景的职能,就是按照企业的现实情况和将来可能出现的各种因素,充分考虑经济规律的作用和经济条件的约束,选择合理的方法和模型,对企业的销售、成本、利润及资金的变动趋势和水平做出预计和推测,为企业经营决策提供有用的信息。

(二)参与经营决策

决策是指在充分考虑各种可能的前提下,以预测为基础,按照客观规律的要求,通过一定的程序和方法对未来实践的方向、目的、原则和方法做出决定的过程。在只有一个方案可供选择时,要对该方案的可行性做出决策;在有几个方案可供选择时,要对各个备选方案的优劣进行分析比较和排序,并从中选出最优方案。决策在企业经营管理中具有十分重要的地位,“管理的重心在经营,经营的关键在决策。”由于决策工作贯穿于企业经营管理的各个方面和整个过程的始终,所以决策的正确与否直接影响到一个企业的成败和兴衰。管理会计的决策职能主要体现在生产决策、定价决策、存货决策和长期投资决策等方面,有关内容及方法将在以后各章陆续阐述。

(三)规划经营目标

规划主要是对企业的未来生产经营活动做出计划。管理会计的规划职能是通过编制各种计划和预算实现的。它要求在最终决策方案的基础上,将事先确定的各项经营目标分解落实到各有关预算中去,从而合理有效地组织协调供、产、销及人、财、物之间的关系,并为控制和业绩考核创造条件。

(四)控制经营活动

管理会计的控制职能要求把对经营活动过程的事前控制和事中控制有机地结合起来,即事前制定科学可行的各项标准,并根据执行过程中的实际与计划发生的偏差进行原因分析,以便及时采取措施进行调整,改进管理工作,确保经营活动按照预定的目标顺序进行。

(五)考核评价经营业绩

在生产力的各个组成要素中,劳动者是一个十分重要的因素,如果能把劳动者的积极性和创造性调动起来,会极大地提高劳动生产率。现代管理会计十分重视充分调动人的积极性,通过建立责任会计制度,在企业内部各部门明确各自责任的前提下,逐级考核责任指标的执行情况，找出成绩和不足，科学地考核和评价经营业绩，从而为奖惩制度的实施和未来工作改进措施的制定提供必要的依据。

二、管理会计的基本内容

管理会计的基本内容是由完成管理会计职能和目标的具体理论及方法组成的。与管理会计的基本职能相联系，管理会计的基本内容可分为预测分析、决策分析、全面预算、成本控制和责任会计五个方面。

（一）预测分析

预测分析主要是根据现在推断未来、根据已知推断未知的活动。管理会计中预测分析的内容主要包括销售预测、成本预测、利润预测和资金需要量的预测，它可以为决策分析提供必要的资料，为企业做出正确的决策服务。

（二）决策分析

决策分析是在预测分析的基础上进行的，其主要内容包括短期经营决策和长期投资决策。短期经营决策一般是指在一个经营年度或经营周期内能够实现其目标的决策，主要包括生产决策、定价决策和存货决策等内容。长期投资决策是指在较长时期内（超过一年）才能实现其目标的决策，它的主要特点是对以后若干期的收支产生影响，一般需要投入大量资金，回收慢，风险也较大。

（三）全面预算

全面预算就是以货币为主要指标，展示未来某一特定期间内企业全部经营活动目标及其资源配置的财务计划。它一般包括经营预算、财务预算和资本预算，其内容将在以后有关章节说明。

（四）成本控制

成本控制是对企业生产经营的各个方面、各个环节及各个阶段所有成本的控制。它不仅要控制产品生产阶段的成本，而且要控制产品设计试制阶段的成本和销售及售后服务阶段的成本；不仅要控制产品成本，而且要控制产品成本以外的成本，如质量成本和使用寿命周期成本；不仅要加强日常的反馈性成本控制，而且要做好事前的前馈性成本控制。它在时间上贯穿于企业生产经营的全过程，在空间上渗透到企业生产经营的方方面面。

(五)责任会计

责任会计是现代分权管理模式的产物,它是通过在企业内部建立若干个责任中心,并对其分工负责的经济业务进行规划与控制,以实现业绩考核和评价的一种内部控制会计,是管理会计的一个子系统。

其中,预测分析和决策分析可以合称为预测决策会计;全面预算和成本控制可以合称为规划控制会计。这样,管理会计的基本内容也可以归纳为三大类,即预测决策会计、规划控制会计和责任会计。以上内容既相互独立,又相辅相成,共同构成了管理会计的基本内容。

第四节 管理会计的基本假设和原则

一、管理会计的基本假设

会计假设是指面对变幻不定的社会经济环境,对会计领域中存在的某些尚未确定或当时无法验证的事项,根据客观的、正常的情况或趋势做出的合乎情理的逻辑性推断或命题。

管理会计的基本假设,可根据管理会计的对象、职能、目标和工作环境的要求,分为以下六项:

(一)会计主体的假设

会计主体的假设是指管理会计人员要站在特定企业的立场上,为特定企业服务,它明确了管理会计的空间范围。管理会计只对特定企业的经营活动进行预测、决策、规划、控制和业绩考核评价服务,目的在于加强特定企业的内部管理,提高特定企业的经济效益和生产效率。

(二)持续经营的假设

持续经营的假设是指假设企业能按照目前的状况和企业的未来发展规划持续存在下去,在可以预见的将来不会破产清算。它明确了管理会计工作的时间范围。只有在持续经营的前提下,管理会计的预测、决策、规划、控制和业绩考核评价工作才具有实际意义。

（三）货币时间价值的假设

货币的时间价值是指作为资本使用的货币随着时间的推移所发生的增值。货币时间价值假设是指它承认货币具有时间价值，即不同时期的同量货币价值是不同的。它假定企业投资的报酬是与投资时间长短成正比，时间越长，投资报酬就越多。这种说法也是一种假设，因为长期投资决策时所估算的报酬只能在实际投资之后才能确定和实现，而且这种报酬与利息率可能并不存在必然的联系。另外，由于投资环境的复杂性和风险性，投资报酬并不一定与时间长短成正比。

（四）成本性态分析和相关范围的假设

成本性态分析的假设是指企业按照成本性态，将全部成本区分为变动成本和固定成本两大类。相关范围的假设是指在特定时期和特定业务量范围内，假设固定成本总额不随业务量的增减变动而变动，变动成本总额随业务量变动成正比例变动。在此基础上，企业才能更方便地进行本量利分析、变动成本法的计算，并开展预测分析和短期经营决策分析。

（五）产销平衡和品种结构稳定的假设

产销平衡和品种结构稳定的假设是指企业在产销单一产品时，产量与销售量是一致的；而在企业同时产销多种产品时，假设各种产品销售收入在企业总收入中所占的比重是稳定的。只有在产销平衡和品种结构稳定假设的基础上，企业才能开展本量利分析等活动。而事实上，在企业实际经营过程中，产销未必一定平衡，品种结构也未必一直稳定不变。

（六）变动成本法的假设

变动成本法是指企业在计算产品生产成本时，只包括生产产品所消耗的直接材料、直接人工和变动制造费用，而把固定制造费用作为期间成本处理的一种成本计算方法。变动成本法的假设是指假设企业在计算产品生产成本时所选用的成本计算方法为变动成本法，而不是传统意义上的完全成本法。在变动成本计算法的前提下，管理会计可以比较方便地开展本量利分析，进行预测分析和短期经营决策分析，而且编制全面预算的工作量也大大减轻了。

二、管理会计的基本原则

管理会计原则是指处理管理会计业务，开展管理会计工作时所遵循的规范和标准。在美国，一般用“管理会计信息的质量特征”来表述。管理会计的基本原则包括以下六项：

(一)相关性原则

相关性原则是指管理会计所提供的信息应当有助于企业内部各级管理人员做出经济决策，应当对信息的使用者有用。所以，相关性原则也可称为有用性原则。

(二)及时性原则

及时性原则是指管理会计所加工出来的信息应当及时地提供给信息的使用者，以便于管理人员及时做出决策。如果信息提供不及时，就会降低其有用性，对企业管理造成一定的损失。

(三)明晰性原则

明晰性原则是指管理会计所提供的信息应当清晰明了，便于信息使用者理解和利用。在提供管理会计信息时，提高信息的可理解性，增强其可读性，能扩大信息使用者的范围，提高信息的使用效益。明晰性是联结信息质量和信息使用者之间的纽带，与决策者了解和使用信息密切相关。

(四)重要性原则

重要性原则要求对于重要的管理会计信息应当单独及时反映。重要性原则意味着，一些重要的管理会计信息可以随时不定期地单独提供给决策者，而且其计算应尽可能准确，表述应尽可能规范、严密。凡是细小的和不重要的会计信息，因为对决策的制定影响不大，可以采用最简捷、花费代价最小的方式加以计量和记录，有时也可以直接从财务会计有关信息中取得。它同时体现了成本效益原则，因为取得的信息越多，信息的精确程度越高，必然花费的成本也越大。另外，管理会计的预测和决策等活动是针对未来的，而未来本身就具有一定的不确定性，所以管理会计有时只要计算出近似值，就可以做出正确的决策。

(五)中立性原则

中立性原则是指管理会计提供的信息对不同的内部经济利益体的影响都是公平的，不能有意偏袒其中的任何一方。中立性所以作为管理会计的一项基本原则，是因为管理会计信息通常作为各内部部门业绩考核评价或作为内部资源分配的重要依据。

(六)利润最大化原则

利润最大化原则是指企业在经营管理决策中，总是以目标利润最大的方案作为最优方案。在短期经营决策和长期投资决策中，如果同时有多个备选方案可供选择时，管理会计人员要以目标利润最大的方案作为中选方案，最终目的是能使企业总体目标利润实现最大化。

以上只是管理会计的基本假设和基本原则，在以后各章中还可能会涉及其他一些具体方法中的原则和假设，这里不一一赘述。

第五节　管理会计工作组织

管理会计工作组织是根据管理会计工作的特点，制定管理会计规章制度，设置管理会计机构，配备管理会计工作人员，以保证合理、有效地进行管理会计工作。

一、制定管理会计制度

(一)管理会计制度的概念

管理会计制度是根据各单位的具体情况和内部管理的需要，用来开展和规范管理会计工作的规章制度。制定合理的管理会计制度并有效执行，能保证管理会计工作高效有序的进行，可以使其提供的管理会计信息更具及时性和有用性，更好地满足企业加强内部管理的需要。

(二)制定管理会计制度的原则

企业在制定管理会计制度时，应遵循以下原则：

1.要遵循市场经济规律和国家有关财经法规的要求。

2.应体现本单位的生产经营、业务管理的特点和要求。

3.应当科学、合理，便于操作和执行。

4.应当全面规范本单位的管理会计工作，保证管理会计工作的有序进行。

(三)管理会计制度的内容

管理会计制度主要包括以下内容：

1.建立管理会计工作体系。主要内容包括：单位领导人、总会计师对管理会计工作的领导职责；管理会计部门及其负责人的职责和权限；管理会计部门与其他职能部门的关系等。

2.建立管理会计人员岗位责任制度。主要内容包括：管理会计人员的工作岗位设置；各工作岗位的职责和标准；各工作岗位的人员和具体分工；工作岗位轮换办法；对各工作岗位的考核办法等。

3. 建立管理会计业务规章制度。主要内容包括：成本性态分析的方法；成本计算方法的选择；预测分析方法的选择和使用；短期经营决策分析的方法；长期投资决策评价指标的选择和运用；全面预算的内容及其编制方法；标准成本控制系统的建立和执行；责任中心的划分、内部转移价格的确定及业绩考核评价的方法等。

二、设置管理会计机构

（一）西方企业的组织系统

任何企业都可以划分为各个不同的职能部门，使企业的经营活动更加易于管理。西方制造性公司的组织大体上可分为生产部门和服务部门两大系统。凡是直接处理产品的生产和销售活动的，称为生产部门。至于其他部门，因为都是支持生产部门的工作，或为生产部门服务，故称为服务部门。其组织系统如图 1－1 所示。

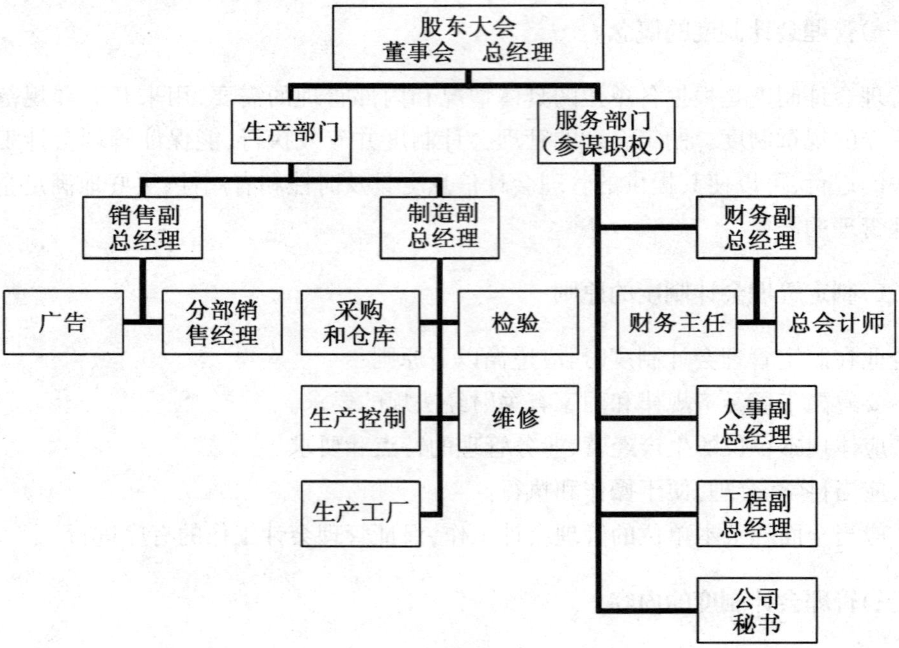

图 1－1　西方企业组织系统图

图 1－1 表明，由财务副总经理领导下的会计部门和财务部门同属于服务部门。西方企业中会计部门和财务部门一般是分开设置的。会计机构的负责人为“会计长”，由于他的职责和工作性质相当于我国的总会计师，所以也可以称为“总会计师”。财务机构的领导为“财务主任”，他主要负责企业的财务问题，而不是经营问题。

根据美国“高级财务人员协会”的规定，总会计师和财务主任的职责可作如下区分（见表1－1）。

表1－1　总会计师与财务主任的职责划分

总会计师	财务主任
(1) 规划与控制； (2) 编制报告并进行解释； (3) 业绩评价与咨询； (4) 税务管理； (5) 向政府提出报告； (6) 保护财产安全； (7) 经济评价。	(1) 提供资金； (2) 与投资人联系； (3) 短期理财； (4) 与银行往来并委托银行保管货币资金； (5) 放账与收款； (6) 投资； (7) 保险。

从上表可以看出，总会计师履行的前三项职责都属于管理会计的范畴。在总会计师之下，按照计划与控制、税务、会计与计算机等专门领域，分别由管理会计师、成本会计师、财务会计师、税务专家、计算机专家等负责管理。总会计师的业务系统如图1－2所示。

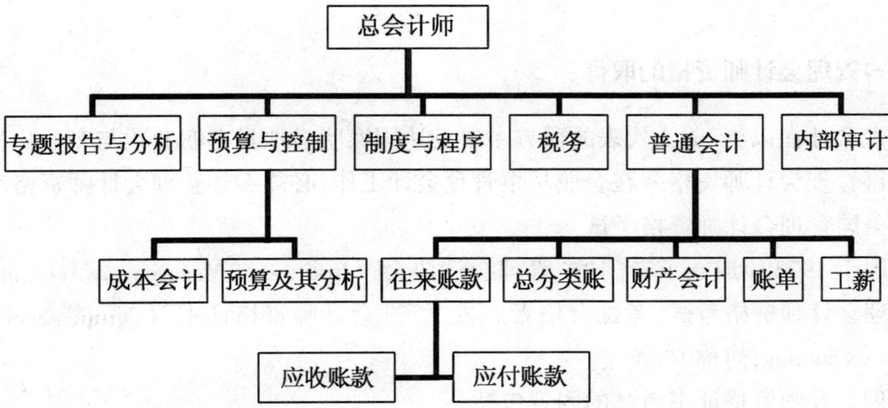

图1－2　总会计师业务系统图

(二)管理会计机构的设置

在会计机构内部，根据工作需要和企业的具体情况，可以单独设置独立的管理会计机构，并配备必要的管理会计人员；也可以由财务会计人员兼任。但是，为了保证管理会计工作的全面开展，在规模较大的企业里，把管理会计机构与财务会计机构分开设置，并分别配备专职的会计人员，是非常必要的。

大中型企业中，管理会计机构可以分设以下几个小组，每个小组的职责和要求如下：

1.预测分析组。负责成本按性态分类；进行本量利分析；销售预测；成本预测；利润预测；资金需要量的预测等。

2.决策分析组。负责搜集决策所需的资料；进行生产决策，确定生产什么、生产多少、怎样生产等问题；进行定价决策，确定产品最优售价，判断分析调价方案的可行性；进行存货决策，确定经济订货量、再订货点和最优生产批量；进行长期投资决策，判断长期投资决策方案的可行性，比较投资方案的优劣，确定最优方案。

3.全面预算组。负责全面预算中各项经营预算、财务预算和资本支出预算表格的设计；具体预算的编制方法；预算的执行、调整和检查分析；预算差异的具体处理。

4.成本控制组。负责标准成本的制定；日常标准成本的执行和控制；成本差异的计算分析和账务处理；质量成本控制；使用寿命周期成本控制等。

5.责任会计组。负责责任中心的划分；责任中心的业绩考核与评价；责任转账；编制责任报告；确定内部转移价格等。

根据企业规模大小和管理要求不同，以上几个小组也可以适当合并或细分，以适应企业加强内部管理的需要。

三、配备管理会计人员

（一）管理会计师资格的取得

管理会计在以英、美为代表的西方主要发达国家明显地具有职业化与专业化特征。要想取得管理会计师资格并在企业从事管理会计工作，必须参加管理会计师资格考试。

1.美国管理会计师资格考试

美国于1972年成立了专门的“管理会计协会”(Institute of Management Accounting)，负责管理会计师资格考试，考试合格者颁发“管理会计师资格证书”(Certificate in Management Accounting，简称CMA)。

管理会计师资格证书考试的内容包括：

(1)经济学、理财和管理学；

(2)财务会计及报告；

(3)管理报告、分析与行为问题；

(4)决策分析与信息系统。

全部考试计16小时，分两天举行。

申请者具备下列三项条件之一，方可参加资格考试：

(1)在立案学院或大学获得学士学位；

(2)达到执业管理会计师协会证书委员会规定的“硕士生入学考试”(GRE)或“管理研究生入学考试”(GMAT)的合格成绩；

(3)注册会计师或在别国取得证书委员会认可的相应专业资格证明。

要取得管理会计师证书和成为执业管理会计师，申请人必须在 3 年内通过上述四个部分的考试，并在参加考试前或考试后 7 年内具有连续两年从事管理会计工作的经验，且遵守管理会计师职业道德规范标准。

管理会计师资格证书项目自 1972 年设立以来，已取得了巨大的成就。近年来，执业管理会计师（CMA）已和注册会计师（CPA）一样得到了社会的公认，报考 CMA 的人数已有超过 CPA 之势。许多人首先取得的是 CPA 的执照，然后成为管理会计师，因此，许多管理会计师同时也是注册会计师。在美国，已有越来越多的人同时具有 CMA 和 CPA 证书。申请者取得管理会计师证书，被认为已具备较高的专业水平和能力，即可受到许多大公司的青睐，拥有令人羡慕的高薪和晋升的机会。

2.英国管理会计师资格考试

英国的管理会计师资格考试是由"特许管理会计师协会"（Chartered Institute of Management Accountants）负责组织和实施。该协会规定，申请参加资格考试的人员必须至少达到大学入学标准或相当学历。1987 年以前，该协会组织的资格考试由基础阶段和专业阶段两个部分组成。1987 年，该协会对管理会计师资格考试的内容做了修改，修改后的考试内容及考试时间具体安排如下：

（1）管理会计（8.5 小时）；

（2）财务会计（8 小时）；

（3）成本会计（3 小时）；

（4）财务管理（3 小时）；

（5）管理学、公司发展战略及市场学（6 小时）；

（6）法律、税收及经济学（12 小时）；

（7）数量分析技术和信息技术处理（7.5 小时）。

凡通过资格考试，并具有三年以上从事管理会计工作实践经验，方可申请非正式会员。

申请正式会员，除通过资格考试外，还须具有三年财务经理或财务主任等工作经验。申请者一旦取得正式会员资格，持有特许管理会计师证书，就被认为具有广泛的理论知识和丰富的实践经验，具有较高的社会经验，为社会所尊重。

根据我国的实际情况，可以参照英国或美国的做法，成立注册管理会计师协会，组织注册管理会计师资格考试，选拔和任用管理会计人员。

（二）管理会计师的职业道德

管理会计师在工作中应遵守职业道德，管理会计师职业道德一般由国家会计师协会或管理会计协会颁布，如美国会计师协会于 1982 年颁布了"管理会计师职业道德标准"。管理会计师不得出现违反这些标准的行为，也不应听任其他人员违反这些规则。

这些职业道德标准主要有以下内容：

1.技能(Competence)。管理会计人员有义务：

(1)通过不断提高自身的知识和技能，保持适当的专业技术水平；

(2)按照各有关法律、规章和技术标准，履行其职业任务；

(3)在对相关和可靠的信息进行适当分析的基础上，编制完善而清晰的报告，并提出建议。

2.保密(Confidentiality)。管理会计人员有义务：

(1)除法律规定外，非经核准，不得泄露工作过程中所获得的机密信息；

(2)告诉下属要适当注意工作中所得信息的机密性并监督其行为，以确保严守机密；

(3)禁止将工作中所获得的机密信息，经由个人或第三者用于获取不道德或非法利益。

3.廉政(Integrity)。管理会计师对下列各项有责任：

(1)避免介入实际或明显的利害冲突并向任何可能的利害冲突各方提出忠告；

(2)不得从事道德上有害于履行职责的活动；

(3)拒绝收受影响其行为的任何馈赠、赠品或宴请；

(4)严禁主动或被动地破坏企业组织的合法和道德目标的实现；

(5)了解并沟通不利于作为认真负责的判断或顺利完成工作的专业性限制条件或其他约束条件；

(6)沟通不利及有利的信息以及职业判断或意见；

(7)禁止从事或支持任何有害于职业团体的活动。

4.客观性(Objectivity)。管理会计师对下列各项有责任：

(1)公允而客观地沟通信息；

(2)充分反映信息，帮助使用者正确理解各项报告、评论和建议。

【本章小结】

管理会计是与泰罗制相配合的，在20世纪20年代最早提出，40年代处于萌芽阶段，50年代形成体系。20世纪70年代风靡全世界，80年代以后是管理会计的推广和应用阶段。20世纪50年代以前的管理会计属于传统管理会计阶段，以标准成本、预算控制和差异分析为重点；20世纪50年代以后的管理会计属于现代管理会计阶段，以预测决策会计为核心。

管理会计与财务会计既有区别又有联系。二者在服务对象、工作侧重点、核算程序、核算依据、工作范围、计算方法、会计报告、会计人员素质要求等方面具有不同的特点；但是二者同属于会计学科，具有一定的联系，服务对象交叉、基本信息同源、最终目标一致。

管理会计的基本内容包括预测分析、决策分析、全面预算、成本控制和责任会计；因为管理会计具有以上五项基本内容，所以其具有以下五项基本职能：预测经营前景、参与经营决策、规划经营目标、控制经营活动、考评经营业绩。

管理会计也需要遵循相关的会计假设和基本原则。管理会计与财务会计相同的基本假设包括：会计主体的假设、持续经营的假设；与财务会计不同的假设包括：货币时间价值的假设、产销平衡与品种结构稳定的假设、成本性态分析与相关范围的假设、变动成本法的假设。管理会计与财务会计相同的会计原则包括：相关性原则、及时性原则、明晰性原则、重要性原则；与财务会计不同的原则包括：中立性原则、利润最大化原则。

管理会计的工作组织包括：管理会计机构的设置、人员的配备和管理会计制度的建设三个方面。

【本章练习题】

一、单项选择题

1.最早提出“管理会计”这一专门术语是在20世纪(　　)年代。

A.20　　B.40　　C.50　　D.80

2.正式通过“管理会计”这一专门术语是在20世纪(　　)年代。

A.40　　B.50　　C.70　　D.80

3.管理会计最早传入中国是在20世纪(　　)年代。

A.30　　B.50　　C.70　　D.80

二、多项选择题

1.传统管理会计阶段的重点是(　　)。

A.标准成本　　B.预算控制　　C.差异分析　　D.预测会计

E.决策会计

2.现代管理会计阶段的重点是(　　)。

A.标准成本　　B.预算控制　　C.差异分析　　D.预测会计

E.决策会计

3.管理会计的基本职能包括(　　)。

A.预测经营前景　　B.参与经营决策

C.规划经营目标　　D.控制经营活动

E.考核评价经营业绩

4.管理会计的基本内容包括(　　)。

A.预测分析　　B.决策分析　　C.全面预算　　D.成本控制

E.责任会计

三、名词解释

管理会计

四、简答题

1.管理会计与财务会计的区别主要表现在哪些方面？二者之间又有何联系？

2.管理会计的基本职能是什么？为什么说管理会计的产生扩展了传统会计的职能？

3.管理会计的基本假设有哪些？它与财务会计的基本假设有何异同？

4.管理会计的基本原则有哪些？

5.管理会计师应遵守的职业道德有哪些？

CHAPTER 2 第二章

成本性态分析

【学习目标】

通过本章的学习,应能达到以下学习目标:

1.掌握管理会计中成本的概念及分类;

2.重点掌握固定成本,变动成本,混合成本的特点;

3.重点掌握成本性态分析的方法。

第一节 成本按经济职能分类

一、成本的概念

一般来说,成本是为了达到特定目的所失去或放弃的资源。这里的"资源",不仅包括作为生产资料和生活资料的天然资源,还包括经过人类加工的物资资源以及人力资源。"特定目的"是指需要对成本进行单独测量的任何活动,也就是成本对象,例如一件产品、一项设计、一项服务等。

在会计学、管理学和经济学中,有不同的成本概念。在财务会计中,成本是指取得资产或劳务的支出。例如,固定资产的成本是指取得该固定资产的买价、运费和保险等相关支出。在现代管理会计中,成本是指企业在生产经营过程中对象化的、以货币表现的、为了达到一定目的的而应当或可能发生的各种经济资源的价值或代价。

成本是反映企业生产经营管理工作质量的综合性指标。企业在生产经营过程中劳动生产率水平、产品的数量、产品的质量、原材料的节约使用情况、设备合理利用程度等都会直接或间接地从成本指标上得以反映。所以成本的高低直接反映了企业管理水平的高低。在实际工作中,为了适应经营管理的不同需要,成本可以从不同角度进行分类。例如:成本按其经济职能,可分为制造成本和非制造成本;成本按其生产过程中与产量增减的变化关系,可分为固定成本、变动成本和混合成本;成本按照可控性,可分为可控成本和不可控成本。本节仅介绍成本按其经济职能分类。

二、成本按经济职能分类

在实务中,生产经营成本分为生产成本、推销成本和管理成本三大类。

(一)生产成本

生产成本包括直接材料、燃料和动力、直接人工和制造费用等成本项目。

1.直接材料。它是指企业在生产产品过程中所消耗的,直接用于产品生产,构成产品实体的原料及主要材料、外购半成品(外购件)、修理用备件(备品配件)、包装物、有助于产品形成的辅助材料以及其他直接材料。

2.燃料和动力。它是指企业在生产产品过程中所消耗的,直接用于产品生产的外购和自制的燃料和动力费。

3.直接人工。它是指企业在生产产品过程中,直接从事产品生产的工人工资以及按生产工人工资和规定的比例计提的职工福利费。

4.制造费用。它是指企业在生产产品和提供劳务过程而发生的各项间接费用,直接用于产品生产和劳务,但不便于直接计入产品成本和劳务成本,因而没有专设成本项目的费用(例如机器设备折旧费用),以及间接用于产品生产的各项费用(例如机物料消耗、车间厂房折旧费用等)。包括车间范围内管理人员的工资及福利费、折旧费、修理费、办公费、水电费、机物料消耗、劳动保护费、季节性和修理期间的停工损失等。

(二)销售费用

销售费用包括营销成本、配送成本和客户服务成本等。

(三)管理费用

管理费用包括研究与开发成本、设计成本和行政管理成本等。

- 成本
  - 制造成本
    - 直接材料
    - 燃料和动力
    - 直接人工
    - 制造费用
  - 非制造成本
    - 销售成本
    - 管理成本

图 2－1　成本按经济职能分类

成本按照经济职能的分类，反映了企业不同职能的耗费，也叫成本按照经济用途的分类。这种分类有利于成本的计划、控制和考核。

第二节　成本按照性态分类

一、成本性态的涵义

成本性态是指在一定条件下成本总额与特定业务量之间的依存关系，又称成本习性。

这里的业务量（以下用 X 表示）是指企业在一定的生产经营期内投入或完成的经营工作量的统称，业务量可以使用多种计量单位表现，包括绝对量和相对量。其中，绝对量具体又可分为实物量、价值量和时间量三种形式；相对量也可以用百分比或比率等形式反映。业务量的不同计量单位在一定条件下可以互相转换，具体使用什么计量单位应视管理要求和现实可能而定，在最简单的条件下，业务量通常是指生产量或销售量。本教材主要指生产量。

这里的成本总额主要是指为取得营业收入而发生的生产经营成本。

二、成本性态的特点

由于相关范围的存在，成本性态具有相对性、暂时性和可能转化性的特点。

成本性态的相对性，是指在同一时期内同一成本项目在不同企业之间可能具有不同的性态。

成本性态的暂时性，是指就同一企业而言，同一成本项目在不同时期可能有不同的性态。

成本性态的可能转化性，是指在同一时空条件下，某些成本项目可以在固定成本和变动成本之间实现相互转化。

三、成本按性态分类

成本按照其性态可以分为固定成本、变动成本和混合成本三大类。

(一)固定成本

1.固定成本涵义

固定成本是指在一定条件下,成本总额不受业务量变动影响,一定期间的总额能保持相当稳定的成本。例如,固定月工资、固定资产折旧、取暖费、财产保险费、职工培训费、研发费、广告费等。

一定期间的固定成本的稳定性是有条件的,即业务量变动的范围是有限的。例如照明用电一般不受业务量变动的影响,属于固定成本。如果业务量增加到一定程度,需要增开生产班次,或者业务量低到停产程度,照明用电的成本也会发生变动。能够使固定成本保持稳定的特定的业务量范围,称为相关范围。

一定期间固定成本的稳定性是相对的,即对于产量来说它是稳定的,但这并不意味着每个月该项成本的实际发生额都是完全一样。例如,照明用电在相关范围内不受业务量变动影响,但每个月实际用电数和支付的电费仍然会有或多或少的变化。

2.固定成本的特点

固定成本具有两个特点。

(1)固定成本总额的稳定性。这一特点是其概念的再现。在平面直角坐标图上,固定成本就是一条平行于 x 轴的直线,其固定成本模型为 $y=a$(如图 2-2)。

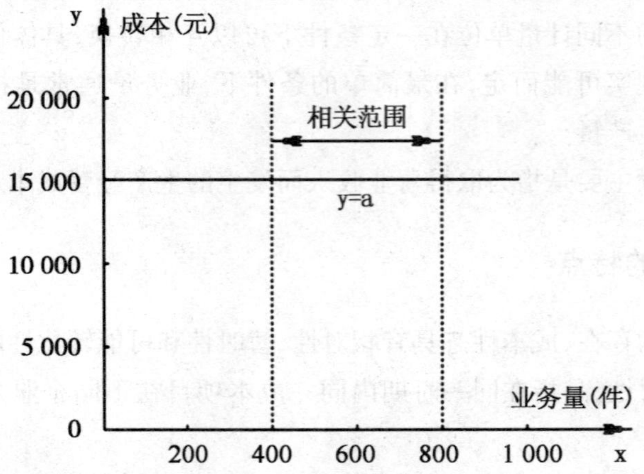

图 2-2 固定成本总额的特点

(2)单位固定成本(以下用 a/x 表示)的反比例变动性。由于上一个特点,单位产品负担的固定成本必然随着业务量的变动成反比例变动,其单位固定成本模型为 $y=\frac{a}{x}$

（如图 2－3 所示）。

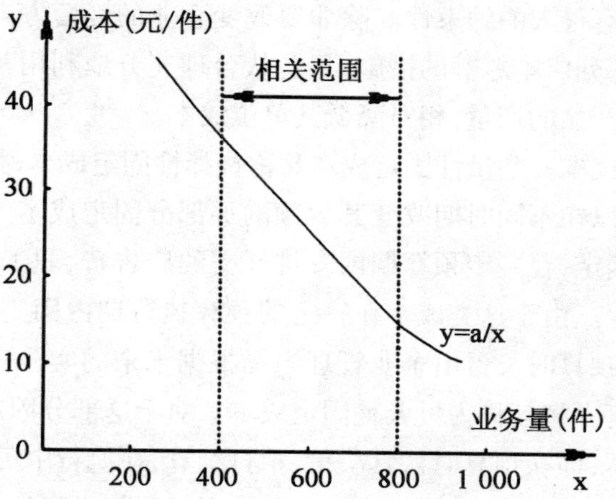

图 2－3　单位固定成本的特点

[例 1]甲企业只生产一种 A 产品，原来一个月的最大生产能力是 400 件。为满足市场需求，企业决定从 20×1 年起将每月最大生产能力提高到 800 件。这需要向租赁公司租入两台设备。每月付租金 15 000 元，租期两年。20×1 年上半年各月产量与租金费用资料如表 2－1 所示。

表 2－1　产量与租金资料

月份	产量（件）	租金（元）	单位产品负担的租金（元）
1	400	15 000	37.5
2	500	15 000	30
3	600	15 000	25
4	625	15 000	24
5	750	15 000	20
6	800	15 000	18.75

根据上述资料，可将其租金总额、单位租金及各月产量的关系分别用图 2－2 和图 2－3 表示。由此可见，该企业每月发生的租金总额是固定不变的，但其单位租金却随产量的不断增加而呈反比例变动趋势。

3. 固定成本的分类

固定成本按其发生的原因分为约束性固定成本和酌量性固定成本。

（1）约束性固定成本。约束性固定成本又称为生产经营能力成本，是指不受管理当局短期决策行为限制影响的那部分成本。如厂房和机器设备折旧费、不动产税、保险费、管理人员薪金等。这类成本反映的是形成和维持企业最起码生产经营能力的成本，也是企业经营业务必须负担的最低成本，因此又称经营能力成本。由于企业的经营能力一旦形成，在短期内就不应轻易削减，任何降低这类成本的企图都必须以削减企业的生产能力为代价,意味着经营能力的破坏,可能影响企业长远目标的实现,降低盈利能力,因此这种成本具有很大的约束性。除非要改变企业的经营方向,否则,不能设想在实务中采取降低这部分成本总额的措施,只能从合理充分地利用其创造的生产经营能力的角度着手,提高产品的产量,相对降低其单位成本。

(2)酌量性固定成本。酌量性固定成本又称抉择性固定成本,是指受管理当局短期决策行为的影响,可以在不同时期改变其数额的那部分固定成本。这类成本包括根据企业的经营方针的确定,在一定预算期内安排开支的广告费、职工培训费、新产品开发费和经营性租赁费等。由于这类成本在一定的预算执行期内固定不变,与当期业务量无关,而在编制下期预算时又可由企业管理当局根据未来的实际需要和财务负担能力进行调整,因此,也有人将其称为可调整固定成本。对于这部分固定成本可从降低其绝对额的角度予以考虑,即在预算时认真决策、精打细算,在执行中厉行节约,在保证不影响生产经营的前提下尽量减少它们的支出总额。通常我们讲降低固定成本总额就是指降低酌量性固定成本。

在管理会计中,固定成本的水平一般是以总额表现的。但应当注意的是,固定成本总是与特定的计算期间相联系,一个月的固定成本与一年的固定成本的水平肯定不同;因而某些成本项目只是对某一特定任务量来说属于固定成本,对于其他业务量来说则不属于固定成本。所以,研究固定成本问题,必须以明确时间范围和业务量的具体形式为前提。

(二)变动成本

1.变动成本的涵义

变动成本是指在一定条件下,其总额随业务量成正比例变动的成本。例如直接材料、直接人工、外部加工费等。

2.变动成本的特点

变动成本有以下两个特点:

(1)变动成本总额(用 bx 表示)的正比例变动性。这一特点已在其定义中得到反映。在平面直角坐标图上,变动成本是一条以单位变动成本为斜率的直线。单位变动成本越大,即斜率越大,图上体现的陡坡越陡。其总成本模型为:$y = bx$,如图 2 - 4 所示。

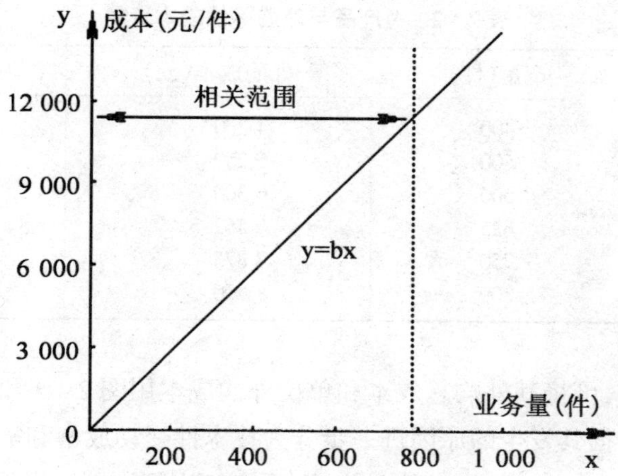

图 2-4 变动成本总额的特点

(2)单位变动成本(用 b 表示)的 不变性。由于变动成本总额的正比例变动性,决定了其单位变动成本不受业务量增减变动的影响而保持不变。将其特点反映在坐标图上,单位变动成本是一条平行于横轴的直线,因此单位变动成本的性态模型为:y = b,如图 2-5 所示。

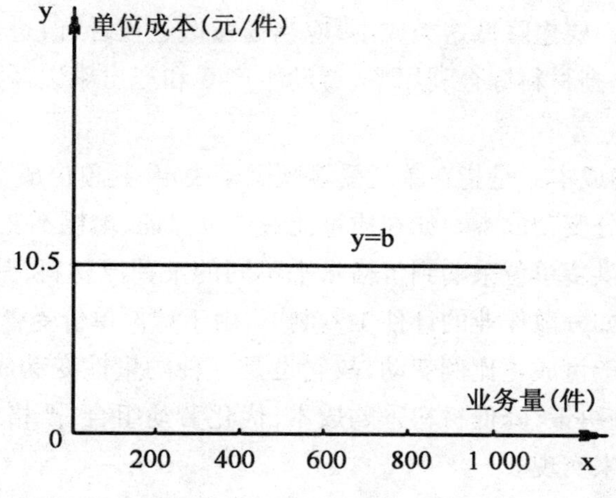

图 2-5 单位变动成本的特点

变动成本的内容一般包括直接材料、直接人工和制造费用中随产量成正比例变动的物料用品费、燃料费、动力费,以及按销售量支付的销售佣金、装运费、包装费等。

[例 2]承上例,甲企业的 A 产品需外购 B 零件以满足生产的需要,B 零件的外购单价为 10.5 元,20×1 年上半年 A 产品产量与外购零件的有关资料如表 2-2 所示。

表 2-2　A 产品与外购零件成本资料

月份	产量(件)	外购成本(元)	单位外购成本(元)
1	400	4 200	10.5
2	500	5 250	10.5
3	600	6 300	10.5
4	625	6 562.5	10.5
5	750	7 875	10.5
6	800	8 400	10.5

根据上述资料,可将其外购总成本和单位外购成本用图 2-4 和图 2-5 表示。

变动成本可根据其发生的原因进一步分为技术性变动成本和酌量性变动成本。

(1)技术性变动成本。是指在其单位成本受客观因素决定、消耗量由技术因素决定的那部分变动成本。例如,生产某型号柴油机需要外购配套的油嘴油泵等部件,在外购价格一定的条件下其成本就属于受设计技术影响的、与柴油机产量成正比例关系的技术性变动成本。再如某热电厂的锅炉必须使用由某煤矿生产的燃烧值在一定千卡以上的精煤,在这种情况下,燃料成本就属于随发电量成正比例变动的技术性变动成本。另外在工资水平不变的前提下,流动作业生产岗位上的工人其工资和福利也是受工艺流程影响的变动成本。要想降低这类成本,应当通过改进设计、改进工艺技术、实现技术革新和技术革命、提高材料综合利用率、劳动生产率和产出率以及避免浪费、降低单耗来实现。

(2)酌量性变动成本。是指在单耗受客观因素决定,其单位成本主要受企业管理部门决策影响的那部分变动成本。如在质量能够得以保证、单耗不变的前提下,企业可以在不同地区或不同供货单位采购到价格水平不同的某种原材料,其成本消耗就属于酌量性变动成本。再如分散作业的计件工资制下,由于计件单价受管理当局决策的制约,其工资成本随完工产量成正比例变动,故它也是一种酌量性变动成本。要想降低这类成本,应当通过合理决策,降低材料采购成本,优化劳动组合,严格控制制造费用开支,改善成本效益关系来实现。

与固定成本不同,变动成本的水平一般用单位额表现比较好,因为在一定范围内,单位变动成本不受业务量变动的影响而能直接反映主要材料、人工成本和变动性制造费用的消耗水平。总之,要降低变动成本就应从降低单位产品变动成本的消耗量着手。

与固定成本相似,某些成本项目只是对某一特定业务量来说属于变动成本,而对其它业务量来说则不属于变动成本。所以,在研究变动成本问题时,必须了解有关业务量的具体形式。

四、混合成本的涵义和分类

(一)混合成本的涵义

混合成本是指介于固定成本和变动成本之间、既随业务量变动又不成正比例的那部分成本。或者说,混合成本是指同时具有变动成本和固定成本双重性质的成本。

在实际工作中,常常有许多成本的明细项目属于这类成本。这是因为成本按其性态分类,采用了“是否变动”与“是否正比例变动”双重分类标志,不论哪个标志在前,分类的结果都必然产生游离于固定成本和变动成本之间的混合成本。这表明混合成本的存在具有客观必然性。

(二)混合成本的分类

混合成本与业务量之间的关系比较复杂。按照混合成本变动趋势的不同,又可分为阶梯式混合成本、标准式混合成本、低坡式混合成本和曲线式混合成本四类。

1.阶梯式混合成本

阶梯式混合成本又称为半固定成本。这类混合成本的特点是:在一定量业务范围内其成本不随业务量的变动而变动,类似固定成本,当业务量突破这一范围,成本就会跳跃上升,并在新的业务量变动范围内固定不变,直到出现另一个新的跳跃为止。将此变化反映在坐标图上,其成本随业务量的增长呈现阶梯状增长趋势。企业化验员、保养工、质检员、运货员等人的工资就属于这类成本。

[例 3]当每月甲企业生产的产品产量在 400 件以内时,需要两名化验员,每人月工资 1 700 元,工资成本为 3 400 元。以后产量每增加 250 件,就需在原有基础上增加一名化验员,则化验员的工资成本呈阶梯状上升,如图 2 - 6 所示。

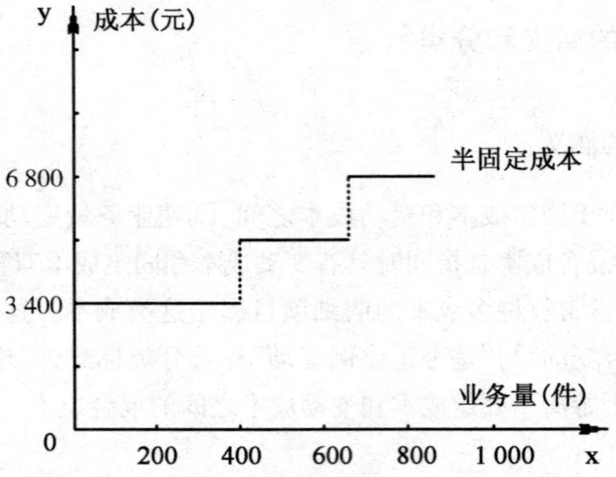

图 2-6　阶梯式混合成本性态模型

阶梯式混合成本的数学模型可写成以下分段函数的形式:

$$y = f(x) = \begin{cases} a_1, (0 < x \leq x_1) \\ a_2, (x_1 < x \leq x_2) \\ a_3, (x_2 < x \leq x_3) \end{cases}$$

由于这种分段式的成本函数在数学处理时比较麻烦,可以设法用一直线方程 y = a + bx 来近似模拟它。

2.标准式混合成本

这类混合成本是由明显的固定和变动两部分成本合成的,又称为半变动成本。它的固定部分是不受业务量影响的基数成本;变动部分则是在基数成本的基础上随业务量的增长而成正比例增长的成本。其性态如图 2-7 所示。如企业的电话费用就是按固定数额计收的月租费和按通话时间及计价标准计算的通话费用两部分组成,属于标准式混合成本;西方其他公用事业费,如水、电、煤气等费用、机器设备的维修保养及销售人员的薪金也大多属于这类成本。

这类成本函数可以直接写成 y = a + bx

3.低坡式混合成本

低坡式混合成本又称为延期变动成本,这类成本在一定的业务量范围内其总额保持固定不变,一旦突破这个业务量限度,其超额部分的成本就相当于变动成本。如在固定工资超定额计奖的工资制度下,职工在完成正常工作定额之前,无论业务量完成多少,都只能取得固定工资或基本工资;超过正常定额的职工除了可取得基础工资外,还会得到按超额部分和计件单价计算的超额工资。这种工资就是低坡式混合成本。此外加班工资、浮动工资也属于这类成本。其性态模型如图 2-8 所示。

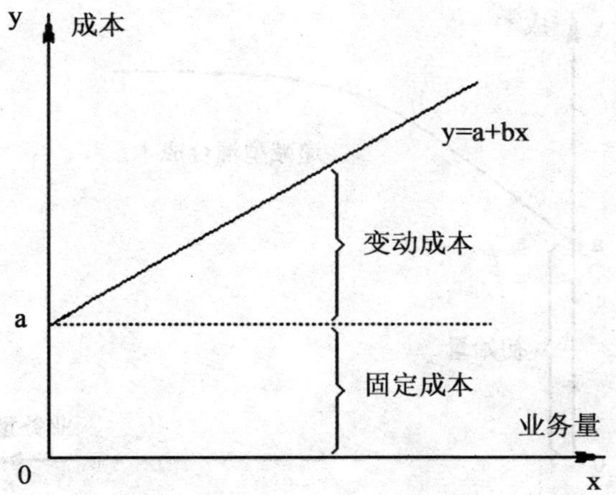

图 2-7　标准式混合成本性态模型

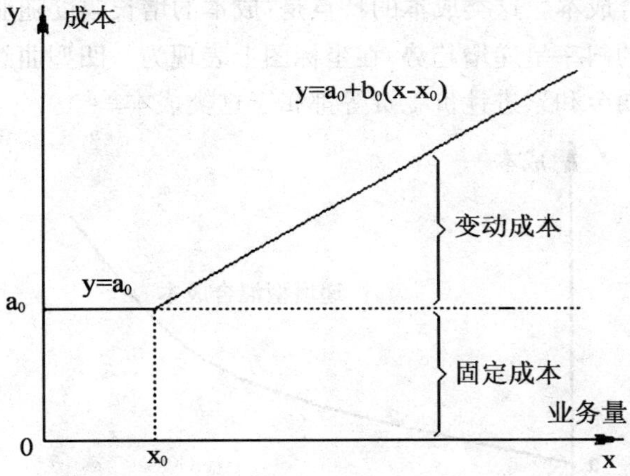

图 2-8　低坡式混合成本性态模型

4.曲线式混合成本

这类混合成本通常有一个初始量，一般不变，相当于固定成本；在这个初始量的基础上，成本随业务量变动，但不呈现线性关系，在坐标图上表现为一条抛物线。按照曲线斜率的不同变动趋势，这类混合成本可进一步分为以下两种类型：

(1)递减型混合成本。这类成本的特点是：成本的增长幅度小于业务量的增长幅度，成本的斜率随业务量递减，反映在坐标图上是一凸型曲线，如图 2-9 所示。如热处理使用的电炉设备，每班都需要预热，因预热而耗用成本（初始量）属于固定成本性质，而预热后进行热处理的耗电单位成本，随着业务量的增加逐步下降，总成本呈一上凸抛物线上升。

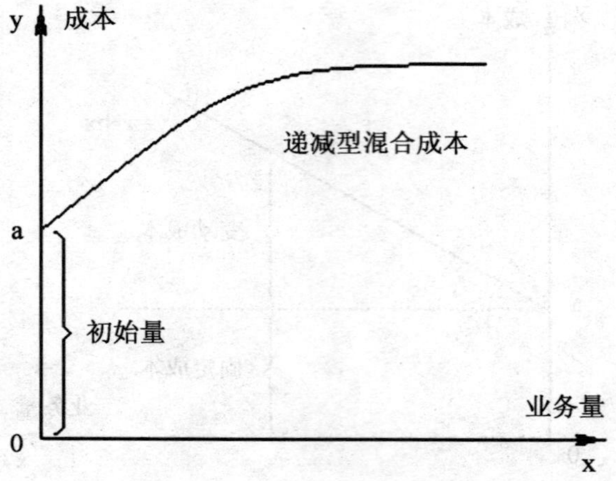

图 2－9　递减型混合成本性态模型

(2)增量型混合成本。这类成本的特点是:成本的增长幅度随业务量的增长而呈更大幅度变化,成本的斜率呈递增趋势,在坐标图上表现为一凹型曲线,如图 2－10 所示。例如各种违约金、罚金和累进计价工资等都属于这类成本。

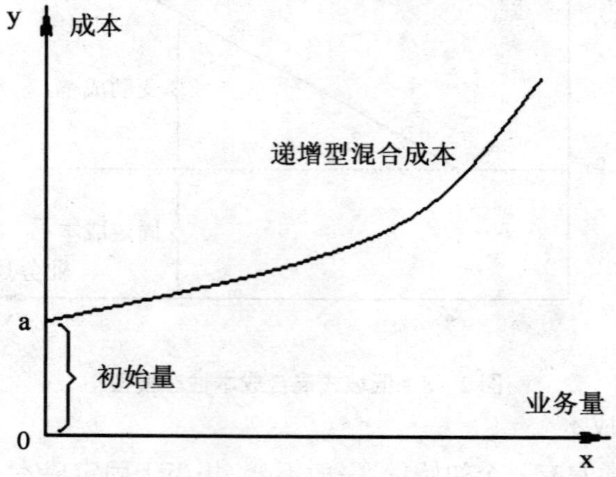

图 2－10　递增型混合成本性态模型

事实上,曲线式混合成本同样可以利用一个直线方程 $y = a + bx$ 来近似模拟它。

总之,无论哪一类混合成本都可以直接或间接地用一个直线方程 $y = a + bx$ 来近似模拟它(这里的 y 代表混合成本;x 代表业务量;a 代表混合成本中的固定部分,bx 表示混合成本中的变动部分,b 代表混合成本中变动部分的单位额)。这就为成本性态分析中采用一定方法进行混合成本分解提供了数学依据。

综上所述,成本按其性态分类的结果可用图 2－11 表示。

- 总成本
  - 固定成本
    - 约束性固定成本
    - 酌量性固定成本
  - 变动成本
    - 技术性变动成本
    - 酌量性变动成本
  - 混合成本
    - 阶梯式混合成本
    - 标准式混合成本
    - 低坡式混合成本
    - 曲线式混合成本

图 2－11　成本按其性态分类示意图

五、相关范围对成本性态的影响

研究成本性态必须充分考虑相关范围的影响。前面在介绍固定成本和变动成本的定义时，总要加上“在一定条件下”这个状语。这里的“条件”就是指“相关范围”。在管理会计中，把不会改变固定成本和变动成本性态的有关期间、业务量的变动范围称为广义的相关范围，正像前面我们指出的那样，研究固定成本、变动成本必须与一定的时期和一定量的业务范围相联系。只要在相关范围内，不管时间多久、业务量增减变动幅度多大，固定成本总额的不变性和变动成本总额的正比例变动性都将存在。但是如果超出这个范围，就不见得如此了，因为不论从较长时期看，还是从业务量的无限变动看，没有绝对不变数额的成本，也不可能存在绝对正比例变动的成本。不仅固定成本和变动成本都只能存在于一定的相关范围内，而且每一类成本中的不同项目都可能具有不同的相关范围。

(一)固定成本的相关范围

[例 4]在例 1 中，我们已经明确甲企业因租入两台设备而每月发生的租金 15 000 元是固定成本，它是以 0－800 件的业务量变动范围和两年的租期为相关范围。只有在此前提下，月租金才保持不变。如果发生以下情况之一，突破了相关范围，租金就可能不再是固定成本了。

(1)如果甲企业生产的 A 产品是紧俏商品，在租期内要使月产量达到 1 200 件(或 1 600件)，在设备加工能力不变的条件下，就必须增租两台(或 4 台)设备，这样就需追加租赁费用的支出。

(2)如果两年租期期满后，甲企业不再安排 A 产品的生产，决定不再续租，则不会发生这部分租赁费用。

(3)如果两年租期期满后，甲企业继续安排 A 产品的生产需要续租设备，届时可能会由于通货膨胀(或技术进步)的原因使租金变得更贵(或更便宜)。

固定成本与相关范围的关系可用图 2－12 表示。

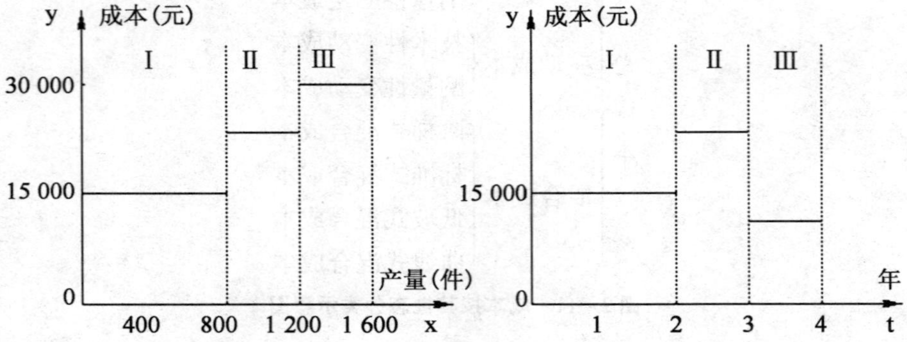

图 2－12　固定成本的相关范围

(二)变动成本的相关范围

变动成本同样也存在相关范围的问题。超过相关范围，变动成本也不再表现为完全的线性关系，而是非线性关系。如某些行业在投产初期或投产批量较小时，由于工人的劳动熟练程度差，企业的劳动生产率可能较低，材料消耗和废品也较多。随着工人生产经验的积累和业务量的不断增加，这种局面会逐步改善，单位产品中所消耗的直接材料和人工成本逐渐下降，这时这些成本总额表现为一凸形曲线。当业务量继续增加达到一定程度后，各项消耗及人工效率相对稳定在一定水平上，在一定范围内有关单位成本不再随业务量变动，有关成本总额表现为一个正比例直线方程，成为真正意义上的变动成本。我们将这一业务量变动范围称为变动成本的相关范围。当业务量突破相关范围继续增长时，则可能出现新的不经济因素，如轮班生产、加班加点、废品率上升等，使单位成本又逐渐上升，此时这些成本总额表现为一凹形曲线。另外，在相关范围内外，这些成本单位额的变化趋势也不同。这种成本随着业务量的变化而变化的情形可用图 2－13 表示。

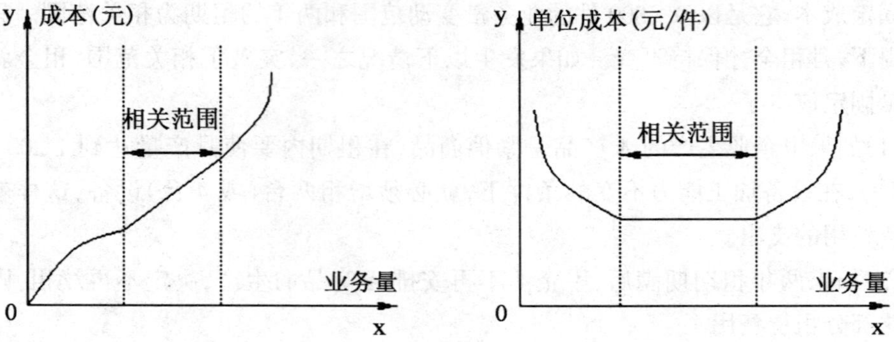

图 2－13　变动成本的相关范围(业务量)

同样，变动成本在时间上也存在相关范围，即使业务量没有突破相关范围，在不同时期其单位成本也会随着物价水平的变动而发生改变。

（三）相关范围的意义

由于固定成本和变动成本相关范围的存在，使得各项成本的性态具有相对性、暂时性和可转化性的特点。因此，不应该对成本性态作绝对的理解。

成本性态的相对性是指在同一时期内，同一成本项目在不同企业之间可能具有不同的性态。因而不能盲目照抄别人现成的成本性态分析结论。

成本性态的暂时性是指就同一企业而言，同一成本项目在不同时期可能有不同的性态，因此，企业必须根据变化情况，经常进行成本性态分析，不能机械地把过去的分析结论看成是一成不变的。

成本性态的可转化性是指在同一时空条件下，某些成本项目可以在固定成本和变动成本之间实现互相转化。如空运公司支付的空运租金，在长期包租飞机时便是固定成本，而临时租用货位时则是变动成本。了解这一性态有助于灵活地分析成本性态。

第三节 混合成本的分解

一、混合成本分解的基本假设

进行混合成本的分解是以下列基本假设为前提条件的：

（一）相关范围假设

由于相关范围的存在，使得成本性态具有暂时性，因此在研究混合成本分解时，必须假定固定成本和变动成本总是处于相关范围之中，即假定时间和业务量因素总是在不改变成本性态的范围内变动。

（二）一元线性假设

如何建立反映成本与业务量之间关系的数学模型是进行混合成本分解的关键。成本可能受多个业务量的影响，如果按实际情况分析，要花费很多的时间和精力，从成本－效益分析的角度看不合算；另外所建立的模型也会因过分复杂而失去实用价值。一个简便易行的办法是假定总成本只是一种业务量的函数。同时，为简化分析，假定总成本可以近似地用一元线性方程 $y = a + bx$ 来描述（其中，a 代表固定成本总额，即真正意义上的固定成本与混合成本中的固定部分之和；bx 代表变动成本总额，即真正意义上的变动成本与混合成本中的变动部分之和)。

二、混合成本的分解方法

如前所述,按照成本与产量的依存关系,可将成本分为固定成本、变动成本和混合成本三类。由于混合成本同时包含了固定成本与变动成本两种因素,在实际工作中,为了掌握成本与业务量之间的依存关系,还要对混合成本进行分解,将其中的变动部分和固定部分分离出来,以便进而把全部成本最终分为固定成本和变动成本两大类,才能满足经营管理上多方面的需要。

对混合成本分解常用的方法有高低点法、散布图法和回归直线法。

(一)高低点法

高低点法又叫两点法,是指通过观察一定相关范围内的各期业务量与相关成本所构成的所有坐标点,从中选出高低两点坐标,并据此来推算固定成本总额(或混合成本中的固定部分)和单位变动成本(或混合成本中变动部分的单位额)的一种成本性态分析方法。此法的基本原理是解析几何中的两点法。

高低点法的具体步骤是:

(1)从由各期业务量与相关成本所构成的所有坐标点中,找出由最高业务量及同期成本组成的高点坐标(x_1,y_1)和由最低业务量及同期成本组成的低点坐标(x_2,y_2)。

(2)将高低点坐标值代入下式,计算单位变动成本 b。

$$b=\frac{\text{高低点成本之差}}{\text{高低点业务量之差}}=\frac{\Delta y}{\Delta x}=\frac{y_1-y_2}{x_1-x_2} \quad (1)式$$

(3)将低点或高点坐标值和 b 值代入下式,计算固定成本 a。

$$a=\text{低点成本}-b\times\text{低点业务量}=y_2-bx_2 \quad (2)式$$

$$\text{或}=\text{高点成本}-b\times\text{高点业务量}=y_1-bx_1 \quad (3)式$$

(4)将 a、b 值代入下式,写出一般成本性态模型。

$$y=a+bx \quad (4)式$$

[例 5]已知甲企业 20×1 年上半年产量与某项混合成本的资料如表 2-3 所示,要求用高低点法进行混合成本的分解。

表 2-3 产量与混合成本资料

月份	产量 X(件)	混合成本 Y(元)
1	5	140
2	4	120
3	6	170
4	7	190
5	9	230
6	8	235

首先，根据历史数据找出最高点与最低点的发生数：高点坐标为(9,230)；低点坐标为(4,120)。

然后，据此确定 a，b 的值。

$$b=\frac{230-120}{9-4}=22$$

$a=120-22\times4=32$ 或 $230-22\times9=32$

该项混合成本的性态模型为：$Y=32+22x$，其中固定部分为 32 元，单位变动成本为 22 元。

值得注意的是，选择高低点坐标应按自变量(业务量)的高低为标准，而不是按因变量(成本)的高低来选择。因此，本例中第六期的成本虽然最高，但该期数据不能作为最高点坐标，高低点法的优点在于简便易行，便于理解。其缺点是由于它只选择了诸多历史资料中的两组数据作为计算依据，使得建立起来的成本性态模型很可能不具有代表性，导致较大的计算误差。这种方法只适于成本变化趋势比较稳定的企业使用。

(二)散布图法

散布图法是指将若干期业务量和成本的历史数据标注在坐标图上，通过目测画一条尽可能接近所有坐标点的直线，并据此来推算固定成本(或混合成本中的固定部分)a 和单位变动成本(或混合成本中变动部分的单位额)b 的一种成本性态分析方法。此法又称目测画线法。由于该法考虑所有相关历史数据，因此，其计算结果比只要两头不要中间的高低点法更为准确。但靠目测确定固定成本总额和单位变动成本，计算结果会因人而异，客观性较差。

散布图法的具体步骤是：

(1)将各期业务量与相应成本的历史资料作为点的坐标，标注在平面直角坐标图上。

(2)目测画一条直线，使其尽可能通过或接近所有坐标点。

(3)在纵轴上读出该直线的截矩值，即固定成本总额 a。

(4)在直线上任取一点 P，假设其坐标值为(X_i，Y_i)。将它们代入下式计算单位变动成本 b。

$$b=\frac{Y_i-a}{X_i} \qquad (5)式$$

(5)将 a、b 值代入下式，写出一般成本性态模型。

$y=a+bx$

[例 6]某企业某年 1－8 月份实际发生的机器工作小时和维修成本如表 2－4，采用散布图法加以分解。

表 2-4　机器小时与维修成本资料

月份	机器小时(千小时)	维修成本(元)
1	12	260
2	15	270
3	10	230
4	9	220
5	11	250
6	13	240
7	8	220
8	14	260
合计	92	1 950

根据上述提供的资料，首先，建立直角坐标系，将该企业 8 个月机器小时及维修成本的历史数据在坐标系中标成 8 个成本点，如图 2-14 所示。

其次，从图中得出直线的截矩 $a = 150$；在直线上任取一点 A，测出它的坐标为(10，230)，则有 $b = \frac{230 - 150}{10} = 8$。

所以，该项维修成本的性态模型为 $y = 150 + 8x$

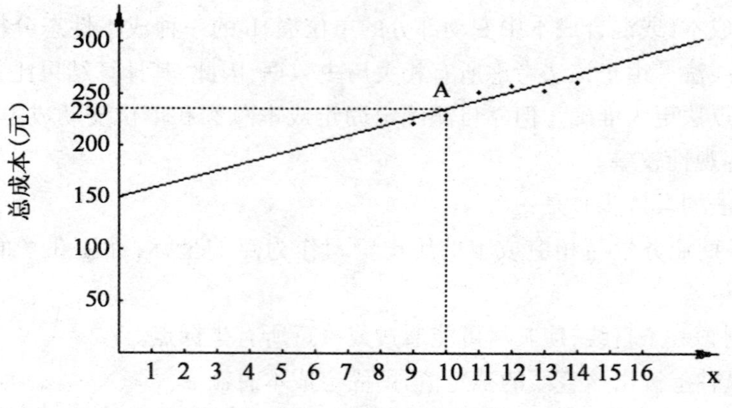

图 2-14

(三)一元直线回归法

一元直线回归法是利用微分极值原理对若干期全部业务量与成本的历史资料进行处理，并据此来推算固定成本(或混合成本中的固定部分)a 和单位变动成本(或混合成本中变动部分的单位额)b 的一种成本性态分析法。其原理是：

从散布图中可以找到一条与全部观测值误差的平方和最小的直线，这条直线在数学上称为回归直线或回归方程：y = a + bx，按照数理统计的回归分析法可直接套公式计算出回归系数 a、b。这种方法又称为最小平方法。

一元直线回归法的具体步骤是：

(1)根据历史资料列表，计算 n、$\sum x$、$\sum y$、$\sum xy$、$\sum x^2$、$\sum y^2$ 的值(见表 2－5)。

表 2－5　回归分析法有关指标计算表

月份	产量 x(件)	混合成本 y(元)	xy	x^2	y^2
1	5	140	700	25	19 600
2	4	120	480	16	14 400
3	6	170	1 020	36	28 900
4	7	190	1 330	49	36 100
5	9	230	2 070	81	52 900
6	8	235	1 880	64	55 225
n = 6	$\sum x = 39$	$\sum y = 1\,085$	$\sum xy = 7\,480$	$\sum x^2 = 271$	$\sum y^2 = 207\,125$

(2)按下式计算相关系数 r，并据此判断 y 与 x 之间是否存在必要的内在联系：

$$r = \frac{n\sum xy - \sum x\sum y}{\sqrt{[n\sum x^2 - (\sum x)^2][n\sum y^2 - (\sum y)^2]}} \qquad (6)\text{式}$$

相关系数 r 的取值范围一般在 0 与 ±1 之间，它可说明 x 与 y 之间的密切程度：当 r ＝ －1 时，说明 x 与 y 之间完全负相关即 y≠a + bx；当 r = 0 时，说明 x 与 y 之间不存在任何联系，为零相关即 y≠a + bx；当 r = ＋1 时，说明 x 与 y 之间完全正相关，即 y = a + bx；当 r→＋1 时，说明 x 与 y 基本正相关，可近似地写成 y = a + bx 的形式。

一元直线回归法要求业务量 x 与 y 之间基本上保持线性关系，否则研究无意义。

(3)按照下列公式求 a、b 值：

$$a = \frac{\sum y - b\sum x}{n} \qquad (7)\text{式}$$

$$b = \frac{n\sum xy - \sum x\sum y}{n\sum x^2 - (\sum x)^2} \qquad (8)\text{式}$$

(4)将 a、b 值代入下列公式，写出一般成本性态模型：

y = a + bx

[例 7]仍以例 5 所示的表 2－3 的资料为例，要求用一元直线回归法进行成本性态分析。

根据表 2－3 的资料加工整理，求得有关数据如表 2－5 所示。

$$\because r = \frac{6 \times 7\,480 - 39 \times 1\,085}{\sqrt{(6 \times 271 - 39^2)(6 \times 207\,125 - 1085^2)}} \approx 0.977\,9$$

$$b=\frac{6\times 7\ 480-39\times 1\ 085}{6\times 271-39^2}\approx 24.43$$

$$a=\frac{1\ 085-24.43\times 39}{6}\approx 22.04$$

$$\therefore y=22.04+24.43x$$

该项混合成本的性态模型为：$y=22.04+24.43x$，其中，固定部分为22.04，变动部分为24.43x。

一元直线回归法利用了微分极值原理，因此计算结果比前两种方法更为准确，但计算工作量较大，比较麻烦。如果能使用电子计算机计算，这种方法将会得到广泛应用。

【本章小结】

会计上的成本是为了实现一定的经济目的而付出的可以用货币计量的代价。在财务会计中，一般把成本按照经济职能分为生产成本、销售费用、管理费用等。

在管理会计中，一般是按照成本性态对成本进行分类。成本性态也叫成本习性，是指成本总额与特定业务量之间的依存关系。成本按照性态可以划分为变动成本、固定成本和混合成本三类。

混合成本同时具有变动成本和固定成本双重性质。要想利用管理会计的专门方法，必须对混合成本进行分解，采用高低点法、散布图法、回归直线法等方法，将混合成本分解为变动成本和固定成本。

【本章练习题】

一、单项选择题

1.一般来说，计件工资制度下的直接人工属于(　　)。

A.固定成本　　B.变动成本　　C.混合成本　　D.半变动成本

2.分解混合成本的方法中，相比较而言可以得到较准确结果的是(　　)。

A.高低点法　　B.目测法　　C.散布图法　　D.回归直线法

3.下列各项成本中属于酌量性成本的是(　　)。

A.管理人员工资　　B.财产保险费　　C.职工培训费　　D.房产税

4.以下各项属于约束性固定成本的是(　　)。

A.机器设备折旧费　　B.广告费

C.职工培训费　　D.新产品开发费

5.阶梯式混合成本包括(　　)。

A.半固定成本　　B.半变动成本　　C.延期变动成本　　D.曲线式成本

二、多项选择

1.下列关于成本习性的表述中正确的有(　　)。

A.在相关范围内,固定成本总额保持不变

B.在相关范围内,单位变动成本保持不变

C.在相关范围内,单位固定成本随产量的增加而成反比例变动

D.无论企业产销量如何变动,单位变动成本保持不变

2.成本性态的特点包括(　　)。

A.相对性　　B.暂时性　　C.可转化性　　D.规定性

3.在相关范围内,固定成本的特点包括(　　)。

A.成本总额的不变性

B.单位成本的不变性

C.成本总额的正比例变动性

D.单位成本的反比例变动性

4.混合成本按照变动趋势的不同分为(　　)。

A.阶梯式混合成本　　B.标准式混合成本

C.低坡式混合成本　　D.曲线式混合成本

5.采用高低点法求得维修成本在相关范围内的函数表述式如下:$y = 84\ 000 + 1.20x$,其中 x 代表机器工作小时。在相关范围内以下说法正确的有(　　)。

A.除高点、低点以外的其他已知数据也满足上述表达式

B.去掉高点、低点以外的一对数据,将得到不同的结果

C.上式表明,维修成本中不随机器工作小时变化的部分是84 000元

D.去掉高点或低点,将得到不同的结果

三、名词解释

1.成本性态

2.变动成本

3.固定成本

4.混合成本

5.约束性固定成本

6.酌量性固定成本

四、复习思考题

1.成本按照经济职能可以分为哪几类?

2.什么是成本性态?成本按照其性态如何分类?

3.比较混合成本各种分解方法的优缺点。

五、实务练习题

(一)目的:练习混合成本的分解和成本预测方法。

(二)资料:

(1)某企业甲车间1－6月份的机器工作小时及有关辅助材料费用如下表:

月份	机器工作小时	辅助材料费用(千元)
1	800	81
2	700	73
3	850	84
4	920	90
5	960	92
6	1 100	94
合计	5 230	514

(2)7月份预计机器工作小时为1 050小时。

(三)要求:

(1)根据资料(1),分别用高低点法、散布图法和回归直线法进行成本分解,并分别列出其总成本的计算公式。

(2)根据资料(2)和用高低点法求出的总成本计算公式,预测7月份的辅助材料费用。

CHAPTER 3　第三章
本量利分析

【学习目标】

1.理解本量利分析的基本理论和方法。

2.掌握各种条件和情况下的保本保利分析。

3.掌握本量利分析的有关辅助性指标。

第一节　本量利分析概述

一、本量利分析的基本含义

企业生产经营的目的,是以一定的成本生产社会所需求的产品,并将产品销售出去,取得利润。在市场价格一定的情况下,影响企业利润的主要因素是成本的高低及销售量的大小,因此,企业欲实现更多的利润,必须客观地研究成本、销售量和利润三者之间的关系,分析其内在的规律性,为企业预测、决策、规划控制提供必要的信息。这种对成本、业务量、利润三者之间依存关系的分析,通常称为本量利分析(cost - volume - profit analysis,简称 CVP 分析)。

目前,无论在西方还是我国,作为一种非常有效的工具,本量利分析在企业中的应用都十分广泛。它与预测技术相结合,可帮助企业进行保本分析、保利分析,掌握欲实现目标利润的方法和途径;与经营风险分析相结合,可帮助企业进行营业风险分析,促使企业努力降低风险;与决策分析相结合,企业可据以进行生产决策、定价决策;企业还可以将其方法应用于全面预算等日常控制之中。

二、本量利分析的基本假设

本量利分析模型所提供的相关信息，是建立在下列基本假设条件下的：

1.成本性态分析假设。假设企业的全部成本均可以按成本性态区分为固定成本和变动成本两部分。

2.相关范围及线性假设。假设各项成本均处在各自的相关范围之内，也即一定时期内的固定成本总额和单位变动成本保持稳定，且成本总额只受单一业务量的影响，成本总额与业务量之间保持线性关系，即 $y = a + bx$。

3.产品销售单价及品种结构稳定假设。假设各种产品的销售单价及各种产品销售额占总销售收入的比重都可以测定，且在分析所涉及的未来特定时期内不会发生变化。

4.产销平衡假设。假设企业各种产品的产销量均衡一致，且产销量的增减变化不会超出正常相关范围。

5.时期假设。分析是为配合未来特定时期的管理而进行的，分析所得的信息数据，无普遍适应性。

有了上述假设，就可以方便地利用数学模型揭示成本、业务量及利润之间的关系，发现利润增减变化规律，进行预测和控制。同时，基本假设也告诉我们，实务中必须结合企业特定时期的价格、成本等情况动态地运用本量利的分析结果，而不能盲目照抄照搬。

三、本量利关系的基本公式

本量利所考虑的相关因素主要包括一定时期的固定成本（用 a 表示）、单位变动成本（用 b 表示）、产品产销量（用 Q 表示）、产品销售单价（用 p 表示）、销售收入和营业利润等，如果用 I 表示一定时期的营业利润额，则上述各项相关因素之间的关系可用下式表示。

营业利润 = 销售收入 − 总成本
　　　　 = 销售收入 − 变动成本 − 固定成本
　　　　 = 销售量 × 单价 − 销售量 × 单位变动成本 − 固定成本
　　　　 = 销售量 ×（单价 − 单位变动成本）− 固定成本

即有：$I = Q(p - b) - a$　　　　公式(1)

公式(1)揭示了成本、产销量、营业利润三者之间的基本关系，本量利分析模型都建立在该关系式上，因此被称为本量利分析的基本公式。

四、本量利分析的基本内容

本量利分析包括以下基本内容：

1.确定条件下单一产品本量利分析。具体可分为产销单一产品条件下的保本分析和利量分析两部分。前者是对企业一定时期内必须产销多少数量的产品,才能使企业处于收支平衡而不发生亏损所进行的预测分析;后者主要是预测一定销售量条件下可实现的盈利额或测算达到目标利润所要求的目标销售量。

2.确定条件下多种产品本量利分析。预测和分析同时产销多种产品的条件下,企业的保本点和保利点。

3.非确定条件下的本量利分析。

4.利润的敏感性分析。

5.本量利分析的辅助性指标。

五、边际贡献及其相关指标

(一)边际贡献

边际贡献,又称贡献毛益、贡献边际等,是指销售收入超过被售出产品变动成本后的余额。边际贡献有三种表现方式:一是单位边际贡献,就是每种产品的销售单价减去各该产品的单位变动成本后的余额;二是产品边际贡献,指产品的销售收入减去该产品的变动成本总额;三是企业边际贡献总额,即各种产品边际贡献的总和,也是企业全部销售收入与变动成本总额之差。其计算公式分别为:

单位边际贡献 = 单价 - 单位变动成本

$= p - b$　　公式(2)

产品边际贡献 = 产品产销量 ×(单价 - 单位变动成本)

$= Q(p - b)$　　公式(3)

边际贡献总额 = $\sum[Q(p - b)] = \sum Qp - \sum Qb$　　公式(4)

边际贡献是本量利分析中一个重要的基础指标,企业一定时期实现的边际贡献,首先用于补偿同期的固定成本,只有当边际贡献总额大于同期固定成本时,企业才能实现盈利,否则企业必将发生亏损。因此,正常情况下,企业不应产销边际贡献小于零的产品,一种产品提供的产品边际贡献额越大,说明其盈利能力越强,但影响产品边际贡献额的因素除了单价、单位变动成本之外,主要是产品销售量,而与产品生产量没有直接联系。

(二)边际贡献率

边际贡献率,就是边际贡献与相应销售收入的比率,也就是边际贡献在相应销售收入中所占的比重。在产销多种产品的企业,由于各种产品的价格、成本不一,因此有产品边际贡献率和综合边际贡献率之分,其计算公式分别为:

$$产品边际贡献率 = \frac{P-b}{P} \quad 公式(5)$$

$$综合边际贡献率 = \frac{\sum[Q(P-b)]}{\sum(QP)} = \sum[\frac{Q(P-b)}{\sum(QP)}]$$

$$= \sum[\frac{QP}{\sum(QP)} \times \frac{P-b}{P}] \quad 公式(6)$$

(三)变动成本率

变动成本率,是指变动成本与相应销售收入的比率。计算公式为:

$$变动成本率 = \frac{变动成本}{销售收入} = \frac{Qb}{QP} = \frac{b}{P} \quad 公式(7)$$

通常,"变动成本率"主要是指产品变动成本率,将产品变动成本率与边际贡献率联合考虑,可得出以下关系式:

边际贡献率 + 变动成本率 = 1

即二者之间属于互补关系,变动成本率高的产品,其边际贡献率则较低;反之,变动成本率越低,其边际贡献率则越高。

[例 1] 某企业产销 A、B、C 三种产品,其销售单价(p)、单位变动成本(b)及预测期内各种产品产销量(Q)等资料如表 3-1 所示。据以计算各项边际贡献、边际贡献率、产品变动成本率指标。

表 3-1 产品价格、成本、销售量统计表

产品名称	单价	单位变动成本	销售量	销售额	销售额比重
A	10 元	5 元	105 000 件	1 050 000 元	35%
B	15 元	9 元	50 000 件	750 000 元	25%
C	20 元	13 元	60 000 件	1 200 000 元	40%
合计				3 000 000 元	100%

单位边际贡献:p-b

A:10-5=5(元)

B:15-9=6(元)

C:20-13=7(元)

产品边际贡献:Q(p-b)

A:105 000(10-5)=525 000(元)

B:50 000(15-9)=300 000(元)

C:60 000(20-13)=420 000(元)

边际贡献总额:$\sum$[Q(p-b)]=525 000+300 000+420 000=1 245 000(元)

产品边际贡献率：$\frac{P-b}{P}$

A：5/10 = 50%

B：6/15 = 40%

C：7/20 = 35%

$$综合边际贡献率 = \frac{\sum[Q(P-b)]}{\sum(QP)} = \frac{1\ 245\ 000}{3\ 000\ 000} = 41.5\%$$

$$或 = \sum[\frac{QP}{\sum(QP)} \times \frac{P-b}{P}] = 0.5 \times 0.35 + 0.4 \times 0.25 + 0.35 \times 0.4 = 41.5\%$$

变动成本率：b/p 或 1 - 边际贡献率

A：5/10 = 50% 或 1 - 50% = 50%

B：9/15 = 60% 或 1 - 40% = 60%

C：13/20 = 65% 或 1 - 35% = 65%

第二节 确定条件下单一产品本量利分析

确定情况下单一产品的本量利分析是指企业产销一种产品，而且影响利润的成本、价格等因素是确定的前提下所进行的有关预测分析。按分析目的不同，可分为保本分析和利量分析两部分。保本分析主要是测算企业一定时期的保本点，利量分析主要是预测目标利润下的目标销售量（额）或一定销售量下可实现的盈利额。

一、单一产品的保本分析

保本点是指在一定时期内能使企业处于不盈不亏的保本状态，也即使企业营业利润等于零的业务量的总称，又称损益均衡点、盈亏临界点等。

单一产品保本点的表现方式有两种：一是用实物量表现，称为保本销售量；一是用货币量表现，称为保本销售额。

单一产品保本点可分别按以下方法测定，即：方程式法、边际贡献法、图示法。

（一）方程式法（基本等式法）

方程式法是指在本量利关系基本公式的基础上，根据保本点的定义，测算保本点销售量和销售额的方法，又称基本等式法。

本量利分析的基本公式为：营业利润 = 销售量（单价 - 单位变动成本）- 固定成本，当营业利润等于0时，企业处于保本状态，因此，保本点销售量 Q_0 和保本点销售额 S_0 可分别根据下式计算：

$$Q_0 = \frac{a}{P - b} \qquad \text{公式(8)}$$

$$S_0 = Q_0 P \qquad \text{公式(9)}$$

［例2］某小型企业只产销甲产品，甲产品单价20元，单位变动成本12元，正常情况下企业月固定成本300 000元。则该企业月度保本点销售量和销售额分别计算如下：

$Q_0 = 300\ 000 \div (20 - 12) = 37\ 500$（件）

$S_0 = 37\ 500 \times 20 = 750\ 000$（元）

（二）边际贡献法

边际贡献法是指利用边际贡献与业务量、营业利润之间的关系测定保本点销售量和销售额的方法。它是在方程式法的基础上发展起来的。

因为：营业利润 = 销售收入 − 变动成本 − 固定成本 = 边际贡献 − 固定成本

根据边际贡献和边际贡献率定义，上式可表达为：

营业利润 = 产销量 × 单位边际贡献 − 固定成本

或 = 销售额 × 边际贡献率 − 固定成本

因此，当营业利润等于0时的保本点产销量和保本点销售额则可按下式计算：

$$Q_0 = \frac{\text{固定成本}}{\text{单位边际贡献}} \qquad \text{公式(10)}$$

$$S_0 = \frac{\text{固定成本}}{\text{边际贡献率}} \qquad \text{公式(11)}$$

$$\text{或} = \frac{\text{固定成本}}{1 - \text{变动成本率}} \qquad \text{公式(12)}$$

［例3］根据例2的资料，按边际贡献法计算企业月保本点：

$$Q_0 = \frac{a}{P - b} = \frac{300\ 000}{20 - 12} = 37\ 500\text{（件）}$$

$$S_0 = \frac{300\ 000}{\frac{20 - 12}{20}} = 750\ 000\text{（元）}$$

（三）图示法

将成本、业务量与营业利润三者之间的关系反映在直角坐标图中，据以进行保本分析的方法称为图示法。根据依据数据的特征和目的不同，可分为传统式本量利分析图、贡献式本量利分析图和利润——业务量本量利分析图等多种形式。

1.传统式本量利分析图

传统式本量利分析图是最基本的形式，它能反映本量利之间的基本关系。其特点是在图形中能清晰地反映固定成本总额不随业务量变动的特征。

传统式本量利分析图的绘制步骤:(1)选定直角坐标图,以横轴表示销售量,纵轴表示成本和销售收入的金额。(2)在纵轴上找出固定成本数值,以此点(0,固定成本值)为起点,绘制一条与横轴平行的固定成本线。(3)以点(0,固定成本值)为起点,以单位变动成本为斜率,绘制总成本线。(4)以原点为起点,以单价为斜率,绘制销售收入线。

图中总收入线与总成本线相交之点,表示企业总收入等于企业总成本,即为营业利润等于零的保本点;以保本点为基础,向横轴做垂线,与横轴相交之点即为保本点销售量,向纵轴画垂线,与纵轴相交之点即为保本点销售额。在保本点左侧,业务量未达到保本点,销售收入低入总成本,介于销售收入线与总成本线之间的区域是亏损区;相反方向,在保本点右侧两线之间的区域是盈利区,两线之间的距离表示特定销售量下的盈利额。

[例 4] 企业产销单一产品甲,单价 20 元,单位变动成本 10 元,月固定成本 20 000 元。绘制的传统式本量利分析图见图 3-1。

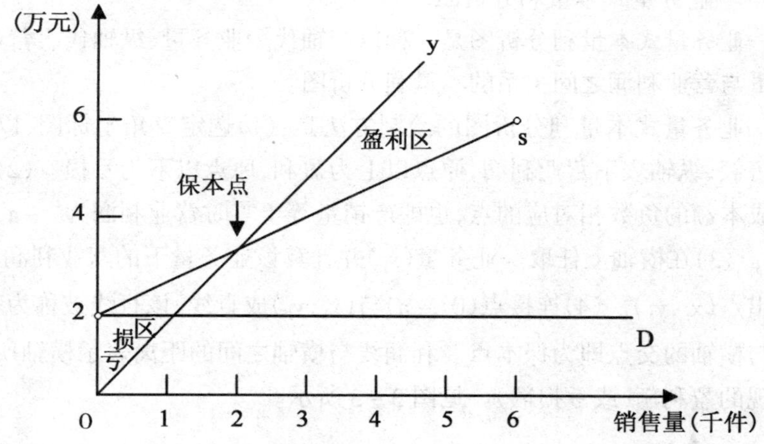

图 3-1　传统式本量利分析图

图中:S—销售收入线,y—总成本线,D—固定成本线。

2.贡献式本量利分析图

贡献式本量利分析图是一种将变动成本线单独绘制于图形中,能直接反映不同业务量下边际贡献、成本水平与营业利润关系的本量利分析图。其特点是能清楚形象地显示不同产销量下,销售收入补偿变动成本后形成边际贡献,以及边际贡献补偿固定成本之后形成利润的情况。

贡献式本量利分析图的绘制方法是:先确定总收入线和变动成本线,然后以纵轴上与固定成本额相对应的数值为起点,画一条与变动成本线平行的直线,也就是企业的总成本线,总成本线与总收入线相交的点即为保本点。

贡献式本量利分析图形式见图 3-2。

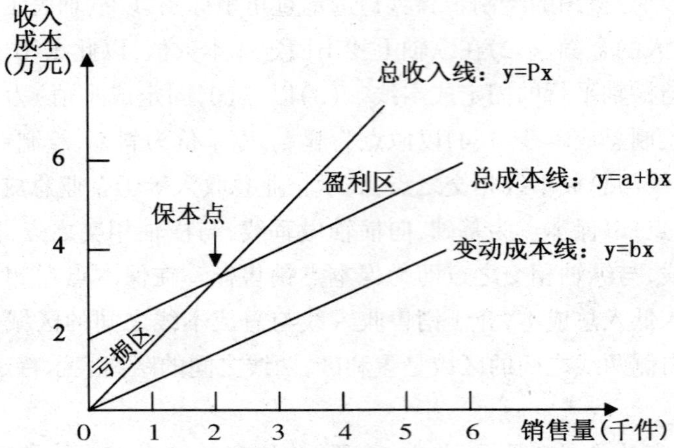

图 3－2　贡献式本量利分析图

3.利润——业务量式本量利分析图

利润——业务量式本量利分析图是一种以横轴代表业务量、纵轴代表营业利润，直接反映业务量与营业利润之间关系的本量利分析图。

利润——业务量式本量利分析图的绘制方法是：(1)选定直角坐标图，以横轴表示销售量或销售额，纵轴表示营业利润，原点以上为盈利，原点以下为亏损。(2)在纵轴上找出与固定成本额的负数相对应的点，也即产销量等于零时营业利润为"－a"时所对应的点(0，－a)。(3)在横轴上任取一业务量(x_1)并计算该业务量下的营业利润额(y_1)，在坐标图中标出点(x_1，y_1)。(4)连接点(0，－a)与(x_1，y_1)成直线，该直线被称为利润线。

利润线与横轴的交点即为保本点。利润线与横轴之间的距离表示横轴所代表的特定业务量实现的盈利额(或亏损额)。见图 3－3 所示。

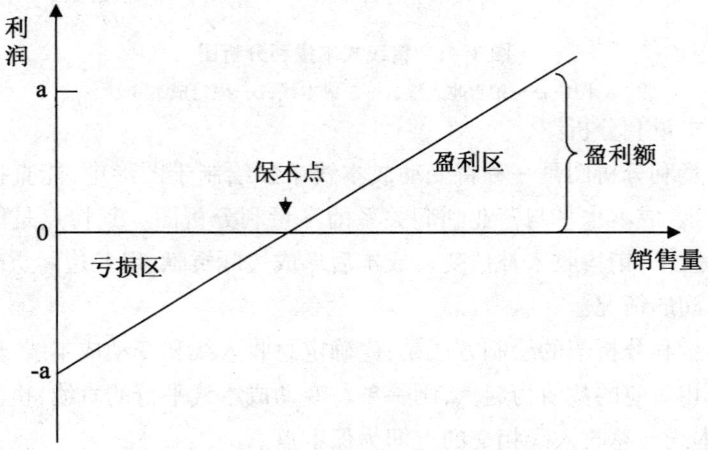

图 3－3　利润—业务量式本量利分析图

二、单一产品的利量分析

上述的保本分析是在假设企业的营业利润为零的经营状态下来研究问题的，但企业的目标不可能仅仅是为了保本，而应是尽可能多地创造利润，所以还需在保本分析的基础上进行利量分析。利量分析就是直接对营业利润与业务量之间关系的分析，目的在于预测利润、规划利润，并提供为保证目标利润的实现所必须达到的价格、产销量、成本水平等信息资料。

（一）预测利润

预测利润，必须根据销售预测（见第五章的销售预测）中预计的销售量，测算规划期的营业利润。其预测公式为：

营业利润＝销售量（单价－单位变动成本）－固定成本

或＝边际贡献－固定成本

或＝销售额×边际贡献率－固定成本　　　　公式（13）

［例5］某企业产销单一产品，产品销售单价50元，单位变动成本20元，月固定成本50 000元，预计本月产销量可达3000件。则该企业本月预计可实现利润为：

营业利润＝3 000（50－20）－50 000＝40 000（元）

（二）预测目标业务量

由于目标利润与固定成本都需要一定销售量（或额）所提供的边际贡献来实现和补偿，因此，为保证目标利润实现所要求达到的目标销售量（或额）可按下式计算：

$$目标销售量=\frac{固定成本+目标利润}{单价-单位变动成本}$$　　　　公式（14）

$$目标销售额=\frac{固定成本+目标利润}{边际贡献率}$$　　　　公式（15）

［例6］设例5所述企业规划期目标利润欲比本月利润（40 000元）增加15%，则规划期必须实现的目标销售量为：

$$目标销售量=\frac{50\ 000+40\ 000(1+15\%)}{50-20}=3\ 200(件)$$

根据管理需要，工作中还可以运用本量利基本公式，进行单一产品下为实现目标利润所要求的目标单价、目标成本等信息的预测分析工作。

［例7］某企业产销单一产品，单位变动成本6元，固定成本300 000元，预计同期产销量88 000件，企业目标营业利润为52 000元。则为实现目标利润，运用本量利基本关系式可测定该企业产品的目标单价应为：

$$目标单价 = \frac{目标利润 + 固定成本 + 变动成本}{产销量}$$

$$= \frac{52\ 000 + 300\ 000 + 88\ 000 \times 6}{88\ 000} = 10(元)$$

第三节 确定条件下多种产品本量利分析

确定条件下的多种产品本量利分析方法很多,常见的有综合边际贡献率法、联合单位法、分配法、主要品种法等。

一、综合边际贡献率法

综合边际贡献率法是首先计算多种产品情况下企业的综合边际贡献率,然后运用保本点销售额的基本测算公式,进行多种产品本量利分析的方法。在此方法下,多种产品保本点及保利点计算公式分别为:

$$企业保本点销售额 = \frac{企业固定成本总额}{综合边际贡献率} \quad 公式(16)$$

$$企业保利目标销售额 = \frac{固定成本总额 + 目标利润}{综合边际贡献率} \quad 公式(17)$$

[例8] 某企业产销三种产品,年度固定成本300 000元,各种产品的有关资料如表3-2所示。

表3-2 某企业产品价格、成本、销售量等资料统计表 金额单位:元

产品	销售量	单价	单位变动成本	销售收入	销售额比重	边际贡献	边际贡献率
A	100 000件	10	8.5	1 000 000	50%	150 000	15%
B	25 000件	20	16	500 000	25%	100 000	20%
C	10 000件	50	25	500 000	25%	250 000	50%

1.运用综合边际贡献率法测定该企业年度保本点分析如下:

$$综合边际贡献率 = 15\% \times 50\% + 20\% \times 25\% + 50\% \times 25\% = 25\%$$

$$企业保本点销售额 = \frac{300\ 000}{25\%} = 1\ 200\ 000(元)$$

必须指出,上述保本点是对企业整体而言的,对于产销多种产品的该企业,为了做到在销售额达到1 200 000元时,使企业真正处于保本状态,还必须按预计的销售额比重进一步确定保本时各种产品必须达到的销售额和销售量,以作为开展生产和销售的最低目标,否则,即使销售额达到1 200 000元,也不一定保证企业肯定处于不盈不亏的保本状态。

企业保本时各种产品应达到的销售额：

A 产品销售额 = 1 200 000 × 50% = 600 000(元)

B 产品销售额 = 1 200 000 × 25% = 300 000(元)

C 产品销售额 = 1 200 000 × 25% = 300 000(元)

企业保本时各种产品应达到的销售量：

A 产品销售量 = 600 000 ÷ 10 = 60 000(件)

B 产品销售量 = 300 000 ÷ 20 = 15 000(件)

C 产品销售量 = 300 000 ÷ 50 = 6 000(件)

2. 设企业规划期目标利润为 100 000 元,则为保证目标利润的实现所必须达到的目标销售额为：

$$企业保利目标销售额 = \frac{300\ 000 + 100\ 000}{25\%} = 1\ 600\ 000(元)$$

据例 8 分析过程可以看出,产销多种产品的企业,影响保本点的因素除了产品单价、变动成本和固定成本之外,各种产品销售额占总销售额的比重也对保本点产生直接影响。在其他因素不变的前提下,提高边际贡献率较高的产品的销售比重,可提高企业的综合边际贡献率,从而降低企业的保本点。

二、联合单位法

联合单位法是指在事先掌握各产品销售量之间客观存在的比例关系的基础上,首先确定联合单位,计算每一联合单位的联合单价和联合单位变动成本,然后运用单一产品保本点销售量的计算公式,进行多种产品本量利分析的方法。在此方法下,多种产品保本点及保利点的计算公式为：

$$保本点联合销售量 = \frac{固定成本}{联合单价 - 联合单位变动成本} \qquad 公式(18)$$

$$保利点联合销售量 = \frac{固定成本 + 目标利润}{联合单价 - 联合单位变动成本} \qquad 公式(19)$$

如果企业产销多种产品,且各产品实物销售量之间存在着稳定的比例关系,则企业可以采用联合单位法进行本量利分析。各产品实物销售量之间稳定的比例关系,形成一个特定的销量组合,在特定销量组合中各产品的数量共同组成一个联合单位。例如：企业产销甲、乙两种产品,其销售量分别为 5 000 件、3 000 件,则甲、乙产品的销量组合为 5:3,则每 5 件甲产品、3 件乙产品就构成一个联合单位产品。在该联合单位中,5 件甲产品和 3 件乙产品的总收入即为该联合单位的联合单价,每 5 件甲产品和 3 件乙产品的总变动成本则为该联合单位的联合单位变动成本。

[例 9] 根据例 8 的资料,运用联合单位法测算企业保本点计算分析如下：

1. 确定 A、B、C 三种产品的销售量组合比：

A∶B∶C = 100 000∶25 000∶10 000 = 10∶2.5∶1

2.计算联合单价、联合单位变动成本:

联合单价 = 10 × 10 + 20 × 2.5 + 50 × 1 = 200(元)

联合单位变动成本 = 8.5 × 10 + 16 × 2.5 + 25 × 1 = 150(元)

3.计算企业保本点联合销售量:

保本点联合销售量 = $\frac{300\ 000}{200 - 150}$ = 6 000(联合单位)

4.计算保本状态下各产品的销售量:

A 产品保本销售量 = 6 000 × 10 = 60 000(件)

B 产品保本销售量 = 6 000 × 2.5 = 15 000(件)

C 产品保本销售量 = 6 000 × 1 = 6 000(件)

5.计算保本状态下各产品的销售额:

A 产品保本销售额 = 60 000 × 10 = 600 000(元)

B 产品保本销售额 = 15 000 × 20 = 300 000(元)

C 产品保本销售额 = 15 000 × 50 = 300 000(元)

三、分算法

分算法是指在一定条件下,首先将全部固定成本按一定标准分配给各种产品,然后按单一品种下本量利分析法分别计算各种产品的保本点和保利点的方法。

分算法的关键是固定成本的分配。对于由于生产技术独立而采用封闭式生产的产品,其引发的专属固定成本应全部由本产品负担;而与多种产品生产有关的共同固定成本,则应选择适当的标准分配给各相关产品,分配标准可选用销售额、销售量、产品的重量、长度、体积、工时等等,分配标准应尽可能与固定成本之间保持一定的相关关系。

[例 10] 根据例 8 的资料,设企业以边际贡献额为标准分配固定成本,则运用分算法计算企业保本点过程如下:

1.固定成本分配率 = $\frac{300\ 000}{150\ 000 + 100\ 000 + 250\ 000}$ = 0.6

2.计算各种产品分担补偿的固定成本:

A 产品分摊的固定成本 = 150 000 × 0.6 = 90 000(元)

B 产品分摊的固定成本 = 100 000 × 0.6 = 60 000(元)

C 产品分摊的固定成本 = 250 000 × 0.6 = 150 000(元)

3.计算各种产品的保本销售量和销售额:

A 产品保本点销售量 = $\frac{90\ 000}{10 - 8.5}$ = 60 000(件)

$$A产品保本点销售额=\frac{90\ 000}{15\%}=600\ 000(元)$$

同理,可计算 B 产品保本点销售量和销售额分别为 15 000 件和 300 000 元,C 产品保本点销售量和销售额则分别为 6 000 件和 300 000 元。

四、主要品种法

如果企业生产经营的多种产品中,有一种产品提供的边际贡献在企业边际贡献总额中占的比重绝对大,而其他产品提供的边际贡献额比重非常小,则盈利能力绝对大的产品可视为主要产品,在进行多品种本量利分析时,其他产品忽略不计,固定成本全部由主要产品负担,按单一产品本量利分析方法测算保本点和保利点计算公式为:

$$企业保本点销售量=\frac{固定成本总额}{主要产品单价-主要产品单位变动成本} \quad 公式(20)$$

$$企业保本点销售额=\frac{固定成本总额}{主要产品边际贡献率} \quad 公式(21)$$

[例 11] 企业产销甲、乙、丙三种产品,年度固定成本 400 万元,有关资料见表 3-3。

表 3-3 产品边际贡献资料 单位:万元

产品名称	销售收入		边际贡献率	边际贡献	
	金额	比重		金额	比重
甲	4 500	22.5%	40%	1 800	90%
乙	200	1%	80%	160	8%
丙	15 300	76.5%	0.26%	40	2%
	20 000	100%		2 000	100%

比较可知,甲、乙、丙三种产品以甲产品提供的边际贡献比重最高,占企业边际贡献总额的 90% ,丙产品虽然提供的销售额占总销售额的 76.5% ,但其提供的边际贡献只占总额的 2%,盈利能力很弱,因此,该企业应以甲产品为主要产品进行本量利分析。该企业年度保本点计算如下:

$$企业保本点销售额=\frac{400}{40\%}=1\ 000(万元)$$

五、各种方法的比较

上述的综合边际贡献率法、联合单位法、分算法、主要品种法都属于多品种条件下本量利分析常用的方法,但又各有自身的适应条件。联合单位法适用于产品销售量之间保持较稳定的比例关系的企业;分算法适用于要求能客观地将固定成本在各种产品之间进行分配,或企业虽然产销多种产品,但各产品的生产相对独立,能客观地按产品独立归集固定成本的企业;主要品种法要求各产品提供的边际贡献额主次分明;综合边际贡献率法要求资料齐全,产品销售额结构相对稳定。在实际工作中,分析人员应根据具体情况,选择适合本企业特点的方法进行多品种本量利分析。

第四节　非确定条件下的本量利分析

确定条件下的本量利分析,是假定单价、单位变动成本、固定成本、销售量都是一个事先确定的数值,但在实际工作中,技术、物价、管理等多种因素的变动都会对上述数值产生影响,使得事前很难十分准确地预测产品单价、成本、业务量等数值,而只能估计它们将在什么范围变动、将可能出现几种状态以及各种状态发生的概率。在影响利润的诸因素不确定的情况下,企业的保本点或保利点也处于不确定状态,此时,为了明确规划期的努力目标,一般应采用概率分析法,确定一个最有可能实现保本(或保利)的销售量或销售额。

概率分析法的一般程序如下:

1.针对特定分析对象确定其未来可能出现的每一种状态(即随机变量)以及每种状态发生的概率。概率的估计可以在会计、统计或其他业务核算的历史数据的基础上加工推算,也可由分析人员根据经验凭主观判断加以确定。但不管采用哪种方法,都必须符合两条规则:(1)各个随机变量概率的取值范围为$0 \leqslant P_i \leqslant 1$;(2)全部概率之和等于1,即$\sum P_i = 1$。

2.计算特定不确定因素的数学期望值,期望值即为该因素最有可能实现的数值。

期望值 = ∑(随机变量 × 概率)

3.根据相关因素的期望值进行有关指标的分析计算。

运用概率分析法可以将未来可能发生的各种情况都综合地加以考虑,因此其预测的结果会更加接近未来的实际情况,相对而言,可以提高不确定情况下分析结果的准确性。

一、单一因素不确定条件下的本量利分析

单一因素不确定是指影响利润的相关因素中只有一项处于不确定状态,此时可采用一般的概率分析法进行本量利分析。

[例12] 企业产销单一产品甲,规划期固定成本150 000元,产品单价40元,单位变动成本25元,规划期甲产品预计销售量及有关概率情况见表3-4。测定该企业规划期保本点及营业利润。

表 3-4　甲产品销售量及概率

销售量(件)	25 000	37 500	50 000	75 000	90 000
概率	0.1	0.2	0.4	0.2	0.1

1.企业保本点销售量 $= \frac{150\ 000}{40-25} = 10\ 000$(件)

2.甲产品销售量的期望值 $= 25\ 000 \times 0.1 + 37\ 500 \times 0.2 + 50\ 000 \times 0.4 + 75\ 000 \times 0.2 + 90\ 000 \times 0.1 = 54\ 000$(件)

企业营业利润 $= 54\ 000 \times (40-25) - 150\ 000 = 660\ 000$(元)

二、多因素不确定条件下的本量利分析

在影响营业利润的诸因素中,如果有两项或两项以上的因素处于不确定状态,为了提高分析结果的准确性,通常采用联合概率法进行本量利分析。

[例 13] 企业产销单一产品,预测期有关价格、单位变动成本、固定成本的资料如表 3-5 所示。测定该企业的保本点。

表 3-5　产品价格、成本资料表

	单价(元)			单位变动成本(元)		固定成本(元)	
预测值	21	20	19	15	16	15 600	15 000
概　率	0.3	0.6	0.1	0.2	0.8	0.4	0.6

根据表 3-5 的资料采用联合概率法计算企业保本点过程见表 3-6。

表 3-6　概率分析法保本点计算表　　单位:元

单　价		单位变动成本		固定成本		组合	联合概率	不同组合下的保本点销售量(件)	保本点的期望值(件)
预测值	概率	预测值	概率	预测值	概率				
(1)	(2)	(3)	(4)	(5)	(6)	(7)	(8) = (2) × (4) × (6)	$(9) = \frac{(5)}{(1)-(3)}$	(10) = (9) × (8)
21	0.3	15	0.2	15 600	0.4	1	0.024	2 600	62.40
				15 000	0.6	2	0.036	2 500	90.00
		16	0.8	15 600	0.4	3	0.096	3 120	299.52
				15 000	0.6	4	0.144	3 000	432.00
20	0.6	15	0.2	15 600	0.4	5	0.048	3 120	149.76
				15 000	0.6	6	0.072	3 000	216.00

（续表）

单价		单位变动成本		固定成本		组合	联合概率	不同组合下的保本点销售量(件)	保本点的期望值(件)
预测值	概率	预测值	概率	预测值	概率				
(1)	(2)	(3)	(4)	(5)	(6)	(7)	(8) = (2) × (4) × (6)	$(9)=\frac{(5)}{(1)-(3)}$	(10) = (9) × (8)
		16	0.8	15 600	0.4	7	0.192	3 900	748.80
				15 000	0.6	8	0.288	3 750	1 080.00
19	0.1	15	0.2	15 600	0.4	9	0.008	3 900	31.20
				15 000	0.6	10	0.012	3 750	45.00
		16	0.8	15 600	0.4	11	0.032	5 200	166.40
				15 000	0.6	12	0.048	5 000	240.00
预计保本点销售量									3 561

从表 3－6 可以看出，由单价、单位变动成本和固定成本三个因素所决定的保本点有 12 种可能出现的结果，而每一种结果都由这三个影响因素在各自出现的可能性（即概率）情况下组合计算而得。例如：在价格为 21 元（概率为 0.3）、单位变动成本为 15 元（概率为 0.2）、固定成本为 15 600 元（概率为 0.4）组合下，保本点销售量为：15 600/(21－15) = 2 600 件，其出现的可能性（联合概率）为：0.3 × 0.2 × 0.4 = 0.024；在价格为 21 元（概率为 0.3）、单位变动成本为 15 元（概率为 0.2）、固定成本为 15 000 元（概率为 0.6）组合下，保本点销售量为：15 000/(21－15) = 2 500 件，其出现的可能性（联合概率）为：0.3 × 0.2 × 0.6 = 0.036。以每一种结果乘以与该组合对应的联合概率，就是该组合下的期望值，共 12 种组合的期望值之和就是综合考虑各种因素、各种情况下最有可能发生的保本点销售量，本例为 3 561 件。

第五节　利润的敏感性分析

一、利润敏感性分析的概念

敏感性分析是指某一经济指标或方案一旦确定之后，对有关因素变动给指标或方案造成的影响程度的分析。

在产品单价（P）、单位变动成本（b）、固定成本总额（a）及销售量（Q）一定的条件下，企业的营业利润总额是一特定的数值，但上述影响利润的某一因素一旦发生变化，原有的利润额必然增加或减少。因此，所谓利润的敏感性分析，就是指影响利润的某有关因素发生变化时对利润影响程度的分析。

虽然销售量、单价、单位变动成本和固定成本诸因素中任一因素发生变化，都会对利润产生影响，但即使它们的变动方向和变动幅度完全一致，也会对利润产生不同程度的影响。如有的因素增加则会导致利润增加，而有的因素只有降低才会使利润增加；有的因素只要略有变化就会使利润发生很大的波动，而有的因素虽然变化幅度很大，却只能引起利润产生微小的变动。对利润影响比较大的因素通常被称为利润的敏感因素，反之，则称为利润敏感度低的因素。通过利润的敏感性分析，企业管理人员可以事前明确利润对哪些因素的变化比较敏感，对哪些因素的变化不太敏感，以增强经营管理的预见性，分清主次，抓住重点。严控利润敏感因素，防止其朝着不利方向变化以引起利润较大幅度的减低，确保目标利润的实现。

二、利润受各相关因素影响的敏感度

反映利润受各相关因素影响程度的指标称为利润的敏感度或敏感系数。通用计算公式为：

$$利润敏感度=\frac{营业利润变动率}{因素值的变动率} \qquad 公式(22)$$

利润受某项因素影响的敏感度为正数，表明利润与该因素同向增长；利润受某项因素影响的敏感度为负数，表明利润与该因素反向减少；利润敏感度指标的绝对值越高，说明利润受此因素影响的程度越大；反之，利润敏感度的绝对值越低，说明利润受此因素影响的程度越小。

根据利润敏感度的通用计算公式，利润受价格变动影响的敏感度指标计算公式推导如下。

因为 $I=QP-Qb-a$，设影响利润的其他因素保持不变，单价的变动率为 r，则利润的增长额为：

$$\triangle I=[QP(1+r)-Qb-a]-[QP-Qb-a]=QPr$$

$$利润受价格影响的敏感度=\frac{利润变动率}{价格变动率}=\frac{QPr/I}{r}=\frac{QP}{I}$$

$$=\frac{基期销售收入}{基期营业利润} \qquad 公式(23)$$

同理，可推导利润受单位变动成本、销售量、固定成本影响的敏感度指标计算公式分别为：

$$\begin{array}{c}利润受单位变动\\成本影响的敏感度\end{array}=-\frac{基期变动成本总额}{基期营业利润} \qquad 公式(24)$$

$$\begin{array}{c}利润受销售量\\影响的敏感度\end{array}=\frac{基期边际贡献总额}{基期营业利润} \qquad 公式(25)$$

$$\text{利润受固定成本影响的敏感度} = -\frac{\text{基期固定成本}}{\text{基期营业利润}} \qquad \text{公式(26)}$$

[例 14] 某企业产销单一产品,单价 100 元,单位变动成本 60 元,固定成本总额 300 000元,产销量 10 000 件。现有条件下利润受各相关因素影响的敏感度计算如下:

1.基期营业利润 = 10 000(100 - 60) - 300 000 = 100 000(元)

2.利润受价格影响的敏感度 $= \frac{10\,000 \times 100}{100\,000} = 10$

3.利润受单位变动成本影响的敏感度 $= -\frac{10\,000 \times 60}{100\,000} = -6$

4.利润受销售量影响的敏感度 $= \frac{10\,000(100-60)}{100\,000} = 4$

5.利润受固定成本影响的敏感度 $= -\frac{300\,000}{100\,000} = -3$

通过计算可知,该企业在现有情况下,利润对价格变动最为敏感,如单价增加 1%,则利润将以其 10 倍的速度增加;如单价降低 1%,则利润将以其 10 倍的速度减少。所以管理中应密切关注价格的变化。

需要指出的是,上述利润敏感度指标计算公式的运用,需建立在如下假设条件下:(1)有限因素假设。假定利润只受单价、单位变动成本、销售量和固定成本的影响;(2)因素单独变动假设。假设上述影响因素中任一因素的变动都不会引起其他三项因素的变动。

三、利润受各相关因素影响敏感度指标的排列规律

在例 14 企业现有的条件下,利润受各因素影响程度由强到弱的顺序是:价格最强(敏感度为 10),其次是单位变动成本(敏感度绝对值 6),再次是销售量(敏感度为 4),最弱的是固定成本(敏感度绝对值 3)。但这个排列顺序并不是一成不变的,不同企业、同一企业不同时期,由于单价、单位变动成本、固定成本、销售量各不相同,因此,同一因素相同的变化都会对利润产生不同的影响。设例 14 中,企业采取了良好的成本控制措施,使得单位变动成本降低为 40 元,其他因素保持不变(单价 100 元,产销量 10 000 件,固定成本 300 000 元),则新的条件下,利润受各相关因素影响的敏感度计算如下:

1.基期营业利润 = 10 000(100 - 40)300 000 = 300 000(元)

2.利润受价格影响的敏感度 $= \frac{10\,000 \times 100}{300\,000} = 3.3$

3.利润受单位变动成本影响的敏感度 $= -\frac{10\,000 \times 40}{300\,000} = -1.3$

4.利润受销售量影响的敏感度 $= \frac{10\,000(100-40)}{300\,000} = 2$

5.利润受固定成本影响的敏感度 $= -\frac{300\ 000}{300\ 000} = -1$

此条件下,利润受四个因素影响的敏感度指标的排列顺序是:价格(敏感度3.3)、销售量(敏感度2)、单位变动成本(敏感度绝对值为1.3)、固定成本(敏感度绝对值为1),与例14条件下的顺序比较发生了变化。

虽然在不同的条件下,利润受各个因素影响的敏感度排列顺序不尽相同,但通过比较利润受价格、单位变动成本、销售量、固定成本诸因素影响的敏感度指标计算公式可得出以下结论:

1.在盈利的条件下,必然存在 $QP > Qb$、$QP > Q(P-b)$、$QP > a$,此时,利润受价格影响的敏感度最大。因为盈利是企业得以维持的基本条件,因此实务中企业对价格的变化应重点关注。

2.在盈利的条件下,必然有 $Q(P-b) > a$,此时,利润受销售量影响的敏感度不可能最小。因此,提高产品销售量也是企业提高利润比较有效的手段。

3.利润受销售量影响的敏感度 = 利润受价格影响的敏感度 + 利润受单位变动成本影响的敏感度。

4.利润受销售量影响的敏感度 + 利润受固定成本影响的敏感度 = 1。

第六节 本量利分析的辅助性指标

企业在运用本量利分析方法进行目标规划时,不但要明确保本目标和实现目标利润要达到的相应销售量和销售额,还需要进一步测算安全边际、保本作业率、销售利润率、营业杠杆系数等指标,这些指标在企业日常经营决策、规划、控制中都有非常重要的作用。

一、安全边际

(一)安全边际的含义

安全边际是指正常(或预计)销售量或销售额超过保本点销售量或销售额的差额。而安全边际与正常(或预计)销售量或销售额之间的比值称为安全边际率。

相关计算公式为:

安全边际量 = 正常(或预计)销售量 - 保本点销售量　　公式(27)

安全边际额 = 正常(或预计)销售额 - 保本点销售额　　公式(28)

$$安全边际率 = \frac{安全边际量}{正常(或预计)销售量} \times 100\%$$

$$或 = \frac{安全边际额}{正常(或预计)销售额} \times 100\% \qquad 公式(29)$$

[例 15] 某企业产销多种产品，年固定成本总额为 16 000 万元，企业综合边际贡献率 40%，正常年度销售额为 50 000 万元。则企业相应指标计算如下：

保本点销售额 = 16 000 ÷ 40% = 40 000(万元)

安全边际额 = 50 000 − 40 000 = 10 000(万元)

安全边际率 = 10 000 ÷ 50 000 = 20%

(二)安全边际的作用

安全边际是一个非常重要的指标，它表明企业经营的安全程度，显示出预计(或现有)基础上，不发生亏损所允许减少的最大销售量(或销售额)。一般情况下，安全边际越大，表明企业的安全程度越大，发生营业亏损的可能性就越小；反之发生亏损的可能性就越大，企业经营风险越大。

安全边际率是相对指标，便于不同企业和不同行业之间经营风险的评价。安全边际率越高的企业，越能经受市场不景气的打击，营业风险越小；反之，企业就要承担较大的营业风险。

西方企业根据安全边际率评价企业的经营安全程度的一般标准见表 3 − 7。

表 3 − 7　安全程度评价表

安全边际率	安全程度
40%以上	很安全
30% ~ 40%	安全
20% ~ 30%	比较安全
10% ~ 20%	值得注意
10%以下	危险

二、保本作业率

(一)保本作业率的含义

保本作业率是指保本点业务量与企业同期正常业务量之间的比值。计算公式为：

$$保本作业率 = \frac{保本点销售量(额)}{正常销售量(额)} \times 100\% \qquad 公式(30)$$

保本作业率表明保本业务量占正常业务量的比重，比率越低对企业越有利。

企业的生产经营活动往往是按照正常的生产条件进行规划与控制的，一般而言，正常的产销量同企业生产能力应大致保持一致。因此，保本作业率不但可以提供企业达到保本所要求的开工程度,而且还可以提供企业生产能力利用程度的信息。

(二)保本作业率与安全边际率的关系

保本作业率与安全边际率的关系是由保本点销售量与安全边际量的关系所决定的,保本点把企业的正常销售量分成了保本销售量和安全边际量两部分,因此有:

保本销售量+安全边际量=正常销售量

上述等式两端同除以正常销售量,可测得保本作业率与安全边际率保持如下关系:

保本作业率+安全边际率=1　　公式(31)

因此可以说,保本作业率越低,企业的安全边际率越高,企业的经营风险越小。

三、销售利润率

销售利润率是指营业利润与同期销售收入之间的比值。销售利润率越高,说明销售收入提供营业利润的能力越强。其常用计算公式为:

$$\text{销售利润率}=\frac{\text{营业利润}}{\text{销售收入}}\times 100\%$$　　公式(32)

由于保本点将企业正常销售量分成两部分,一是保本点销售量,二是安全边际销售量。根据保本点的含义可知,保本点销售量实现的边际贡献已将企业的固定成本完全补偿,因此超过保本点的销售量,也就是安全边际销售量所提供的边际贡献则直接形成企业的营业利润额。这个结论可以通过下式证明:

因为:营业利润=销售收入-变动成本-固定成本

=边际贡献-固定成本

=销售收入×边际贡献率-固定成本

=销售收入×边际贡献率-保本点销售额×边际贡献率

=(销售收入-保本点销售额)×边际贡献率

所以有:

营业利润=安全边际额×边际贡献率　　公式(33)

或营业利润=安全边际量×单位边际贡献　　公式(34)

如果将公式(33)两端同时除以销售收入,可得下式:

$$\frac{\text{营业利润}}{\text{销售收入}}=\frac{\text{安全边际额}}{\text{销售收入}}\times\text{边际贡献率}$$

所以有:

销售利润率=安全边际率×边际贡献率　　公式(35)

该公式为我们提供了一种计算销售利润率的新方法,同时也告诉我们,企业可通过提高安全边际率或边际贡献率的方法,以提高企业的销售利润率。

四、营业杠杆系数

(一)营业杠杆系数的涵义

营业杠杆是单独讨论产销量变化对营业利润影响程度的分析。在影响利润的其他因素保持不变的前提下,相关范围之内,产销量的变化虽然不会改变固定成本总额,但会对单位产品固定成本产生影响。产销量提高,单位产品固定成本降低,从而提高单位产品盈利额,使得营业利润一方面直接随销售量增加而增加,另一方面又随着单位利润的提高而增加,两方面的影响使得营业利润的增长率必然大于产销量的增长率;反之,产销量降低,营业利润减少,但利润的降低率必然大于产销量的降低率。这种由于固定成本的存在而导致的营业利润变动率大于产销量变动率的现象,通常称为营业杠杆现象。

现代企业,每个企业都会发生一定数额的固定成本,因此都必然存在营业杠杆现象,但由于不同企业、同一企业不同时期的成本结构和基础资料不同,使其营业杠杆作用力的大小表现不一,营业杠杆作用力的大小一般通过营业杠杆系数来表达。

营业杠杆系数,简称 DOL,是指营业利润变动率与销售量(或销售额)变动率之比。计算公式为:

$$营业杠杆系数(DOL)=\frac{营业利润变动率}{销售量(或销售额)变动率} \qquad 公式(36)$$

从营业杠杆系数定义可以看出,营业杠杆系数实际上就是销售量影响利润的敏感度指标,所以,在实务中,营业杠杆系数可以运用基期现有资料,采用下列公式直接计算:

$$营业杠杆系数(DOL)=\frac{基期边际贡献}{基期营业利润} \qquad 公式(37)$$

[例 16] 甲、乙两企业目前产品有关资料见表 3-8 所示。

表 3-8　企业产品资料表

项　目	甲企业	乙企业
销售单价	100 元	100 元
销售数量	2 000 件	2 000 件
固定成本	70 000 元	20 000 元
单位变动成本	20 元	60 元
营业利润	90 000 元	60 000 元

设甲、乙两企业销售量在目前基础上都增加了 10%,在其他因素不变情况下,两企业的营业利润额将分别增长为:甲企业 106 000 元,乙企业 68 000 元。则在目前水平上(销售量 2 000 件),两企业的营业杠杆系数计算如下:

甲企业:

$$营业利润变动率 = \frac{106\ 000 - 90\ 000}{90\ 000} = 18\%$$

$$营业杠杆系数 = \frac{18\%}{10\%} = 1.8$$

$$或 = \frac{2\ 000(100 - 20)}{90\ 000} = 1.8$$

乙企业:

$$营业利润变动率 = \frac{68\ 000 - 60\ 000}{60\ 000} = 13\%$$

$$营业杠杆系数 = \frac{13\%}{10\%} = 1.3$$

$$或 = \frac{2\ 000(100 - 60)}{60\ 000} = 1.3$$

比较可知,两企业的营业杠杆系数各不相同。在销售量2000件的基础上,甲企业的营业杠杆系数是1.8,说明营业利润将以销售量变动率的1.8倍随销售量同向增减;乙企业的营业杠杆系数是1.3,则营业利润将以销售量变动率1.3倍的速度同向增减。

(二)营业杠杆系数的作用

1.评价企业经营风险

营业杠杆系数的大小反映了销售量变动对营业利润的影响程度。营业杠杆系数越大,销售量变动对利润的影响程度越大,只要增加较少的销售量,就能增加较多的利润;反之,当销售量稍有下降时,利润就会以更大幅度降低。因此,营业杠杆系数越大,企业的营业风险越大。

上述结论,可通过比较营业杠杆系数与安全边际率之间的关系得以证明。

$$因为:营业杠杆系数 = \frac{边际贡献}{营业利润}$$

$$而:安全边际率 = \frac{安全边际额}{正常销售额} = \frac{安全边际额 \times 边际贡献率}{正常销售额 \times 边际贡献率} = \frac{营业利润}{边际贡献}$$

所以有:营业杠杆系数 × 安全边际率 = 1　　公式(38)

可见,企业某期的营业杠杆系数越高,安全边际率越低,营业风险越大;反之,营业杠杆系数越低,安全边际率则越高,营业风险就越小。

2.预测规划期的营业利润

在已知营业杠杆系数的条件下,根据规划期的计划销售量,可直接运用营业杠杆系数测算营业利润数额。计算公式为:

营业利润 = 基期利润(1 + 销售量变动率 × 营业杠杆系数)　　公式(39)

[例17] 设例16中的甲企业,销售量在目前基础(2 000件)上将增加15%,则甲企

业规划期营业利润为：

营业利润 = 90 000(1 + 15% × 1.8) = 114 300(元)

3.预测目标销售量(或销售额)

在已知营业杠杆系数的条件下，根据规划期的目标利润，可直接运用营业杠杆系数测定目标销售量或销售额。计算公式为：

目标销售量 = 基期销售量(1 + 利润变动率 ÷ 营业杠杆系数)　　公式(40)

[例 18] 设例 16 中的甲企业，如规划期营业利润为 108 000 元。则为实现目标利润，甲企业需实现的销售量计算如下：

$$营业利润增长率 = \frac{108\ 000 - 90\ 000}{90\ 000} = 20\%$$

目标销售量 = 2 000(1 + 20% ÷ 1.8) = 2 222(件)

由于营业杠杆系数是建立在单一因素变动的假设基础上，因此，运用营业杠杆系数无论是进行营业风险评价，还是营业利润或目标业务量的预测，除业务量之外，其他影响利润的因素都必须与基期保持一致。

【本章小结】

本量利分析是指对成本、销售量和营业利润三者之间的规律性关系所进行的分析。主要包括保本分析、利量分析、利润的敏感性分析。

在进行本量利分析时，需要区分确定条件和非确定条件、单一品种和多品种生产，采用不同的方法进行分析。

另外，在进行本量利分析时，还需要掌握边际贡献、安全边际、营业杠杆系数等重要概念。

【本章练习题】

一、单项选择题

1.根据本量利分析原理，当单价单独变动时，下列说法正确的是(　　)。

A.会使损益均衡点同方向变动　　B.会使安全边际同方向变动

C.会使边际贡献反方向变动　　D.会使保利点同方向变动

2.提高安全边际而不影响保本点的措施是(　　)。

A.提高单价　　B.提高产销量　　C.提高固定成本　　D.降低单价

3.企业产销多种产品，各产品生产相对独立，宜采用的保本分析方法为(　　)。

A.加权综合边际贡献率法　　B.分算法

C.联合单位法　　D.主要品种法

4.已知单价对利润的敏感系数为 5，本年盈利，为了确保下年度企业不亏损，单价下降的最大幅度为(　　)。

A.20%　　B.40%　　C.50%　　D.100%

5.被称为营业杠杆系数的敏感度指标是(　　)。

A.固定成本对利润的敏感度　　B.销售量对利润的敏感度

C.单价对利润的敏感度　　D.单位变动成本对利润的敏感度

6.若销售利润率为60%,变动成本率为40%,则安全边际率应为(　　)。

A.100%　　B.150%　　C.24%　　D.36%

7.下列计算公式中,计算结果不等于边际贡献率的是(　　)。

A.1－变动成本率　　B.单位边际贡献/单价

C.1－安全边际率　　D.边际贡献总额/销售收入总额

二、多项选择题

1.按照本量利分析模型测算的企业损益均衡点业务量、目标利润业务量等信息,是建立在以下(　　)前提下。

A.成本按习性分类　　B.产销量一致

C.单价可以预测　　D.销量及销售组合可以预测

2.企业产销多种产品,下列可以降低保本点的方法有(　　)。

A.降低固定成本总额

B.提高产品销售单价

C.降低产品边际贡献率低的产品的销售比重

D.提高产品边际贡献率低的产品的销售比重

3.下列关系式中,表达正确的有(　　)。

A.营业利润＝安全边际额(单价－单位变动成本)

B.安全边际率×营业杠杆度＝1

C.保本作业率＋安全边际率＝1

D.变动成本率×边际贡献率＝1

4.下列哪些情况下企业处于保本状态(　　)。

A.边际贡献＝0　　B.安全边际＝0

C.边际贡献－固定成本＝0　　D.销售利润率＝0

5.下列说法正确的有(　　)。

A.在其他因素一定时,销售量越大,营业杠杆系数越大

B.当固定成本趋近于0时,营业杠杆系数趋近于1

C.营业杠杆系数越大,反映企业的风险越大

D.盈利状态下,价格影响利润的敏感度最大

6.下列指标中,可以用于评价企业营业风险的有(　　)。

A.安全边际量　　B.安全边际率　　C.安全边际额　　D.营业杠杆系数

7.某企业只生产一种产品,当年的营业利润为20 000元。运用本量利关系对影响营业利润的各因素进行敏感分析后得出,单价的敏感系数为4,单位变动成本的敏感系数为-2.5,销售量的敏感系数为1.5,固定成本的敏感系数为-0.5。则下列说法中,正确的有(　　)。

A.上述影响营业利润的因素中,单价是最敏感的,固定成本是最不敏感的

B.当单价提高10%时,营业利润将增长8 000元

C.当单位变动成本的上升幅度超过40%时,企业将转为亏损

D.企业的安全边际率为66.67%

三、名词解释题

1.本量利分析
2.边际贡献
3.边际贡献率
4.变动成本率
5.安全边际
6.安全边际率
7.营业杠杆系数
8.利润敏感度分析
9.损益均衡点
10.保利点

四、思考题

1.本量利分析的基本假设有哪些?说明它们的具体含义。

2.分别说明单一产品和多种产品条件下,影响保本点的因素有哪些?

3.评价企业营业风险的指标有哪些?如何运用这些指标进行营业风险分析?企业可通过哪些途径降低营业风险?

4.结合本章学习的内容,说明利润敏感分析的优点和局限性。

五、实务练习题

练习一

(一)目的:练习本量利分析的基本原理。

(二)资料:

(1)单一产品

序号	销售单价（元）	销售数量（件）	变动成本（元）	固定成本（元）	单位边际贡献（元/件）	税前利润（元）
①		600	18 000		20	2 000
②	60			12 000	30	9 000
③	40	500	5 000	16 000		

(2)多种产品

单位:元

序号	销售金额	变动成本	边际贡献率	固定成本	税前利润
①	40 000		20%		2 000
②		28 000		12 000	30 000
③	56 000	39 200		6 800	

(三)要求:计算上述各种情况下的未知数(每种情况都是独立的)。

练习二

(一)目的:练习单一产品保本点的测算及利量分析。

(二)资料:某家具厂,有意开发一种新型号电脑桌,预计单位售价为500元,预计单位变动成本为300元。生产该电脑桌每月要增加20 000元的新固定成本。该公司希望通过该电脑桌的销售每年增加300 000元的营业利润。通过市场调查,该家具厂认为每年预计可以生产并销售该电脑桌3 000件。

(三)要求:

(1)计算生产销售该电脑桌的年度保本点产销量。

(2)测算实现目标利润的产销量。

(3)计算预计产销量下的安全边际和安全边际率,并对企业的营业风险程度进行评价。

练习三

(一)目的:练习多种产品保本点的测算及利量分析。

(二)资料:某企业生产和销售甲、乙两种产品,产品单位售价分别为5元和10元,边际贡献率分别是40%和20%,全年固定成本50 000元。假设全年甲、乙产品销售量分别达到20 000件和30 000件。

(三)要求:

(1)按综合边际贡献率法计算企业年度保本点及保本状态下甲、乙两种产品的销售量。

(2)设企业以产品销售量为标准分配固定成本。按分算法计算甲、乙两种产品的保本点产销量。

(3)计算企业安全边际及年度营业利润总额。

练习四

(一)目的:练习营业杠杆系数指标的计算及应用。

(二)资料:某企业产销单一产品,单位变动成本、固定成本总额及销售价格稳定,上年度实现销售收入800万元,营业利润100万元,本年度实现销售收入900万元,营业利润150万元。

(三)要求:

(1)运用营业杠杆系数计算原理,测定企业年度固定成本总额。

(2)企业下年度目标利润为180万元,测算实现目标利润所要求的销售额。

练习五

(一)目的:练习本量利分析辅助性指标的计算及应用。

(二)资料:某企业欲投资新产品甲,预计产品单位变动成本30元,年固定成本总额270 000元,如果企业要求甲产品的销售利润率为8%,安全边际率达到20%。

(三)要求:测定甲产品的销售单价及年度保本点销售量 。

练习六

(一)目的:练习利润敏感度指标的计算及应用。

(二)资料:某企业只产销一种产品,本年度有关资料为:保本点销售量为6 000件,单价为150元,单位成本为130元,其中单位变动成本为120元。

(三)要求:通过计算回答下列互不相关问题:

(1)本年度固定成本总额、产销量及营业利润总额。

(2)本年条件下单价、单位变动成本、产销量、固定成本影响利润的敏感度指标各是多少?根据测算结果,对企业下年度管理中应重点关注的因素提出建议。

(3)若使下年营业利润比本年增长20%,应采取哪些单项措施才能实现目标利润。

CHAPTER 4 第四章
变动成本法

【学习目标】

1.掌握变动成本法的定义。
2.理解变动成本法的理论依据。
3.理解和掌握两种成本法的主要区别以及各自的优缺点。
4.熟练掌握和运用两种成本法下营业利润差额的变化规律。

第一节　变动成本法的理论依据

一、变动成本法的概念

变动成本法是在计算产品生产成本时,只包括产品生产过程中所发生的直接材料、直接人工和变动制造费用,而把固定制造费用作为期间费用处理,直接由当期收益予以补偿的一种成本计算方法。

变动成本法是相对于传统的完全成本法而言的。完全成本法是指在计算产品生产成本时,把生产产品所发生的直接材料、直接人工、制造费用(包括变动制造费用和固定制造费用两部分)全部包括在内的成本计算方法。完全成本法的形成和推广使用,经历了一个漫长的过程。从历史发展角度看,完全成本法在企业同时制造多种产品的情况下,可以使产品成本比较完整地包括产品在生产过程中所发生的全部成本,并且可以相对合理地分配计算出每一种产品的生产成本,因而被认为是产品成本计算方法的一大突破。直到现在,企业对外提供的资产负债表、利润表和现金流量表,国际上仍然要求按照完全成本法的原理编制和对外报送。目前,我国同样也是要求企业按照完全成本法对外提供会计报表。

但是,随着市场条件的变化,竞争的日益激烈,企业管理层要求会计提供更广泛、更有用的信息,以便加强对经营活动的事前规划和日常控制,达到企业内部最优化管理的目的,而完全成本法难以达到上述目的。为了克服完全成本法的缺陷,适应企业加强内部管理、加强成本控制的要求,便产生了变动成本计算法。

二、变动成本法的产生和发展

变动成本法最初称为“直接成本法”,主要是由于当时的产品成本只包括与业务量关系比较明显的直接材料和直接人工。后来人们逐渐发现,有些间接关系的制造费用虽然不是直接成本但也随业务量的变动而成正比例变动,而有的直接成本虽然直接计入特定对象,但却并非变动成本,直接成本与变动成本之间、间接成本与固定成本之间并非两对完全对等的概念。因此,有人主张将直接成本法改称为变动成本法,但直到现在,美国仍有一些管理会计文献使用“直接成本法”的术语,严格地讲,这种说法已经过时了。同时,又因为按照变动成本法所计算出的生产成本,是由产量在零的基础上逐个增加而增加的生产成本所构成,所以在英国该法也被称为“边际成本法”。

关于变动成本法的起源,国外会计专著的论述众说不一。据有人考证,早在1836年英国的曼彻斯特工厂就出现了它的雏形。前苏联的一位会计学家指出,法国的斯特劳斯·别尔格在1876年曾宣布过直接成本法(变动成本法)的初步设想。英国人则强调,1904年在英国出版的《会计百科全书》中已经记载了与变动成本法有关的内容。1906年2月美国《制度》杂志曾刊登过一段话,与变动成本法的基本思路有很多相似之处:“在生产经营活动的抉择中,为估计其所期望的净损益,第一步就要找出适合衡量一定的生产经营活动效果的单位费用,单位直接收入减去单位直接费用得单位直接净收入或单位净贡献,然后以它来抵偿不影响生产经营活动的费用——这些不影响生产经营活动的费用是指不管选择什么生产经营活动方式都一样固定或不变。单位净收入(或单位净贡献)乘以产品数量就可以用来比较由于选择各种不同的生产经营活动而产生的不同损益。”从以上这段文字中可以发现,早在20世纪之初,变动成本法的思想已经开始萌芽了。

据美国权威的《柯勒会计辞典》记载,第一篇专门论述直接成本法的论文是由美籍英国会计学家乔纳森·N·哈里斯撰写的,刊于1936年1月15日的《全国会计师联合会公报》。文章追溯了1934年哈里斯在杜威——阿尔未化学公司设计“直接标准成本制造计划”中所发现的问题。当时该公司销售量上升利润反而下降的现象引起了哈里斯的注意,他发现问题的根源在于采用传统的完全成本法。依据此资料,哈里斯对比新旧两种方法对营业利润的不同影响,揭示了直接成本法的优点。自哈里斯的文章公开发表之后，直接成本法的概念才得以迅速传播。

到了20世纪50年代，随着企业环境的改变，竞争的加剧，决策意识的增强，人们逐渐认识到传统的完全成本法提供的会计信息越来越不能满足企业内部管理的需要，必须重新认识变动成本法，充分发挥其积极作用。美国的一些会计师和经理人重新研究并开始在实务中试行变动成本法，并将变动成本法中的边际贡献这一概念用于本量利分析及其他方面。实践使人们认识到，变动成本法不仅有利于企业加强成本管理，而且对制定利润计划、组织科学的经营决策也十分有用。从此，变动成本法开始受到人们的普遍重视。到20世纪60年代，变动成本法风靡欧美。

变动成本法在20世纪70年代末传入我国，在一些企业（主要是机床工具行业的企业）进行了试点和运用，取得了一定的成效。随着我国社会主义市场经济体制的不断完善和企业经营机制的转换，变动成本法在我国将会得到更广泛的应用。

三、变动成本法的理论依据

完全成本法的理论依据是：成本是为了实现一定的经济目的而付出的可以用货币计量的代价。完全成本法下，成本按其经济用途划分为生产成本和非生产成本。其中生产成本是指为了把产品生产出来而付出的可以用货币计量的代价。固定制造费用是为了保持一定的生产经营能力而发生的，如果没有厂房、机器设备以及生产车间的组织和管理，产品就生产不出来。按照这一观点，直接材料、直接人工、变动制造费用、固定制造费用，都是为了把产品生产出来而付出的代价，而且都可以用货币计量，所以都应计入产品的生产成本。

变动成本法的理论依据是：产品成本和期间成本是两个不同的概念，应明确区分。产品成本联系的是产品产量，它是指在生产过程中发生的，随产品产量变动而变动的成本。期间成本联系的是会计期间，它是指那些随企业生产经营期间长短而增减，其效益随着会计期间的推移而消逝，不能递延到下期，只能于发生的当期补偿的成本。根据以上定义可知，直接材料、直接人工和变动制造费用联系的是产品产量，随着产品产量的增减变动成正比例变动，所以应属于产品成本。固定制造费用主要是为企业提供一定的生产经营条件而发生，这些生产经营条件一经形成，不管其实际利用程度如何，有关费用照样发生，同产品的实际产量没有直接联系，并不随产量的增减而增减。也就是说，这部分费用所联系的是会计期间，而不是产品产量，它只随着时间的推移而发生，如生产设备每过一期就要计提一期折旧，会计期间越长，提取的折旧额越多，与产品的实际产量没有直接联系，而且这种费用具有不可逆转性，随着时间的推移而消逝，其效益不能递延到下一会计期间，所以应在费用发生的当期，全额列作期间成本，从本期的边际贡献中直接扣除。

第二节 变动成本法与完全成本法的区别

完全成本法与变动成本法的根本区别,在于两种成本计算法下对固定制造费用的处理方式不同。在完全成本法下,固定制造费用要计入产品的生产成本,而变动成本法则将固定制造费用排除在产品生产成本之外,直接作为期间成本对待。由于两种成本计算方法的这一根本区别,导致了其他一些方面的不同。

一、应用的前提条件不同

变动成本法以成本性态分析为前提条件,首先要求把企业的全部成本按其性态划分为固定成本和变动成本两大部分。其中:变动成本主要包括直接材料、直接人工、变动制造费用、变动销售及管理费用等;固定成本主要包括固定制造费用、固定销售及管理费用等。变动成本法下,固定制造费用、全部销售及管理费用作为期间成本处理,直接从当期收益中扣除。而完全成本计算法要求将全部成本按其经济用途划分为生产成本和非生产成本。其中:生产成本主要包括直接材料、直接人工和制造费用;非生产成本主要包括销售费用和管理费用等。完全成本法下,销售费用和管理费用作为期间成本处理,直接从当期收益中扣除。

二、产品成本及期间成本的构成内容不同

在变动成本法下,产品成本实际上就是变动生产成本,具体内容包括直接材料、直接人工和变动制造费用;期间成本则包括固定制造费用和全部非生产成本。而在完全成本法下,其产品成本实际上就是生产成本,具体内容包括直接材料、直接人工、变动制造费用和固定制造费用;期间成本则是全部非生产成本。变动成本法与完全成本法在产品成本、期间成本构成内容上的差别,关键在于对固定性制造费用的认识和处理方法不同。

[例 1]汇丰公司 20×0 年只销售一种甲产品,单位直接材料 8 元,直接人工 6 元,变动制造费用 4 元,固定制造费用全年总额为 600 000 元。假定该公司全年销售费用和管理费用全为固定成本,每年分别为 180 000 元和 120 000 元。当年甲产品的生产量为 100 000 件,最大年生产能力为 200 000 件,无期初和期末在产品。两种成本法下有关的成本情况如表 4－1 所示。

表 4-1 两种成本法下产品成本组成的比较 单位:元

成本项目	完全成本法		变动成本法	
	单位成本	总成本	单位成本	总成本
直接材料	8	800 000	8	800 000
直接人工	6	600 000	6	600 000
变动制造费用	4	400 000	4	400 000
固定制造费用	6	600 000		
合计	24	2 400 000	18	1 800 000

从上表可以看出,变动成本法由于没有把固定制造费用 600 000 元计入产品成本,因而变动成本法计算出来的产品总成本为 1 800 000 元,比完全成本法计算出来的产品总成本少 600 000 元;变动成本法下的单位成本 18 元比完全成本法的单位成本 24 元减少 6 元。

两种成本法下的期间成本计算如下:

完全成本法下的期间成本 = 180 000 + 120 000 = 300 000(元)

变动成本法下的期间成本 = 180 000 + 120 000 + 600 000 = 900 000(元)

通过该例可以发现,两种成本法下产品成本、期间成本包含的内容是不同的。

三、销货成本及存货成本的水平不同

完全成本法将全部生产成本在已销产品和存货(库存产成品和在产品)之间进行分配,从而使一部分固定制造费用被期末存货包含并递延到下一会计期间,另一部分则作为销货成本的一部分被计入当期损益。在变动成本计算中,固定制造费用被作为期间成本直接计入损益表,无需再转化为销货成本和存货成本,销货成本和存货成本中只包括变动生产成本。由此可见,完全成本法所确定的存货成本和销货成本均大于变动成本法所确定的水平。

[例 2] 接例 1,假定汇丰公司 20×0 年期初产品存货为零,当年销售甲产品 80 000 件。则两种成本法下当年的销货成本分别为:

完全成本法下当年的销货成本 = 80 000 × 24 = 1 920 000(元)

变动成本法下当年的销货成本 = 80 000 × 18 = 1 440 000(元)

从理论上看,无论哪一种成本计算法都可以按下面的公式计算销货成本,即:

本期销货成本 = 期初产成品存货成本 + 本期完工产品的生产成本 - 期末产成品存货成本 公式(1)

但是,在前后期生产成本水平不变(即单位变动生产成本不变、固定制造费用总额不变)的前提条件下,由于变动成本法下生产成本不包括固定制造费用,因而不管前后期产量是否相同，期初单位产品成本、本期单位产品成本和期末单位产品成本三者完全相等，所以可以直接按以下简化公式计算销货成本，即：

本期销货成本 = 本期销售量 × 单位产品成本(即单位变动生产成本)　　公式(2)

而完全成本法在期初存货不为零的情况下，由于固定制造费用要计入产品生产成本，如果前后各期生产量不一致，将会导致单位产品负担的固定制造费用不相同，因而期初单位产品生产成本、本期单位产品生产成本、期末单位产品生产成本也不一定相等。这时，就应该按公式(1)的方法计算本期销货成本。因此，只有在极特殊的条件下，即期初产成品存货为零时，由于本期所销产品全部是当期所生产的产品，这时才可以直接按以下简化公式计算销货成本，即：

本期销货成本 = 本期销售量 × 单位产品成本(即单位完全生产成本)　　公式(3)

四、损益确定程序不同

两种成本计算法在成本计算的内容上有区别，也会影响到营业利润的计算。变动成本计算以成本性态分类为前提，销售收入首先用来补偿变动成本，计算出边际贡献，然后再用以补偿固定成本，从而确定出营业利润，我们将其称为"贡献式"损益确定程序。而完全成本计算以成本按经济用途分类为前提，首先用销售收入扣减已销产品的销货成本，计算出销售毛利，然后用销售毛利减去非生产成本，从而确定出营业利润。我们称其为"传统式"损益确定程序。两种成本计算法下不同的损益确定程序计算的分期损益及其所提供的信息有所不同，我们作一分析比较。

(一)营业利润的计算公式不同

变动成本法在贡献式损益确定程序下，营业利润按下列步骤和公式计算：

销售收入 - 变动成本 = 边际贡献　　公式(4)

边际贡献 - 固定成本 = 营业利润　　公式(5)

其中：

变动成本 = 变动销售成本 + 变动销售费用 + 变动管理费用

= 单位变动成本 × 销售量　　公式(6)

固定成本 = 固定制造费用 + 固定销售费用 + 固定管理费用 + 固定财务费用

公式(7)

完全成本法在传统式损益确定程序下，营业利润按下列步骤和公式计算：

销售收入 - 销货成本 = 销售毛利　　公式(8)

销售毛利 - 非生产成本 = 营业利润　　公式(9)

其中：

销货成本 = 期初产成品存货成本 + 本期完工产品生产成本 - 期末产成品存货成本　公式(10)

非生产成本 = 销售费用 + 管理费用 + 财务费用　公式(11)

(二)损益表的格式及提供的中间指标不同不同

由于成本计算以及营业利润的计算步骤和公式不同,使得两种成本计算法下所编制的损益表在格式及其所提供的中间指标方面亦有所不同。

完全成本法下损益表中,扣减的各项成本是按照经济职能分类排列的;变动成本法下的损益表,扣减的各项成本是按照成本性态分类排列的。

这两种损益表的格式分别参见表 4-2、4-3。

按照变动成本法编制损益表,可以提供反映边际贡献的中间指标;按照完全成本法编制损益表,可以提供反映销货毛利的中间指标。这些不同指标的意义和作用是完全不同的。

(三)计算出来的营业利润一般不相等

因为两种成本法对固定制造费用处理方式不同,所以计算出来的营业利润一般不相等。

[例 3] 接例 2,假定汇丰公司 20×0 年甲产品的销售单价为每件 30 元,则按变动成本法和完全成本法编制的损益表分别如表 4-2、4-3 所示。

表 4-2　变动成本法下的损益表　单位:元

项目	金额
销售收入(80 000×30)	2 400 000
变动成本	
变动销售成本(80 000×18)	1 440 000
变动销售费用	0
变动管理费用	0
变动成本小计	1 440 000
边际贡献	960 000
固定成本	
固定制造费用	600 000
固定销售费用	180 000
固定管理费用	120 000
固定成本小计	900 000
营业利润	60 000

表 4-3　完全成本法下的损益表　　单位:元

项目	金额
销售收入(80 000×30)	2 400 000
销货成本	
期初产成品存货成本	0
本期完工产品成本(100 000×24)	2 400 000
可供销售的产品成本	2 400 000
减:期末产成品存货成本(20 000×24)	480 000
销货成本小计	1 920 000
销货毛利	480 000
非生产成本	
销售费用	180 000
管理费用	120 000
非生产成本小计	300 000
营业利润	180 000

通过表 4-2、4-3 可以发现,20×0 年完全成本法下的营业利润(180 000 元)大于变动成本法下的营业利润(60 000 元)。

[例 4]接例 3,假设 20×1 年汇丰公司生产量为 100 000 件,销售量为 100 000 件,其他条件不变。则按照变动成本法和完全成本法编制的损益表及计算的营业利润如表 4-4、4-5 所示。

表 4-4　变动成本法下的损益表　　单位:元

项目	金额
销售收入(100,000×30)	3 000 000
变动成本	
变动销售成本(100,000×18)	1 800 000
变动销售费用	0
变动管理费用	0
变动成本小计	1 800 000
边际贡献	1 200 000
固定成本	
固定制造费用	600 000
固定销售费用	180 000
固定管理费用	120 000
固定成本小计	900 000
营业利润	300 000

表 4－5　完全成本法下的损益表　　　　单位:元

项目	金额
销售收入(100 000 × 30)	3 000 000
销货成本	
期初产成品存货成本(20 000 × 24)	480 000
本期完工产品成本(100 000 × 24)	2 400 000
可供销售的产品成本	2 880 000
减:期末产成品存货成本(20,000 × 24)	480 000
销货成本小计	2 400 000
销货毛利	600 000
非生产成本	
销售费用	180 000
管理费用	120 000
非生产成本小计	300 000
营业利润	300 000

通过表 4－4、4－5 可以发现,20 × 1 年完全成本法下的营业利润(300 000 元)等于变动成本法下的营业利润(300 000 元)。

[例 5] 接例 4,假设 20 × 2 年汇丰公司生产量为 80 000 件,销售量为 100 000 件,其他条件不变。则按照变动成本法和完全成本法编制的损益表及计算的营业利润如表 4－6、4－7 所示。

表 4－6　变动成本法下的损益表　　　　单位:元

项目	金额
销售收入(100,000 × 30)	3 000 000
变动成本	
变动销售成本(100,000 × 18)	1 800 000
变动销售费用	0
变动管理费用	0
变动成本小计	1 800 000
边际贡献	1 200 000
固定成本	
固定制造费用	600 000
固定销售费用	180 000
固定管理费用	120 000
固定成本小计	900 000
营业利润	300 000

表 4-7　完全成本法下的损益表　　单位:元

项目	金额
销售收入(100 000×30)	3 000 000
销货成本	
期初产成品存货成本(20 000×24)	480 000
本期完工产品成本(80 000×18+600 000)	2 040 000
可供销售的产品成本	2 520 000
减:期末产成品存货成本	0
销货成本小计	2 520 000
销货毛利	480 000
非生产成本	
销售费用	180 000
管理费用	120 000
非生产成本小计	300 000
营业利润	180 000

通过表 4-6、4-7 可以发现,20×2 年完全成本法下的营业利润(180 000 元)小于变动成本法下的营业利润(300 000 元)。

通过以上三个例题可以发现,完全成本法下的营业利润可能大于、小于或等于变动成本法下的营业利润。两种成本法计算出来的利润一般不相等;只有在特殊情况下,两种成本法计算出来的利润才有可能相等。

五、提供的信息用途不同

变动成本法与完全成本法所提供的信息用途不同是两者之间最本质的区别。传统的完全成本法将间接成本分配给各种产品,反映生产产品发生的全部资金耗费,它提供的成本信息可以确定产品实际成本和损益,并满足对外提供报告的需要。变动成本法是为强化企业内部管理的要求、满足企业未来决策需要而产生的。由于它揭示了成本、业务量和利润之间的规律,从而有助于企业加强成本管理,强化预测、决策、计划、控制和业绩考核等职能,促进以销定产,减少或避免因盲目生产而带来的损失。

第三节　两种成本计算法下分期营业利润差额的变化规律

一、两种成本计算法下分期营业利润差额的涵义

按完全成本法计算出来的营业利润可能会大于、小于或等于按变动成本法计算出来的营业利润。两种成本计算法计算出来的营业利润之间的差异数,称为两种成本计

算法下的营业利润的差额。广义的营业利润的差额可能会大于、小于或等于零，我们把不等于零的利润差额叫做狭义的利润差额。

二、两种成本计算法下分期营业利润出现狭义差额的根本原因

导致出现狭义营业利润差额的原因，可以采用排除法，从分析两种成本法中影响收入和计入当期损益表的成本费用的单价、销量、销售成本和期间成本等因素考虑。

首先，在两种成本法下，单价和销量是相同的，列入损益表的当期销售收入是相同的，所以销售收入这一因素不会导致营业利润出现狭义差额。

其次，在两种成本法下，变动生产成本都是产品成本的构成内容，这样在一定期间内销售成本中所包含的变动生产成本必然相等，因此，计入损益表中的销货成本所包含的变动生产成本不是导致狭义营业利润差额发生的因素。

再次，两种成本法中的非生产成本即销售费用、管理费用和财务费用均属于期间成本，并最终计入当期损益表，不递延到下期，只是它们在损益表中的位置和排列顺序存在形式上的区别，所以也不会导致狭义营业利润差额的产生。

通过以上分析可以说明，只能从固定制造费用这个因素考虑。有些人认为狭义营业利润差额出现的原因是由于固定制造费用的处理方法不同，即变动成本法始终将固定制造费用作为期间成本处理，完全成本法始终将其作为产品成本处理。但导致两种成本法下分期营业利润出现差额的根本原因是计入当期损益表的固定制造费用的水平出现了差异，这种差异表现为完全成本法下期末存货包含的固定制造费用与期初存货包含的固定性制造费用之间的差异。这是因为在变动成本法下，计入当期损益表的固定制造费用是本期所发生的全部固定制造费用；而在完全成本法下，计入当期损益表的固定制造费用应等于期初存货包含的固定制造费用加上本期发生的固定制造费用减去期末存货包含的固定制造费用。以上关系用公式表示如下：

变动成本法下计入当期损益表的固定制造费用 = 本期所发生的固定制造费用 　公式(12)

完全成本法下计入当期损益表的固定制造费用 = 期初存货包含的固定制造费用 + 本期发生的固定制造费用 − 期末存货包含的固定制造费用 　公式(13)

两种成本计算法计入当期损益表固定制造费用的差额 = 公式(13) − 公式(12) = 完全成本法下期初存货包含的固定制造费用 − 完全成本法下期末存货包含的固定制造费用 　公式(14)

其他因素相同的情况下，从当期扣除的固定制造费用数额越多，计算出来的营业利润就越少；反之亦然。因而，利润的增减变动与当期负担的固定制造费用的变动数正好相反，所以有下式成立：

两种成本计算法计算当期营业净利润的差额(ΔI) = 完全成本法下的营业利润 − 变

动成本法下的营业利润＝－公式(14)＝完全成本法下期末存货包含的固定制造费用(Fa)－完全成本法下期初存货包含的固定制造费用(Pa) 公式(15)

因此,在其他条件不变的前提下,完全成本法下只要存在期末存货包含的固定制造费用与期初存货包含的固定制造费用的差异,就说明两种成本法计入本期损益表的固定制造费用数额不同,则一定存在两种成本法的当期营业利润不相等。如果某期完全成本法下期末存货包含的固定制造费用与期初存货包含的固定制造费用相同,就意味着两种成本法计入本期损益表的固定制造费用的数额相等,两种成本法的当期营业利润必然相等。

三、两种成本计算法下分期营业利润广义差额的变动规律

(一)广义营业利润差额的一般规律

1.如果完全成本法下期末存货包含的固定制造费用等于期初存货包含的固定制造费用,两种成本法计算确定的营业利润相等。

2.如果完全成本法下期末存货包含的固定制造费用大于期初存货包含的固定制造费用,完全成本法计算确定的营业利润大于变动成本法计算确定的营业利润。

3.如果完全成本法下期末存货包含的固定制造费用小于期初存货包含的固定制造费用,完全成本法计算确定的营业利润小于变动成本法计算确定的营业利润。

(二)广义营业利润差额的特殊规律

在期末存货量和期初存货量单位产品所包含的固定制造费用相等这一前提条件下,两种成本计算法所确定的营业利润差额具有如下特殊规律:

(1)当期末存货量和期初存货量相等(即生产量＝销售量)时,两种成本法计算确定的营业利润相等。

(2)当期末存货量大于期初存货量(即生产量＞销售量)时,完全成本法计算的营业利润就大于变动成本法计算的营业利润。

(3)当期末存货量小于期初存货量(即生产量＜销售量)时,完全成本法计算的营业利润就小于变动成本法计算的营业利润。

四、两种成本计算法下分期营业利润广义差额简算法及其应用

两种成本法下营业利润差额简算法的计算公式可推导如下:

两种成本法下营业利润差额(ΔI)＝完全成本法下的营业利润(FI)－变动成本法下的营业利润(VI)＝FI－VI

两种成本法下营业利润差额(ΔI) = 完全成本法下期末存货包含的固定制造费用(Fa) - 完全成本法下期初存货包含的固定制造费用(Pa) = Fa - Pa

所以,有下面公式存在:

完全成本法下的营业利润 = 变动成本法下的营业利润 + 两种成本法下营业利润的差额

即:FI = VI + ΔI　　公式(16)

或:VI = FI - ΔI　　公式(17)

根据公式(16)和公式(17),如果已计算出完全成本法下的营业利润,可以很方便地计算出变动成本法下的营业利润;反之亦然。上述公式在实际工作中具有广泛的用途,它可以大大减轻日常核算的工作量。

[例 6] 接例 5,假定汇丰公司 20×3 年至 20×8 年各期的生产量分别为 120 000 件、120 000 件、100 000 件、200 000 件、60 000 件和 60 000 件;各期的销售量分别为 120 000 件、100 000 件、100 000 件、120 000 件、110 000 件、110 000 件。这期间成本水平、销售单价、存货计价方式均不变。期末存货包含的固定制造费用根据先进先出法的原则计算确定。

要求:

(1)按变动成本法确定各期的营业利润。

(2)按简算法计算两种成本法下各期营业利润的差额。

(3)利用利润差额确定各期完全成本法下的营业利润。

(4)利用本例的结果分析两种成本法下的营业利润与销售量之间的关系。

变动成本法下营业利润的计算公式为:

VI = (p - b)Q - a

两种成本法下利润差额的计算公式为:

ΔI = Fa - Pa

完全成本法下营业利润的计算公式为:

FI = VI + ΔI

计算结果如表 4-8 所示。

表 4-8　两种成本法下的营业利润　　单位:元

年度	期初存货量	生产量	销售量	期末存货量	Fa	ΔI	VI	FI
20×3 年	0	120 000	120 000	0	0	0	540 000	540 000
20×4 年	0	120 000	100 000	20 000	100 000	100 000	300 000	400 000
20×5 年	20 000	100 000	100 000	20 000	120 000	20 000	300 000	320 000
20×6 年	20 000	200 000	120 000	100 000	300 000	180 000	540 000	720 000
20×7 年	100 000	60 000	110 000	50 000	500 000	200 000	420 000	620 000
20×8 年	50 000	60 000	110 000	0	0	-500 000	420 000	-80 000

第四节　变动成本法的优缺点

一、变动成本法的优缺点

(一)变动成本法的优点

变动成本法的诞生,突破了传统的、狭隘的成本观点,为强化企业的内部管理,提高经济效益开创了新路。

1.促使企业管理层重视销售环节,防止盲目生产

变动成本法的采用,使得产量的高低与存货的增减对营业利润都没有影响。在销售单价、单位变动成本、固定成本总额不变的情况下,企业的营业利润将随销售量同方向变动。这样一来,就会促使管理层重视销售环节,千方百计地加强促销活动,并把主要精力集中在研究市场动态、了解消费者需求、搞好销售预测和以销定产等方面,力求做到适销对路,防止盲目生产。否则,如采用完全成本法,由于产品的生产会对企业的利润产生影响,很可能出现销量增加,营业利润反而减少,甚至销量下降,营业利润反而增加的反常现象,结果必然是企业盲目生产,仓库产品积压。

而且,随着生产力水平的不断发展,设备折旧费等固定制造费用在生产成本中的比例越来越大。如果采用完全成本法,就更容易助长不重视销售的倾向,这是和市场经济的客观要求相背离的。

通过分析本章例6的结果也可以说明这一点。按变动成本法计算时,20×3年和20×6年销售量都是120 000件,计算出来的营业利润也相同,均为540 000元;20×4年和20×5年销售量均为100 000件,计算出来的营业利润均为300 000元;20×7年和20×8年销售量均为110 000件,计算出来的营业利润均为420 000元。所以,采用变动成本法时,在销售单价、单位变动成本和固定成本总额不变的前提下,如果前后几期的销售量相同,则计算出来的营业利润相同;如果销售量上升,则计算出来的营业利润也随之上升;销售量下降,营业利润也随之下降;销售量最多的年度,营业利润最高;销售量最少的年度,营业利润最低。可见,按照变动成本法计算出来的营业利润,与销售量之间存在密切关系,营业利润真正成了反映企业销售量大小的晴雨表,有助于企业重视市场销售。

而按完全成本法计算的营业利润,无法反映销售量水平的变化情况。如例6中20×3年和20×6年,销售量同为120 000件,营业利润却不相同,分别为540 000元和720 000元,相差180 000元;20×4年和20×5年,销售量均为100 000件,营业利润分别为

400 000 元和 320 000 元；特别是 20×7 年和 20×8 年，生产量均为 60 000 件，销售量均为 110 000 件，单价、单位变动成本、固定成本总额、存货计价方法均相同，而按完全成本法计算出来的营业利润分别为 620 000 元和 -80 000 元，相差 700 000 元之多，所以，采用完全成本法时，在单价、单位变动成本和固定成本总额、存货计价方法均相同的前提下，销售量相同的年度，计算出来的营业利润也不一定相同；销售量上升时，营业利润不一定会随之上升；销售量下降时，营业利润也不一定会随之下降；销售量最多的年度，营业利润不一定最高；销售量最少的年度，营业利润也不一定最低。因此，按完全成本法确定的营业利润，不能够真实地反映出销售量的变动水平，难于为管理者所理解和接受，不便于正确地进行决策。

2.变动成本法为管理会计系统方法的运用奠定了良好的基础

变动成本法所提供的成本与收益资料侧重对管理决策服务，有利于现代管理方法的应用。变动成本法将成本按性态分类，提供了变动成本、固定成本、边际贡献的资料，揭示了成本与业务量之间的关系，反映了各种产品的盈利能力，有利于帮助企业管理人员采用科学的方法预测前景，进行短期经营决策以及加强控制。

首先，利用变动成本法的资料可深入进行本量利分析和日常经营风险分析，预测盈亏临界点、规划目标利润、确定目标销售量、进行敏感分析等。

其次，变动成本法有利于科学的短期决策。由于短期决策一般牵涉的期间较短，变动成本、固定成本和业务量之间的增减变动关系能保持在相关范围内，因此，在短期决策分析中，单位变动成本和固定成本保持固定不变，相应的边际贡献指标代替利润指标，从而可以采用“边际贡献法”进行亏损产品处理、是否接受追加订货等问题的分析，或者采用“边际分析”确定最佳售价等。变动成本法所提供的信息资料使短期决策分析更为科学、简单、易于理解。

最后，变动成本法有利于建立弹性预算、制定标准成本、实行责任控制等，它使企业在进行控制时，目标成本、目标利润与实际数据有更强的可比性，对实际执行部门有更好的约束与激励作用。

3.便于分清各部门的经管责任，有利于进行成本控制和业绩评价

一般来说，变动成本的高低最能反映出企业生产部门和供应部门的工作实绩，完成得好坏应由他们负责。例如：在直接材料、直接人工和变动制造费用方面，如有节约或超支，就会从产品的变动指标上反映出来，他们可以通过事先制定标准成本和建立弹性预算进行日常控制。至于固定成本的高低，责任一般不在生产部门，通常应由管理部门负责，可通过事先制定标准成本和建立弹性预算进行日常控制。另外，变动成本所提供的信息还能使由于产量的变动所引起的成本升降同由于成本控制工作的好坏而造成的成本升降清楚地区别开来。这就不仅有利我们进行科学的分析，以及采用正确的方法进行成本控制，还能对各种责任单位履行经管责任的工作实绩做出恰当的、实事求是的

评价。

4.既简化成本计算,又在一定程度上增强了会计信息的客观性

采用变动成本法,把固定性制造费用列作期间成本,从边际贡献总额中一笔减除,可以省掉许多间接费用的分摊手续。这不仅大大地简化了产品成本的计算过程,避免间接费用分摊中的一些主观随意性,增强会计信息的准确性和客观性,而且使会计人员从繁重的计算工作中解脱出来,集中精力于日常管理的深度和广度。

(二)变动成本法的缺点

与完全成本法相比,变动成本法的优点还是比较突出的,但它也不可避免地存在一些局限性。

1.变动成本法的成本分类有较大程度的假定性

出于实际经济生活中混合成本的大量存在,使成本按性态分类带有假定性,同时,以变动成本法提供的成本资料为基础的各项预测、决策和控制方法的准确与否,也很大程度上取决于混合成本分解的准确性。

2.不符合传统产品成本的概念要求

由于变动成本法下,产品和存货成本不包括固定性制造费用,不符合传统的成本概念,而且这一新的成本概念不符合公认会计原则的要求,不被财务会计所接受,而且与税法的有关要求相违背。

3.不能满足长期经营决策的需要

长期决策不同于短期决策,它所解决的是诸如增加还是减少生产力、扩大还是缩小经营等方面的问题,而这种决策是需要能提出若干年后也相对准确的预测数据作为依据的。因为从长期来看,由于技术进步和通货膨胀等因素的影响,销售单价、单位变动成本和固定成本的总额很难固定不变,甚至可能发生重大变化,而变动成本法下假定的成本与业务量之间的规律性联系只能保持在一定时期和一定业务量范围内。所以,尽管变动成本法所提供的信息在短期经营决策中能作为确定最优方案的重要依据,但对长期投资来说,它难以胜任。

4.不能满足产品的定价决策的需要

一般情况下,产品定价以弥补因生产产品而发生的支出为基础,即既要补偿变动成本,又要补偿固定成本。而变动成本法仅以单位变动成本作为定价的基础,所产生的边际贡献可能不足以补偿固定成本,从而导致企业经营的亏损。

二、完全成本法的优缺点

(一)完全成本法的优点

1.促使企业通过扩大生产经营规模,获取规模经济效益

固定成本的性态特征之一是单位产品固定成本同产量成反比例变化。因此,产量越高,单位产品分摊的固定成本越低,进而单位产品全部成本就越低,反之亦然。它明确表达了规模经济的信息,企业的生产积极性得到了很大提高,可以促使企业通过扩大生产经营的规模以相对降低单位生产成本,获取规模经济效益。

2.易于确定产品价格

完全成本法的采用,使得产品成本中包含了为生产产品所发生的全部经济资源的耗费。按照完全成本法计算出的单位产品成本,再考虑一定的毛利,就可以确定产品的单价。其计算公式为:单价 = 单位产品成本 × (1 + 成本加成率)。这样确定的价格既能补偿变动生产成本,又能补偿固定制造费用,定价决策比较方便,而且易于为企业的管理者所理解和接受。

3.能够满足企业对外报告的需要

完全成本法得到了公认会计原则的认可和支持,因此,按照完全成本法核算,编制的会计报表能够直接对外报送,满足企业对外报告的需要。如果采用变动成本法,期末还要调整成完全成本下的财务状况和经营成果,相对比较麻烦。

(二)完全成本法的缺点

1.采用完全成本法有时难以真实反映生产经营管理的业绩,甚至会掩盖其中所存在的重要问题

在产大于销、积压增加的情况下,按完全成本法计算的营业利润反而会比产销平衡的情况下计算的结果更高,这样就可能会促使管理层片面追求增加产量而忽视销售,甚至可能促使其为在对外会计报告中的“业绩”突出而有意超量生产,造成实际的积压浪费与损失。

这样,采用完全成本法计算的营业利润,也难以使企业外部的会计信息使用者形成正确的理解与认识,因为其在产大于销的情况下反而较产销平衡和销大于产的情况下更高。这种荒谬的报告会误导企业外部的会计信息使用者,造成其决策的失误。另外,由于调节生产量就能提高或降低单位产品成本,因此采用完全成本法计算出来的单位成本,不仅不能反映生产部门的真实业绩,却反而会掩盖或夸大其为降低成本所作出的努力。

2.采用完全成本法不便于企业进行预测和决策分析

采用完全成本法,固定成本和变动成本不能分别核算和报告,这样会对进行预测、决策分析和本量利分析以及弹性预算的编制造成不便。因为财务会计信息系统不能提供按成本性态分类的成本资料,所以会计人员必须对财务会计信息进行进一步的调整与加工,才能进行这些分析与编制工作。

3.成本核算工作量繁重

采用完全成本法计算产品成本,对于固定制造费用,往往需要经过很繁重的分配手续,分配计入各种产品的生产成本,并且需相应进行账务处理,因此核算的工作量很繁重,费时费事。

三、完全成本法与变动成本法的选择运用

如前所述,变动成本计算法与完全成本计算法各有其优缺点。在实际工作中,两种成本计算方法提供的信息可以互相结合,互相补充,共同实现企业会计的职能。一般地,企业会计具有两方面的基本职能:一方面应定期编制财务报表,为企业外部的投资人、债权人和其他有关机构服务;另一方面要通过灵活多样的方法和手段,为企业的内部经营管理提供决策、规划、控制等诸多方面的有用信息。

为了能同时兼顾企业内、外两方面的需要,对两种成本计算方法关系的处理有两种方案。

一是采用"双轨制",即对外报告按完全成本法进行,对内管理则采用变动成本法,设置两套账进行平行核算。这种处理方法工作量太大,会造成人力、物力、财力资源的极大浪费。

二是采用"单轨制",即建立以一种成本计算方法为主,辅之以另外一种成本计算方法的统一成本计算体系。

到底应该以何种成本计算方法为主呢?这就需要从工作量的大小和对管理的重要性来确定。既然企业内部的管理工作是大量的、经常的,并且满足内部经营管理的需要又占据首要地位,而对外编制财务报表,通常是定期的,这就理所当然地应以变动成本计算法为基础,同时对它作适当的调整和变通,以适应对外报告的需要。单轨制核算既满足了对内、对外两方面的需要,又可以大大简化核算的手续和工作量,避免了重复劳动,比较合理。

在单轨制下,日常核算以变动成本计算法为主,将生产成本项目按成本性态分类,在产品、产成品成本均按变动性生产成本反映;同时增设"变动制造费用"和"固定制造费用"账户,用以归集日常发生的各种制造费用;其他会计科目的内容可按会计制度的要求进行核算。到期末,将"固定制造费用"和"管理费用"、"销售费用"、"财务费用"的本期发生额作为期间费用,就可编制变动成本计算法下的损益表。期末编制对外报表时,将"固定制造费用"按比例在已销产品、产成品、在产品之间进行分配,应由本期销售

产品负担的部分转入“产品销售成本”账户，并列入损益表内作为本期销售收入的扣减项目。

20世纪七、八十年代，作业成本法产生，对完全成本法和变动成本法均做出了辩证否定。作业成本法的有关理论和方法，在《战略管理会计》课程中进行详细说明，这里不再赘述。

【本章小结】

完全成本法是指在计算产品生产成本时，将直接材料、直接人工和全部制造费用均包括在内的成本计算方法。变动成本法是指在计算产品生产成本时，只包括直接材料、直接人工和变动制造费用，而把固定制造费用作为期间费用处理的成本计算方法。

完全成本法和变动成本法的根本区别在于对固定制造费用的处理方式不同。由于这一根本区别，还导致了二者之间的其他一些方面存在差别，如应用前提条件不同、产品成本和期间成本包括的内容不同、销货成本不同、损益确定程序不同、提供信息的用途不同。

完全成本法与变动成本法计算出来的营业利润一般不同，二者的差异等于完全成本法下期末存货包含的固定制造费用与期初存货包含的固定制造费用之间的差额。

两种成本计算方法各有优缺点，在企业对外提供会计信息时，需要按照完全成本法核算，在对内考核评价部门业绩时，应采用变动成本法核算。

【本章练习题】

一、单项选择题

1.完全成本法与变动成本法的根本区别在于对(　　)的处理方式不同。

A.直接材料　　B.直接人工　　C.变动制造费用　　D.固定制造费用

2.变动成本法的优点之一在于(　　)。

A.重视生产环节，防止产品脱销

B.重视销售环节，防止盲目生产

C.重视供应环节，防止盲目进料

D.重视运输环节，防止停工待料

3.在变动成本法下，如果其他因素不变，下列说法正确的是(　　)。

A.销量越大，利润越大　　B.产量越大，利润越大

C.销量越大，利润越小　　D.产量越大，利润越小

4.期初产品存货10 000件，单位产品分摊固定制造费用25元，期末存货9 000件，单位产品分摊固定制造费用30元，本期变动成本法下营业利润100 000元，则完全成本法营业利润为(　　)。

A.80 000元　　B.100 000元　　C.120 000元　　D.无法确定

二、多项选择题

1.完全成本法下,产品生产成本包括(　　)。

A.直接材料　　B.直接人工　　C.变动制造费用　　D.固定制造费用

E.固定销售管理费用

2.变动成本法下,产品生产成本包括(　　)。

A.直接材料　　B.直接人工　　C.变动制造费用　　D.固定制造费用

E.变动销售管理费用

3.关于完全成本法,下列说法正确的有(　　)。

A.制造费用分配标准的选择具有主观性

B.同一行业不同企业产品单位成本信息不具有可比性

C.不能真实反映生产部门的业绩

D.不便于企业进行预测决策分析

E.不能满足企业对外报告的需要

三、名词解释

1.完全成本法

2.变动成本法

四、简答题

1.什么是变动成本法?其理论依据是什么?

2.变动成本法与完全成本法的主要区别体现在哪些方面?

3.两种成本法下营业利润出现差额的原因是什么?其利润差额有什么规律?

4变动成本法的优缺点有哪些?它的局限性主要体现在哪些方面?

5.简要说明完全成本法的优缺点。

五、实务练习题

练习一

(一)目的:练习掌握完全成本法和变动成本法编制损益表的方法;分析两种成本法计算的营业利润不同的原因。

(二)资料:某公司2013年只产销一种产品,期初产成品存货量为零,其他有关资料如下:

生产量　　5 000件

销售量	4 000件
直接材料	20 000元
直接人工	15 000元
变动制造费用	20 000元
固定制造费用	20 000元
销售费用(均为固定)	6 000元
管理费用(均为固定)	4 000元
销售单价	20元

(三)要求:

(1)分别按完全成本法和变动成本法,计算产品的单位生产成本;

(2)分别按完全成本法和变动成本法,编制该年度的损益表;

(3)比较两种成本法下营业利润的差额,说明差额产生的原因,并用简化公式加以验证。

练习二

(一)目的:练习掌握完全成本法和变动成本法编制损益表的方法;分析两种成本法计算的营业利润不同的原因。

(二)资料:假定某企业只产销一种产品,其有关资料如下:生产量2 000件,销售量1 800件,期初存货0件,边际贡献率60%,原材料6 000元,计件工资4 000元,其他变动制造费用每件0.4元,固定制造费用总额2 000元,变动销售与管理费用每件0.2元,固定销售与管理费用总额为300元。

(三)要求:

(1)根据给定的边际贡献率确定售价。

(2)用两种方法计算单位产品成本。

(3)用两种成本法编制损益表。

(4)说明两种成本法计算的营业利润不同的原因。

练习三

(一)目的:练习按变动成本法编制损益表的方法,并分析完全成本法存在的不足之处。

(二)资料:某公司20×0年和20×1年有关产销量、单价、成本及按完全成本法编制的损益表资料如下:

项目	20×0 年	20×1 年
生产量(件)	8 000	10 000
销售量(件)	8 000	8 000
销售单价(元)	15	15
单位变动生产成本(元)	8	8
固定制造费用总额(元)	24 000	24 000

20×0 年和 20×1 年损益表(完全成本法)

项目	20×0 年	20×1 年
销售收入	120 000 元	120 000 元
销售成本	88 000 元	83 200 元
销货毛利	32 000 元	36 800 元
销售及管理费用	20 000 元	20 000 元
营业利润	12 000 元	16 800 元

该公司的固定制造费用系以产量为基础分摊于产品;变动销售及管理费用每销售一个单位分摊 1 元。

(三)要求:

(1)按完全成本法分别计算 20×0 年和 20×1 年的单位生产成本。

(2)20×0 年和 20×1 年的销售量、单价及成本水平均无变动,为什么计算出来的营业利润结果却不同?

(3)按变动成本法编制损益表。

(4)比较两种成本法编制的损益表,说明哪一种较为合理?为什么?

六、案例分析题

(一)目的:练习两种成本法在企业管理中的应用及其优缺点。

(二)资料:某电冰箱有限公司连续两年亏损,总经理召集有关部门的负责人开会研究扭亏为盈的办法。会议纪要如下:

总经理:我公司去年亏损 500 万元,比前年还糟糕。证监会对于连续三年亏损的企业将暂停上市。如果今年再不扭亏为盈,不只是我,大家的日子也不会好过。今天把大家请来,就是要大家多出点主意,想些办法。希望大家能集思广益,畅所欲言。

销售部经理:问题的关键是,我们以每台冰箱 1 600 元的价格销售,而每台冰箱的成本是 1 700 元。如果提高售价,面临竞争,冰箱就卖不出去。出路只有降低成本;否则,销售越多,亏损越大……

生产部经理:我不同意!每台冰箱的生产成本只有 1 450 元。我公司的设备和工艺是国内最先进的，技术力量强，熟练工人多，控制物料消耗成本的经验还得到了行业学会的肯定与表扬，大家应该都还有印象。现在的问题在于生产线的设计能力是年产10万台冰箱，而因为销路打不开，去年只生产4万台，所销售的5万台中，还有1万台是前年生产的。对了，前年的产量也是只有4万台。现在由于开工不足，大多数工人面临下岗，内部矛盾增加，人心已经涣散。

总经理：成本到底是怎么回事？

财务部经理：每台冰箱的变动生产成本是1 050元，全年固定制造费用总额是1 600万元，全年固定销售及管理费用总额是1 250万元。我建议：生产部门满负荷生产，通过扩大产量来降低单位产品负担的固定制造费用。这样，即使不提价，不扩大销售量，也能扭亏为盈，渡过危机。但是，为了减少将来的风险，提高企业的市场竞争能力，今年应追加50万元改进产品质量（这部分费用计入固定制造费用）；再追加150万元的固定销售费用，其中100万元用于广告宣传，50万元作为职工销售奖励。

总经理：会议到此结束。会后请李经理（财务部经理）马上到我办公室来一趟。

（三）要求：

（1）去年亏损的500万元是怎样计算出来的？

（2）如果采纳财务部经理的建议，不提价也不扩大销售量，而且比上年又增加了50万元的固定制造费用和150万元的固定销售费用，真能扭亏为盈吗？按照完全成本法编制该公司当年的损益表。

（3）如果对外报送的会计报表改按变动成本法列报，采纳财务部经理的建议后，其营业利润（或亏损）应为多少？

（4）用利润差额简算法验证两种成本法下营业利润的差额。

（5）结合本例说明完全成本法的局限性。

第五章 CHAPTER 5
预测分析

【学习目标】

1.了解预测分析的基本方法。

2.理解预测分析的意义。

3.熟练掌握销售预测、利润预测、成本预测、资金需要量预测的主要方法。

第一节 预测分析概述

一、预测分析的意义

预测是指用科学的方法推测判断事物发展的必然性或可能性行为,即根据过去和现在预计未来,由已知推断未知的过程。预测分析就是指在企业经营活动过程中,根据企业过去的经营业绩和现在的业务状况,在一定的经济理论指导下,运用科学的方法,对未来的发展趋势和结果做出的科学预计和推测。

预测是研究未来的。人们研究未来,是为了探求客观事物未来的发展变化趋向,以指导目前自己的行动,力求趋利避害,达到改造客观世界同时也改造主观世界的目的。如果未来的事件是确定的,在时间上和空间上预先可以肯定,那就用不到预测了。然而,客观世界许许多多未来事件具有不确定性,它们在一定的时间和空间内是否发生,怎样演变,往往是不确定的,预先难以完全肯定。人们在行动之前,又往往迫切希望弄清同目前行动有关的未来事件的演变趋向,以便据此做出决定。因此,才需要预测。通过预测有可能使未来事件的不确定性极小化,使得人们的认识能接近未来的客观实际,以减少不确定性对自己行动的影响。预测分析所要解决的就是客观上未来事件的不确定与主观要求未来事件确定性的矛盾，整个预测过程就是一个力求解决这个矛盾的分析判断的认识过程。

预测是人们推测未来不确定事件的认识活动，预测的结果将来是否能够实现，一方面取决于事物本身的发展进程和人们自觉控制事物发展趋向的把握程度以及事物发展是否受偶然因素干扰的状况；另一方面取决于人们认识客观事物的能力。人们能否把握客观事物的内在联系和发展变化规律，是预测能否接近未来实际的关键。我们所说的预测分析，决不是凭空想象随心所欲的臆测，而是根据过去和现在的客观实际资料，运用科学的方法，探求事物演变规律，从现在预计未来，从已知或有根据的假设推测未知的科学的预测。科学的预测分析要在正确的理论指导下，在深入调查研究，分析矛盾和规律性的基础上，借助于逻辑推理、统计分析、数学模型等科学方法，对未来发展趋势做出接近实际的分析和预测。

由于任何经济过程的发展趋势总具有一定的规律性，而现代数学方法和电子计算机技术可以帮助我们深刻理解经济过程的本质，并能使我们认识和掌握它的规律性。我们利用这些工具进行预测分析活动的目的就是为了找出事物发展的客观规律性，更好地运用经济规律指导企业的各项经营活动，不断提高经济效益，使企业持续生存和发展下去。

为了达到既定的目标，企业管理当局根据预测分析的各种结果再进一步加以比较研究，权衡利害得失，扬长避短，从两个或两个以上的备选方案中做出最优抉择，就称为“决策分析”（即使备选方案只有一个，也要做出采纳或不采纳的决定，这也叫做“决策分析”）。因此我们可以说，预测分析是为决策分析服务的，前者是后者的基础，是决策科学化的前提条件。很明显，没有科学的预测，要做出最优化决策是根本不可能的。在实际工作中，为了合理地规划企业的经济活动，必须把预测分析与决策分析紧密联系起来加以应用，才能相得益彰。

二、预测分析的步骤

预测分析的一般程序，大体可分为以下五个步骤：

(一)确定预测目标，制订工作方案

预测目标，是指所需要预测的具体对象的项目和指标。预测的具体对象是某个客观事物或经济现实。预测项目和指标是预测对象内容的具体化。预测对象和项目两者是统一的，一般是根据决策和计划的目的要求提出的。确定预测目标，明确预测所要解决的问题，是进行预测分析的第一步，有了明确而具体的预测目标，才能为进一步搜集资料、选择方法等指明方向。在确定预测目标时，应当从实际需要出发，分清主次缓急，

首先要抓住决策、计划迫切需要解决的问题;同时,还要考虑到主观能力和预测费用开支,力求做到量力而行。确定预测目标主要包括预测的时间、预测的期限、预测的范围以及如何搜集资料等问题。

预测目标确定以后,就应根据预测项目的繁简难易程度,调配预测人员,编造费用预算,安排工作日程,制订预测工作方案,使预测分析工作得以顺利展开。

(二)进行调查研究搜集并整理有关资料

根据已经确定的目标,尽可能全面地搜集与预测目标有关的各因素的原始资料、数据。这些资料不外乎历史资料和现实资料两类。历史资料包括有关企业自身的历史统计资料、经济活动分析资料和业务经营记录资料等。通过历史资料的分析,可以看出预测分析对象的历史演变过程,揭示其内在联系与发展趋势。历史资料的搜集有赖于日常的积累,这是预测分析的一项基础工作,应予以足够的重视。现实资料是指有关预测目标的现实情况,反映了当前的经济形势和市场动态,对预测发展趋向具有比历史资料更为重要的作用。

无论是历史资料还是现实资料,搜集工作结束后,还要对其加以分析、整理、选择,排除资料的不真实处和将来不可能重复的偶然因素的影响,统一资料口径,以增强不同时期资料的可比性,寻找经济过程中的规律,以满足预测分析的需要。

(三)选定预测方法,建立预测模型

选择适当的预测方法进行预测是取得预测成果的关键一步。预测方法的选择,在搜集资料过程中,就应予以考虑。这是因为,采用不同的预测方法,所用的数据资料是有所不同的,搜集资料要尽可能满足使用某一种或某几种预测方法的要求。根据选定的方法和目的,就可以建立预测模型。一般对于定量预测可以建立数学模型;对于定性预测则可以建立设想的逻辑思维模型。

(四)实施预测,并对其结果做出评价

应用选定的预测方法和建立的数学模型,分别进行定量分析和定性分析,得出预测结果。评价预测结果可以从统计检验和直观判断两个不同方面,对用统计和数学方法取得的预测结果进行评价,以判定预测结果的可信程度以及是否切合实际。另外,还应对预测误差进行分析,这里包括两种情况:一种是在选用预测方案前,利用数学模型所估计的理论预测值,与过去同期实际观察值相比,计算出理论预测误差,分析各种数学模型所产生误差的大小,以便改进模型、选择合适的预测方法。这种误差分析工作往往同选择预测方法结合进行。另一种是在选定预测方案作为决策、计划依据以后,追踪检查预测方案是否符合实际,分析预测误差的大小及其产生的原因,以便总结经验教训,

改进今后的预测工作。

(五)修正预测的结果,得出最后结论

一般用定量方法进行的预测,常会因为有一些因素由于数据不足或无法定量加以表示而影响预测的精度,这样就可以采用定性的方法考虑这些因素,并据以修正定量预测的结果。而对于定性预测的结果也应采用定量的方法加以补充、修正,以使结果更接近实际。最后将预测的结论提供给有关管理当局。

三、预测分析的方法

预测分析的方法是指在取得有关信息的基础上,对预测目标进行定性、定量的分析、推断、测算的各种预测技术和手段的总称。预测分析的方法因分析对象和预测期限的不同而有所差别,而按照不同的标志,也可以有不同的分类。按预测技术在预测分析中的不同作用,分为定性预测、定量预测、定时预测、定比预测、评价预测等五类;有的按照预测分析的不同途径,把预测方法分为:直观型预测法、时间序列预测法、计量模型预测法。但是,主要的预测方法大体上可分为定性分析法和定量分析法两大类。

(一)定性分析法

定性分析法是用定性的方法来确定未来事件的发展性质以及可能估计到的发展程度的方法,又称直观预测法或经验判断法。定性分析法的特点是直观简单、适应性强和花费较少。这种方法的主要依据是主观判断和直观预料,适合于统计数据或原始资料缺乏或主要因素难以定量分析的条件下应用。它主要包括:典型调查法、抽样调查法、直接调查法、专家意见法等。这种方法在预测分析活动中得到广泛使用,不容忽视。它具有以下一些优点:

1.定性分析法具有一定的科学性。定性分析法的依据来自实践,是感性与理性的综合。运用定性分析法,要求预测者凭借对客观现象规律性的认识,对未来事物做出推断。这种预测推断能否接近未来客观实际,在很大程度上取决于预测者的知识、业务水平和分析能力,以及是否掌握有关预测目标的丰富资料。具备了这些条件,就能取得较好的预测结果。

2.简便易行。一般地说,人们都可以依据各自的知识经验,运用定性分析法做出预测。而有关资料都是直观性的,取得也较为容易。因此,定性分析法的最大优点就是较为简便易行。

定性分析法虽有上述优点,但也存在着一些不足之处,主要表现在:

1.运用定性分析法易受心理、情绪影响,产生主观片面性。决策者的个性,有时也会对预测结果产生不利影响,性格开朗、敢于冒险的决策者,有时会对未来发展趋向做

出过于乐观的估计；反之，具有稳重性格的决策者，有时会做出过于保守的估计。

2.个人经验判断有一定的局限性。即使是集体判断，也难免有局限性，因为集体判断的基础仍然是个人经验判断。

(二)定量分析法

定量分析法是根据过去比较完备的统计资料，运用现代数学方法和各种计算工具建立可以体现变量之间数量关系的数学模型，并利用这一模型来预测对象在未来可能体现的数量。这种预测方法可以分为两大类：一类是趋势预测法，它是根据历史的、按时间的先后顺序排列的数据，运用一定的数学方法进行加工、计算，借以预测未来发展趋势的预测方法；另一类是因果预测法，它是根据各项指标之间的相互依存的因果关系，来建立相应的因果数量模型的方法。这种方法具有以下一些优点：

1.运用这种方法所建立起来的数学模型，在一定条件下，能近似地反映客观事物数量变动的规律性。

2.相对来说，运用统计、数学方法所测得的预测值，定量比较精确，而且在某种程度上，可以指明预测可能发生误差的范围。

3.可以利用历史数据资料进行预测。为了及时提出预测方案，在没有充分时间进行调查的情况下，可以运用这种方法直接以历史数据代入数学模型，得出预测值。如果数据可靠，客观情况又变化不大，往往也能获得较满意的预测结果。

但是，定量分析法也存在着不足之处，主要表现在：

1.利用数学模型进行预测有一定的局限性。社会现象错综复杂，不可能把所有变动因素都纳入模型。某些经济现象又难以定量，因而它所模拟的预测对象的数量变动关系不一定精确。而且数学模型只在一定的客观条件下才能运用，如果影响预测目标的客观条件起了较大变化，用原来的数学模型预测就会发生很大的失误。

2.用统计、数学方法进行预测，需要完整、可靠的数据，获得有关各种数据的难度较大、工作量大。某些数学模型从经济分析角度而言，可以较好地反映客观事物的实际变动情况，但由于所需大量可靠的数据难以取得，或者取得数据的成本过高，以致无法应用。

3.使用定量分析法，要求预测人员有一定的数学水平，对于复杂的数学模型又必须应用电子计算机计算。如果企业的管理水平不具备这些条件，这种方法在实际工作中的应用就受到一定的限制。

(三)定量分析法与定性分析法的关系

预测方法是完成预测任务的手段，各种方法都有其各自的适用性，定量分析法和定性分析法并非相互排斥，而是相互补充，相辅相成的。在实际工作中应将两者结合起来使用,相互渗透,取长补短,才能提高预测的质量,增强预测的可靠程度,使预测结果更接近实际。

四、预测分析的基本内容

对于企业来说,预测分析的对象包括对产品销售市场、利润、产品生产成本以及资金需要量等方面的预测,因此,预测分析的基本内容就包括销售预测、利润预测、成本预测和资金需要量的预测等。由于不同预测对象的各自发展趋势有其自身的规律性,所以在进行企业经济活动的预测分析时,要针对不同的预测对象,选择适宜的预测方法。

第二节　销售预测

一、销售预测的意义

销售预测是根据过去和现在的销售资料及市场供需情况的发展趋势,按照一定的规则,采用专门的方法对产品未来的销售量和市场变动趋势做出的预计和推断。它是企业各项预测工作的基础,是编制企业全面预算的出发点。其意义具体说有以下三个方面:

(一)销售预测是企业各项经营预测的前提

经营预测通常包括销售预测、成本预测、利润预测和资金预测,其中销售预测是企业各项经营预测的基础和前提,其他预测都是以销售预测为先决条件的,都要在各方面与销售预测结果紧密相连。只有在认真完成销售预测工作的基础上,才有可能正确开展利润和成本等预测。

(二)销售预测是企业生产经营活动的出发点

只有做好销售预测才能立足于市场需要,正确组织未来一定时期的生产经营,合理安排新产品开发、产品结构调整、销售和其他各项经济活动,真正做到以销定产、供求一致,在竞争中立于不败之地。

(三)销售预测是制定经营决策的基础

预测是决策的基础。通过销售预测,既可以随时掌握企业的生产经营状态和能力,又可全面了解市场相关因素对企业产生的各种影响,使企业决策者能准确地把握市场变动和竞争态势,按企业既定战略方针的要求,科学地制定各项经营决策。

二、判断分析法的种类与特点

判断分析法就是由本企业有丰富经验的经营管理人员或外界经济专家对计划期间的销售情况进行综合研究,并做出推测和判断的方法。它主要适用于具备完整可靠的历史资料,无法利用数据进行定量预测分析的企业。判断分析法的代表性方法有以下两种:

(一)专家调查法

专家调查法是指向学有专长、见识广博的经济专家进行咨询,并根据他们多年来的实践经验和判断能力对计划期产品的销售量(或销售额)做出预测的方法。这里所讲到的“专家”,一般包括本企业或同行企业的高级领导人、销售部门经理、经销商和其他外界专家,但不包括顾客和推销人员。具体来讲,专家调查法主要有以下四种:

1.个人意见综合判断法:是指先向各位专家征求意见,要求他们对本企业产品销售的未来趋势和当前的状况做出个人判断,然后把各种不同意见加以综合归纳,形成一个销售预测数值。

2.专家会议综合判断法:是指先把各位专家分成若干预测小组,然后分别召开各种形式的会议或座谈会进行商讨。最后把各个小组的意见加以综合,形成一个由集体判断形成的销售预测数值。

3.模拟顾客综合判断法:是指先请各位专家模拟成各种类型的顾客,通过比较本企业和竞争对手的产品质量、售后服务和销售条件等做出购买决策,然后把这些“顾客”准备购买本企业产品的数量加以汇总,形成一个销售预测数值。

4.德尔斐法:这是由美国兰德公司在20世纪40年代末推出的。它的主要做法是:针对所要调查的问题,首先挑选出一批背景资料,反复征询专家们的预测意见,经几轮调查后,专家们的意见一致时,就汇总调查情况,得出预测结果。这种方法有三个特点:

(1)匿名。这种方法是在专家座谈会的基础上发展起来的。专家座谈会是把专家请到一起开会研究问题,可是有时大家面对面很受拘束,如果对别的专家的意见有不同看法,因为碍于情面会不愿提出来,甚至有些老专家要权威左右会场。另外,由于自尊心作怪,明知有些想法错了也不愿意在会上当面修改。为了避免这些问题,德尔斐法不把问题摆到桌面上讨论,而是要求专家们以匿名的方式提出书面意见。

(2)反馈。反馈即征询意见,是一个重复的过程。参加应答的专家们从反馈回来的问题调查表上得到集体的意见和目前的状况,以及同意或反对各种观点的理由,从而构成专家之间的匿名相互影响,并依此做出新的判断和意见。

(3)收敛。因为要求被征询的专家们参照上一轮结果进行回答,所以,经过几轮反馈征询之后，专家们的意见会相对集中。德尔斐法的调查方式是反复给专家们寄调查表和背景资料，请专家针对表中问题，利用背景资料，提出看法，填表进行分析解答。其实际调查的具体步骤如下：

提出要求→提出预测→修改预测→再次修改预测→形成最后预测

然后调查人员对各位专家的预测意见进行统计、归类、整理成报表，认真综合分析归纳，得出合乎实际情形的预测方案和结论。因此，要有效地运用德尔斐法，关键有两条。

一是选好专家，即在调查前要选择好有关的各类高水平专家，组成专家调查组。这里又要注意以下两点：

(1)专家人数不宜过多也不宜过少。人数太多，统计工作量会太大；人数太少，提出的意见又会片面而缺乏代表性。一般控制在20人左右为宜。

(2)严格匿名。对所要调查的问题，专家之间不能有任何直接联系，专家只能与调查人员相互联系。

二是设计好调查表。德尔斐法采用调查表的方式提问，请专家们填好表予以解答，并要求专家们进行书面的说明、解释和论证。要达到此目的，在拟定调查表时就要特别注意以下几点：

(1)所提的问题要引起专家们的研究兴趣。

(2)提问措辞要简洁、明确，切忌模棱两可、含糊其辞。

(3)一次调查设问不宜过多。

德尔斐法是定性预测的一种常用方法，在国外使用很广，约占企业预测的百分之二十以上，比较多地用于发展新产品和市场动态变化方面的预测。这种方法的优点是预测结果是由专家们集体判断的，达到了集思广益的效果，而且费用不高，并具有多方面用途。

(二)领导判断法

领导判断法是一种最常用的传统方法。它是首先由企业厂长(经理)人员，特别是那些最熟悉销售业务的推销主管人员，以及各地经销商的负责人等能预测销售发展趋势的人，根据他们多年来的实践经验和判断能力，对计划期销售量(或销售额)进行预测，然后再通过集思广益，博采众长，并应用加权平均法做出综合判断的方法。

这种方法的优点是快捷、实用、经济，可以发挥集体的智慧。但其缺点是主观因素较多，所做出的估计和判断，易受人们乐观或悲观心理状态相互感染的影响，而且主要还需取决于企业领导的经验和判断能力，有时难免出现片面不准的预测。因此，在应用这种方法之前，必须向预测人员提供近期政治经济形势和市场情况的调查分析资料，并组织他们座谈讨论，然后把各种意见综合平衡，做出预测结论。

三、趋势预测法的种类及其应用

趋势预测法是一种利用预测目标的历史时间数列,通过统计分析或建立数学模型进行外推定量的预测方法。这种方法以延续性原理为依据,以假设事物过去和现在的发展变化趋向会照样延续到未来为前提条件,它撇开对事物发展变化的因果关系的具体分析,直接从时间数列统计数据中找出反映事物发展的演变模式,并据此外推预测目标的未来发展趋势,做出定量估计。其主要方法有:算术平均法、移动平均法等。

下面以某企业200X年1-6月份的销售额资料,来说明这几种方法的具体使用:

[例1]某企业200X年1-6月份的实际销售资料如表5-1所示,预测企业7月份的实际销售额。

表5-1 实际销售资料表 单位:万元

月份	1	2	3	4	5	6
销售额	1 800	2 000	2 400	2 100	2 500	2 400

(一)算术平均法

算术平均法是以某种产品过去若干期的实际销售量或销售额的算术平均数作为计划期的销售预测值的一种销售预测方法。其计算模型如下:

$$\bar{x} = \frac{\sum_{i=1}^{n} x_i}{n} \quad (i = 1,2,3\cdots n) \qquad 公式(1)$$

式中:$\bar{x}$代表计划期销售预测值;

x_i代表各期实际的销售量(销售额);

i为时序数;

n代表时期数。

根据上述资料预测7月份销售额如下:

$$7月份销售预测值(\bar{x}) = \frac{1\ 800 + 2\ 000 + 2\ 400 + 2\ 100 + 2\ 500 + 2\ 400}{6} = 2\ 200(元)$$

算术平均法简便易行,花费很少,它对历史观察值给予预测值的影响同等看待,一般用于短期或近期预测。当企业需要同时对几百种,甚至上千种商品进行近期预测,精确度要求又不很高时,用这个方法能够很快取得预测值。尤其是在预测目标的历史数据呈现出相对稳定状态时,用这个方法更合适。但其缺点是使各期的销售差异平均化。因为,未来销售的预测受最近销售状况的影响最大,而这种方法对近期资料或是远期资料均同等对待就十分不合理,可能会造成较大的误差。

(二)移动平均法

移动平均法是从时间序列中选取最近数期的实际值计算其平均数,并以此作为下期的预测值。移动平均法与算术平均法相比,有一个共同点,即它们都以一定观察期内预测目标时间数列的算术平均数作为某个未来期的预测值,在计算方法上相同。所不同的是:移动平均法,从预测目标的时间数列中,所选取的一组数据的个数固定不变,但观察期却是连续移动的,随着预测期向前移动,每组数据的观察期也向前移动,即每向前移动一期,要去掉一组数据即原来观察期最前面的一个数据,新增紧接原来观察期之后的一个新数据,并以各组数据求得算术平均数作为预测值。其计算模型类同于算术平均法,只是计算时所取的期数不同。

$$第(n+1)期预测值=\frac{\sum 前\ n\ 期实际值}{确定的期数\ n} \qquad 公式(2)$$

仍以上例,若以 3 个月或 5 个月进行移动平均,可以计算如下,见表 5-2。

表 5-2 移动平均法计算表

月份	实际销售额(万元)	预测值(n=3)	预测值(n=5)
(1)	(2)	(3)	(4)
1	1 800		
2	2 000		
3	2 400	2 066.7	
4	2 100	2 166.7	
5	2 500	2 333.3	2 180
6	2 400	2 333.3	2 260

移动平均法由于在时期选择上尽可能接近预测期,具有较好的修正历史数据、消除随机波动影响的作用,可以使预测值更接近实际。所以,算术平均法适用于在期内不会有明显变化趋势的销售预测,而移动平均法可适用于预测各期销售略有波动的销售预测。

四、因果预测分析法的程序及应用

客观事物的发展变化都有其特定的一种或多种原因,掌握原因变化的趋势,找出预测对象与其相关事物的变量之间的依存关系,来建立相应的因果预测的数学模型,通过这个模型的求解来确定预测对象在计划期的销售量(或额)。这种销售预测的方法就是因果预测法,也称为回归分析预测法。这种方法从事物变化的因果关系出发来进行预测,它不但排除了与预测目标不相关的因素,而且可以对相关的紧密程度加以综合考虑,因此,有可能提高预测的可靠性。

在企业经营活动中的任何现象都有其产生的原因,因此,不仅要从数量和情况方面分析研究各种相互联系的因素,反映出各种条件或原因对现象变化的影响作用,而且要运用各种因素中的自变量来预测其因变量,这对促进生产、加速商品流转、改善人民生活等都会起一定的作用。

因果预测法主要包括回归分析法、本量利分析法等。其中,本量利分析的基本原理及其在预测中的应用已在本书第三章中有过详尽的论述,因此,在这里我们仅讨论回归分析法。

(一)回归分析法

回归分析法是根据过去各期实际销售情况,求出一条趋势变动直线,并使此直线上各点至实际资料上的对应点之间距离为最小的一种数学方法。因为这条直线最能代表实际资料的变动,所以最适合作为预测的依据。这种方法的基本程序是:

第一步,分析影响预测目标的有关因素,选定自变量。

预测目标确定以后,首先要依据经济理论和实践经验,在搜集大量有关数据资料的基础上,通过理论分析和统计分析,找出影响预测目标的各种因素及其影响的方向和程度大小。通过深入分析,要弄清哪些因素是基本的、起决定作用的,哪些因素虽不是主要的,但对预测目标有一定影响;哪些因素影响很小,可以忽略不计。利用一元回归预测法,必须在诸多因素中找出一个决定性的因素作为自变量。如果影响预测目标的诸因素中,有两个以上的因素所起的作用都相当重要,它们的作用方向和程度又是不一致的,就不宜采用一元回归分析法,而应该考虑采用多元回归分析法。

第二步,选择合适的回归模型,建立回归方程。

自变量确定以后,可以根据自变量与因变量的统计数据资料,以自变量作为横坐标值,因变量作为纵坐标值,组成一系列数对,在坐标图上画出散点图,直观地判别其图像属于哪一种回归模型。如果图像近似一条直线,还可以试算自变量与因变量之间的相关系数,如相关系数接近于1,就可以判定两者的数据适用于模拟直线方程。

建立的一元线性回归方程为:

$$y = a + bx \qquad \text{公式(3)}$$

式中:y为因变量,即表示预测目标的变量;

x为自变量,即相关因素的变量;

a、b为回归系数。

运用回归分析法的原理,可以从此方程中推导出a、b的值:

$$a = \frac{\sum y - b\sum x}{n} \qquad \text{公式(4)}$$

$$b = \frac{n\sum xy - \sum x \sum y}{n\sum x^2 - (\sum x)^2} \quad \text{公式(5)}$$

现举例说明建立回归方程的具体方法。

[例 2]假定某地某企业欲预测家具的未来销售额，从各方面调查研究分析，得知居民购买力的大小和家具销售额的大小有关，而且它是影响销售额的主要因素，初步选定代表居民购买力的居民可购买消费品的货币收入作为自变量，并取得某地的有关调查资料，如表 5－3 所示。

表 5－3　某地居民可购买消费品的货币收入与家具销售额资料

年份	居民可购买消费品的货币收入(千万元)(x)	家具销售额(万元)(y)
1	170	122.4
2	187	110.5
3	225	154.0
4	248	152.2
5	274	156.3
6	309	138.2
7	338	132.6
8	364	137.0
9	405	151.3
10	469	171.9
11	546	202.7
12	630	234.9

用回归分析法的原理，求出 x、y 之间的关系，如表 5－4 所示：

表 5－4　某地居民可购买消费品的货币收入与家具销售额的参数计算表

年份	居民可购买消费品的货币收入(千万元)(x)	家具销售额(万元)(y)	xy	x^2
1	170	122.4	20 808.0	28 900
2	187	110.5	20 663.5	34 969
3	225	154.0	34 650.0	50 625
4	248	152.2	37 745.6	61 504
5	274	156.3	42 826.2	75 076
6	309	138.2	42 703.8	95 481
7	338	132.6	41 818.8	114 244
8	364	137.0	49 868.0	132 496
9	405	151.3	61 276.5	163 025
10	469	171.9	80 621.1	219 961
11	546	202.7	110 674.2	298 116
12	630	234.9	147 987	396 900
合计	$\sum x = 4\ 165$	$\sum y = 1\ 864.0$	$\sum xy = 694\ 642.7$	$\sum x^2 = 1\ 672\ 297$

将表中 x、y、xy、x^2 数值的总和带入两个系数的方程中，得：

$$b=\frac{12\times 694\ 642.7-4\ 165\times 1\ 864}{12\times 1\ 672\ 297-(4\ 165)^2}=0.21$$

$$a=\frac{1\ 864-0.21\times 4\ 165}{12}=82.34$$

所以，所求的回归方程式是：

$y=82.34+0.21x$

设第 13 年居民可购买消费品的货币收入 x 为 756 千万元，则预测第 13 年家具销售额为：

$y=82.34+0.21\times 756=241.1$（万元）

由上面计算可知，在其他因素没有特殊变化的情况下，每年居民可购买消费品的货币收入增多 1 亿元，在理论上家具销售额可增加 2.1 万元。该企业就可以根据该年居民可购买消费品的货币收入，来预测家具的销售额，及时组织货源，保证供应。

（二）指数曲线法

指数曲线法是一种非线性的回归预测法，是根据过去各期的实际销售情况确定能够近似地反映销售与时间序列之间的相关关系及其变动“规律”的对数趋势直线，并以此直线加以延伸，预测计划期销售的一种销售预测法。

指数曲线法的方程为：

$y=ax^b$ 公式（6）

方程两边同时取自然对数得：

$\lg y=\lg a+\lg b\cdot x$ 公式（7）

这里，可以先行计算 lga 和 lgb 两参数的值，然后将其还原作线性方程。

但是，我们可以以 y 代表销售（额），x 代表时间的间隔期（月份或年份）。由于销售预测中自变量 x 按时间顺序排列，间隔相等。为了简化计算，设法使 $\sum x=0$。具体做法是：当实际观测次数（n）为奇数时，则取 x 的间隔期为 1，将 x = 0 置于所有观测期的中间，其余上下均以 1 递增。而当 n 为偶数时，则取 x 的间隔期为 2，将 x = −1 与 x = +1 置于所有观测值的当中上下两期，其余上下均以 2 递增。采用这种方法可以简化 lga 与 lgb，公式为：

$$lga=\frac{\sum lgy}{n}$$ 公式（8）

$$lgb=\frac{\sum(x\cdot lgy)}{\sum x^2}$$ 公式（9）

现举例说明如下。

[例3]某公司从20×1年起，对A产品的销售量记录如表5-5所示：

表5-5 产品的销售量资料 单位：万件

年份	20×1	20×2	20×3	20×4	20×5
销售量(y)	1.1	1.3	1.7	2.3	3.0

按指数曲线预测法预测20×6年销售量，如表5-6所示：

表5-6 产品销售量的参数计算表

年份	间隔期(x)	销售量(y)	lgy	x·lgy	x^2
20×1	-2	1.1	0.041 4	-0.082 8	4
20×2	-1	1.3	0.113 9	-0.113 9	1
20×3	0	1.7	0.230 4	0	0
20×4	1	2.3	0.361 7	0.361 7	1
20×5	2	3.0	0.477 1	0.954 2	4
n=5	$\sum x=0$	$\sum y=9.4$	$\sum lgy=1.224\ 5$	$\sum(x\cdot lgy)=1.119\ 2$	$\sum x^2=10$

由表中数据代入a、b的方程中，可得到lga，lgb的值分别为：

$$lga=\frac{1.224\ 5}{5}=0.244\ 9$$

$$lgb=\frac{1.119\ 2}{5}=0.223\ 8$$

因此，对数趋势直线可表示为：

$lgy=0.244\ 9+0.223\ 8x$

以此预测该公司第6年产品销售量。

$\because x=3$，代入公式，得：

$lgy=0.244\ 9+0.223\ 8\times 3=0.916\ 3$

则查反对数表可知，lgy=0.916 3的反对数为8.25，即该公司第6年的A产品销售量预测值为8.25万件。

第三节 成本预测

一、成本预测的意义

成本预测是根据成本的性态及其与各种技术经济因素的依存关系，并结合发展前景和采取的各种措施，利用大量观察所得的有关数据，采用科学的方法，对未来产品成本水平及其变化趋势做出科学的推测。

搞好成本预测，对于生产经营决策科学化，正确制订成本计划，为成本控制提供目标或方向，改善经营管理，调动职工生产积极性，挖掘降低成本潜力，都具有十分重要的意义。

（一）成本预测是正确进行经营决策的科学依据

在市场经济条件下，竞争日趋激烈，企业领导必须在激烈的市场竞争中寻求发展方向。由于企业发展受许多因素的影响，而这些因素具有较大的不确定性，因此就需要进行缜密观察，精心分析，找出企业的立足点和发展点。在诸多因素中，成本是影响企业发展的一个重要因素，成本的高低，直接影响着企业的竞争能力，甚至关系到企业的兴衰成败。通过成本预测，掌握了未来的成本水平及其变化趋势，有助于把经营管理中未知因素做出科学的预计，为决策提供多种可行性方案，使决策者掌握资料，心中有数，提高自觉性，避免冒险性、盲目性和被动性，从而做出合理组织生产经营活动和提高经济效益的正确决策。

（二）成本预测为编制成本计划提供依据，并保证成本计划的完成

为正确制订成本计划，探索成本降低的方向和途径，论证和评价各种方案、措施所可能产生的经济效益，必须进行成本预测，以提供编制成本计划的科学依据。同时，企业在执行成本计划过程中，在已经达到的实际成本水平的基础上，经过成本预测，就能预计出本期产品成本水平。将这一数值与计划指标相比较，就可以预计本期成本计划的完成情况。如果预计出来的成本不能达到成本计划的要求，企业就可以及时采取各种措施，纠正脱离计划的偏差，以保证成本计划的完成和超额完成。

（三）成本预测为成本控制提供目标或方向

成本预测与成本控制是相辅相成、不可分割的。没有依据成本预测所制订的成本计划，也就没有成本控制中的目标成本，成本控制也就失去目标或方向，就会陷入盲目、被动，这就使得成本控制无法达到预期的目的。所以，只有通过成本预测，才能为成本控制提供目标或方向。但是，毋庸置疑，没有成本控制，成本预测也就难以真正实现其职能，也就失去了意义。

（四）成本预测是改善企业经营的重要工具

通过成本预测，可以克服那种单纯事后分析所存在的缺点。它可以帮助企业面向未来，以便及早地将影响成本降低的不利因素消灭在萌芽状态，有利于挖掘降低成本的潜力，指明降低成本的方向和途径，从而加强预防性管理工作。

(五)成本预测是调动广大职工生产积极性的重要手段

在社会主义市场经济体制下的企业,职工的切身利益与成本指标完成好坏是息息相关的。通过成本预测,就可以知道成本水平如何,明确奋斗目标;同时,根据预计数可以计算出因为脱离计划的偏差给职工利益带来的影响,这就会增强职工的主人翁责任感,充分调动他们的积极性。

总之,在市场经济条件下,企业要得到生存和发展,必须重视成本预测。因为产品成本的高低,关系到企业在竞争中的成败。因此,企业总是事先根据目标利润预测目标成本,然后再确定设计工艺标准和生产水平,并在执行中实行成本预测,以达到实现目标利润的目的。

二、成本预测的方法

成本预测分析的基本方法有定量分析法和定性分析法两类。对于采用定量或定性分析法进行成本预测时,分析的方法、原理和程序与前面章节提及的方法一致。

对成本预测,一般都是根据本企业产品成本的历史资料数据,按照成本习性的原理,应用数理统计的方法来推测估计成本的发展趋势。

成本的发展趋势一般可用直线方程式来反映,即:

$$y = a + bx \qquad \text{公式(10)}$$

只要我们求出 a 与 b 的值,就可以根据这个方程式来预测在任何产量(即 x 的值)下的产品总成本(即 y 的值)。

当然,作为预测根据的历史资料所选用的时期不宜过长,也不宜过短。因为经济情况千变万化,时间过长则失去可比性,过短则不能反映出成本变化的趋势。通常以最近 3 ~ 5 年的历史资料为宜。另外,对于历史资料中某些金额较大的偶然性费用,在引用这一成本方程时应予以剔除。

按照确定直线方程中 a、b 的值来区分成本预测的方法,可分为高低点法、加权平均法、回归分析法等几种方法。

(一)高低点法

高低点法是选用一定时期历史资料中最高产量和最低产量的产品总成本之差($\triangle y$),与两者产量之差($\triangle x$)进行对比,先求出单位变动成本即 b 的值,然后再求出固定成本总额即 a 的值,并据以推算出在计划期一定产量条件下的总成本与单位成本。其计算公式如下:

$$y = a + bx$$

$$\because \triangle y = b \cdot \triangle x$$

$\therefore b = \dfrac{\Delta y}{\Delta x}$

再将 b 的值代入高点或低点的总成本公式，通过移项即可求得 a 的值：

a = y(高) - bx(高)或 a = y(低) - bx(低)

然后将 b 与 a 的值代入计划期的总成本公式，即可求得计划期产品的总成本和单位成本的预测值：

计划期产品总成本的预测值：

y = a + bx

计划期产品单位成本的预测值 = $\dfrac{y}{x}$

下面举例说明。

[例 4]假设春华机器厂只产销 A 产品，其最近 5 年的产量与历史成本数据如表 5 - 7 所示。

表 5 - 7　产品最近 5 年的产量与历史成本数据资料

年份	产量(台)(x)	单位变动成本(元)(b)	固定成本总额(元)(a)
1	20	6 000	40 000
2	80	3 000	52 000
3	60	4 500	54 000
4	40	5 500	48 000
5	100	4 000	60 000

若计划年度第 6 年产量为 120 台，则按照高低点法为春华机器厂预测 A 产品的总成本和单位成本如下：

首先，从上述资料中找出产量最高与最低年度的产量与总成本的数据，如表 5 - 8 所示。

表 5 - 8　产品产量最高与最低年度产量与总成本数据资料

摘要	高点(第 5 年)	低点(第 1 年)	差异
产量(台)(x)	100	20	△x = 80
总成本(元)(y)	60 000 + 4 000 × 100 = 460 000	40 000 + 6 000 × 20 = 160 000	△y = 300 000

$\therefore b = \dfrac{\Delta y}{\Delta x} = \dfrac{300\ 000}{80} = 3\ 750$(元/台)

将 b 值代入高点总成本公式，得：

a = 460 000 - 3 750 × 100 = 85 000(元)

或者，将 b 值代入低点总成本公式，得：

$a = 160\ 000 - 3\ 750 \times 20 = 85\ 000$(元)

然后,计算计划期总成本预测值:

$$y = a + bx$$
$$= 85\ 000 + 3\ 750 \times 120$$
$$= 535\ 000\text{(元)}$$

$$\text{计划期单位成本预测值} = \frac{535\ 000}{120} = 4\ 458.3\text{(元)}$$

高低点法是一种简便易行的预测方法。若企业产品成本的变动趋势比较稳定,采用此法较适宜。如企业产品的各期成本变动幅度较大,采用这种方法会造成较大的误差。

(二)加权平均法

在成本预测中必须了解成本的性态,对理论上比较稳定的因素进行加权平均,即对固定成本总额及单位变动成本采用加权平均法进行分别预测。

根据过去若干时期的单位变动成本和固定成本总额的历史资料,按其距计划期的远近分别进行加权。由于距计划期愈近,对一计划期的影响越大,故所加权数应大些;反之,距计划期愈远,对计划期影响越小,故所加权数应小些。另外,加权时可令$\sum w = 1$,这与销售预测时方法相同。其计算公式如下:

$\because y = a + bx$

$\therefore$计划期产品总成本的预测值

$$y = \sum a_i w_i + \sum b_i w_i \cdot x \qquad \text{公式(11)}$$

$$\text{计划期产品单位成本的预测值} = \frac{y}{x}$$

现举例说明:

[例5]仍依例4中春华机器厂最近5年的历史成本数据,按照加权平均法预测计划期(第6年)A产品120台的总成本与单位成本。

假设权数:$\sum w = 1$,其中:$w_1 = 0.03, w_2 = 0.07, w_3 = 0.15, w_4 = 0.25, w_5 = 0.5$,则:

计划期A产品总成本预测值

$$y = \sum a_i w_i + \sum b_i w_i \cdot x$$
$$= [(40\ 000 \times 0.03) + (52\ 000 \times 0.07) + (54\ 000 \times 0.15) + (48\ 000 \times 0.25) + (60\ 000 \times 0.5)] + [(6\ 000 \times 0.03) + (3\ 000 \times 0.07) + (4\ 500 \times 0.15) + (5\ 500 \times 0.25) + (4\ 000 \times 0.5)] \times 120$$
$$= 54\ 940 + 4\ 440 \times 120$$
$$= 54\ 940 + 532\ 800$$

$= 587\ 740$(元)

计划期 A 产品单位成本预测值 $= \frac{587\ 740}{120} = 4\ 897.8$ (元)

加权平均法一般适用于历史成本资料具有详细的 a 和 b 的数据的企业,否则,就只能选用其他方法了。

(三)回归分析法

回归分析法是应用数学上的最小二乘法的原理,利用一元回归方程来确定成本方程式 $y = a + bx$ 中的 a 与 b 的值,以此来预测计划期成本数值的方法。其方法的使用类似于销售预测中的一元线性回归法,只是区别在于各种字母的含义有所变化。回归分析法下,a 和 b 的值可按下列公式确定:

$$a = \frac{\sum y - b\sum x}{n} \quad \text{公式(12)}$$

$$b = \frac{n\sum xy - \sum x\sum y}{n\sum x^2 - (\sum x)^2} \quad \text{公式(13)}$$

现举例说明如下:

[例 6]仍依例 4 中春华机器厂最近五年的历史成本数据,按回归分析法预测计划期(第 6 年)A 产品 120 台的总成本和单位成本。

编制回归分析计算表,并根据表中数据确立 a 和 b 的值。见表 5-9。

表 5-9　产品产量与总成本参数计算表

年份	产量(台)(x)	总成本(万元)(y)	xy	x^2
1	20	160 000	3 200 000	400
2	80	292 000	23 360 000	6 400
3	60	324 000	19 440 000	3 600
4	40	268 000	10 720 000	1 600
5	100	460 000	46 000 000	10 000
合计	$\sum x = 300$	$\sum y = 1\ 504\ 000$	$\sum xy = 102\ 720\ 000$	$\sum x^2 = 22\ 000$

将表中 x、y、xy、x^2 数值的总和带入两个系数的方程中,得:

$$b = \frac{5 \times 102\ 720\ 000 - 300 \times 1\ 504\ 000}{5 \times 22\ 000 - (300)^2} = 3\ 120(\text{元})$$

$$a = \frac{1\ 504\ 000 - 300 \times 3\ 120}{5} = 113\ 600(\text{元})$$

将 a 与 b 的值代入计划期总成本,得:

$y = 113\ 600 + 3\ 120 \times 120$

$= 488\ 000$(元)

计划期 A 产品单位成本预测值 $=\frac{488\ 000}{120}=4\ 066.7$(元)

当企业的历史成本资料中，单位产品成本变动幅度较大时，采用这种方法比较合适。

上述三种成本预测的最常用方法，虽然都是根据成本的历史资料进行推导而来，在一定程度上能反映成本变动的趋势，但它们对于企业的外部条件(如市场的供需情况、国家的方针政策等)是否有变动，均未加以考虑，这就必然会影响预测分析的准确性。为了使成本预测更加接近实际，在采用数学公式推导的同时，还必须与企业主管层的经验判断结合起来，缜密地进行分析研究，才能做出实事求是的预测结论。

此外，成本预测还应特别重视抓好产品的设计和研制环节。因为这个阶段的成本是否节约，将对产品投产以后的成本产生深远影响。如果在设计、研制时发生浪费，那就是先天性的浪费，从而会使企业成为先天性亏损的企业。为此，在产品的设计、研制时，不仅要求技术上适宜，而且必须讲究经济上合理。

第四节　利润预测

一、本量利分析法的运用

利用本量利分析法预测利润，主要是根据本量利三者之间的基本关系原理、销售预测中预计的规划期可能实现的销售量或销售额，按既定的单价、成本水平及销售组合测算规划期将实现的利润额。利润的基本公式是：

利润 = 销售收入 − 变动成本 − 固定成本

　　= 边际贡献 − 固定成本　　　　公式(14)

同时，根据损益均衡原理可知，超过损益均衡点的销售量(额)所实现的边际贡献即为企业实现的营业利润，因此，利润预测的公式又可表述为：

利润 = (预计销售量 − 损益均衡点销售量) × 单位边际贡献

　　= (预计销售额 − 损益均衡点销售额) × 边际贡献率　　　　公式(15)

现举例说明如下：

[例 7]某企业生产单一产品，年固定成本为 1 000 000 元，单位售价 20 元，单位变动成本 16 元，预计计划年度销售量为 300 000 件，预测计划年度利润：

目标利润 $=300\ 000\times(20-16)-1\ 000\ 000=200\ 000$(元)

或 $=\left(300\ 000-\frac{1\ 000\ 000}{20-16}\right)\times(20-16)=200\ 000$(元)

二、利润敏感度指标在利润预测中的应用

利润敏感度指标分析是在基期利润水平的基础上,考虑计划期影响销售利润增减变动的各项因素,来确定企业计划期产品销售利润数额。影响销售利润增减变动的因素有很多,在现实经济环境中,这些因素又经常发生变动。即使他们的变动方向和变动幅度完全相同,对利润所产生的影响也可能不同。在影响利润的因素中,有些因素提高会导致利润增长,而有些因素只有降低才能使利润增长;有些只要略微变动就会使利润发生很大变动;而有的因素虽然变动很大,却只能使利润产生微小影响。那些对利润影响大的因素称为利润敏感度高,反之则称为利润敏感度低。显然,这些因素的利润敏感度不同,人们对他们的重视程度也就应当有所区别。对敏感性高的因素,应当给予更多的关注;对敏感性低的因素则不必作为分析的重点。利润敏感性分析的主要任务是计算有关因素的利润敏感度指标,解释利润与因素之间的相对应关系,并利用敏感度指标进行利润预测。

在第三章中,我们已经讨论过利润敏感度指标的涵义和排序,这里利用敏感度指标对利润的影响来对目标利润做出预测。

某因素对利润的敏感度 S 的绝对值越大,则说明某因素的变化对利润的变化影响大。当影响利润的任一因素(如,第 i 个因素)以任意幅度和任意方向单独变动(假设 D_i 为第 i 个因素变动百分比)时,则可以利用事先测算出来的某因素利润敏感度指标 S_i 很方便地预测出来这种变动将对利润产生的影响幅度,公式如下:

$$K_i = D_i \times S_i \quad (i = 1,2,3,4)$$ 公式(16)

上述公式中,K_i 为某因素变动使利润变动的百分比;D_i 为该因素变动的百分点;S_i 为该因素敏感度指标。

现举例说明如下:

[例 8]某公司只经营一种产品,单价为 10 万元,单位变动成本为 6 万元,固定成本总额为 3 000 万元。20×1 年实现销售 1 000 件,获得利润 1 000 万元。假定 20×2 年企业的单价和单位变动成本分别上升了 5%。计算这两个因素单独变动后对利润的影响。

∵利润的各敏感度指标计算如下:

单价的敏感度 $S_1 = \dfrac{10 \times 1\,000}{1\,000} \times 1\% = 10\%$

单位变动成本的敏感度 $S_2 = -\dfrac{6 \times 1\,000}{1\,000} \times 1\% = -6\%$

销售量的敏感度 $S_3 = \dfrac{(10-6) \times 1\,000}{1\,000} \times 1\% = 4\%$

固定成本的敏感度 $S_4 = -\frac{3\ 000}{1\ 000} \times 1\% = -3\%$

$\therefore$ 当单价单独变动时：$K_0 = 5 \times 10\% = 50\%$

当单位变动成本单独变动时：$K_0 = 5 \times 6\% = 30\%$

三、经营杠杆系数在利润预测中的应用

经营杠杆系数是指利润变动率相当于销售量（或销售额）变动率的倍数。求得经营杠杆系数后，即可据以预测计划期的利润，其计算公式为：

目标利润 = 基期利润 ×（1 + 利润变动率）

　　　　= 基期利润 ×（1 + 销售变动率 × 经营杠杆系数）　　公式（17）

现举例说明：

［例 9］假设某企业基期边际贡献总额为 80 万元，基期利润总额为 40 万元，计划期销售量将增加 30%，根据经营杠杆系数来预测计划期的利润：

经营杠杆系数 = 80/40 = 2

目标利润 = 40 ×（1 + 30% × 2）= 64（万元）

第五节　资金需要量预测

一、资金需要量预测分析的意义

资金预测是以历史数据和现实调查资料为基础，运用科学的方法，对资金的未来需要量所做的预计和推测。正确地预测资金需要量，是有计划地筹集资金和保证筹资效果的前提条件。其重要意义主要表现在以下三个方面：

（一）正确地预测资金的合理需要量，才能够及时满足生产经营对资金的需要

企业最低限度资金需要反映两方面的内容：一是建立在高经济效益的必要投资基础上的资金需要；二是对企业现有资金充分利用基础上的资金需要。通过对这两方面的研究，从而确定资金筹措的数量目标，以保证生产经营活动有秩序、有节奏地进展，提高资金利用效果。因此，必须测定出为完成既定生产经营任务所需要的资金数额。

（二）正确地预测资金需要量，便于企业合理选择筹资来源，努力降低资金成本

企业为了保证生产经营活动的正常进行，必须不断地筹措资金，而企业向外界筹措资金，必须支付必要的成本也就是必须按期付息。企业支付的股息、利息愈多，资金成

本愈高，筹资的经济效益愈差。特别是筹措国外资金，其利率往往高于国内资金的利率。因此，在满足一定资金需要量的条件下，应以较低的资金成本为主要标准来选择筹资对象，并辅以考虑贷款期限，而且所筹资金的利息率或股息率必须低于企业盈利率，这样，才能保证企业筹得必要的资金，而且企业有利可图。

（三）研究投资方向，正确地预测资金的需要量，是提高投资效果的前提条件

投资的数量需要确定资金需要量的大小，而资金的数量又决定着投资效果的大小。在正常情况下，总是确定了有利的投资方向，安排了长期短期资金结构后，才能据以选择资金的来源。只有将资金需要与资金使用相结合，才能减少投资的盲目性，提高投资效率。

二、资金需要量预测的方法

预测资金需要量时可采用定性预测和定量预测两种方法。定性预测主要是根据调查研究所掌握的情况和数据资料，凭借预测人员的知识和经验，对资金需要量所作的判断。这种方法一般是在缺乏完备、准确的历史资料时采用，其特点是简便、灵活，但不能揭示资金需要量和有关因素之间的数量关系。

定量预测法是指以资金需要量与有关因素的关系为依据，在掌握大量历史资料的基础上，选用一定的数学方法加以计算来确定资金需要量的方法。定量预测的方法很多，如趋势预测法、相关分析法、线性规划法等。下面我们主要介绍常用的销售百分比法和一元回归直线法。

（一）销售百分比法

销售百分比法是预测资金需要量最常用的方法。它是根据资金各个项目与销售收入总额之间的依存关系，按照计划期销售额的增长情况来预测需要相应地追加多少资金。销售百分比法一般按三个步骤来进行：

1.首先分析研究资产负债表有关项目，找出随销售收入变动而变动的项目。

(1)资产类项目。货币资金、应收账款和存货等项目，一般都会因销售额的增长而相应地增长，而固定资产项目是否要增加，则要视基期固定资产是否已充分利用而定。如尚未被充分利用，则通过进一步挖掘潜力，就可以产销更多的产品；如基期固定资产的利用已达到饱和状态，则增加产销量，就需要扩充固定资产的投入。而那些长期资产、无形资产等项目则一般不随销售额的增加而增加。

(2)权益类项目。应付账款、应付税金、其他应付款等项目，通常会因销售的增加而自动增加，而长期负债及股东权益等项目，则不随销售的增加而增加。其中留存收益项目，通常可作为计划期追加资金的内部资金来源。此外，计划期所提取的折旧基金扣除

计划期用于更新改造的金额后的余额也可作为追加资金的内部资金来源。

2.将基期的资产负债表中与销售收入有关的项目，以销售百分比的形式分列出来。例如：在资产负债表中，与销售收入有关的资产项目总额为A，基期销售收入总额为S_0，则资产类项目的销售百分比为$\frac{A}{S_0}$，表示基期随着销售额增加而增加的资产项目与销售额的百分比。同样，负债类及权益类项目均可用销售百分比的方式表示。

3.按下列公式计算出计划期预计需要追加的资金数量：

$$\triangle M=\left(\frac{A}{S_0}-\frac{L}{S_0}\right)(S_1-S_0)-Dep_1-S_1R_0(1-d_1)+M_1 \quad \text{公式(18)}$$

式中：$\triangle M$代表计划期预计需要追加的资金数量；

A代表与销售收入有依存关系的资产类项目总额；

S_0代表基期的销售收入总额；

L代表与销售收入有依存关系的权益类项目总额；

S_1代表计划期预计的销售收入总额；

Dep_1代表计划期折旧的提取数减去用于更新改造的金额；

R_0代表基期的税后销售利润率；

d_1代表计划期的股利发放率；

M_1代表计划期的零星资金需要量。

下面举例说明销售百分比法的使用：

[例10]某公司在基期(20×1年度)实际销售总额为500万元，获得税后净利为20万元，并发放普通股股利10万元。假定基期固定资产已得到充分利用。该公司20×1年度简略的期末资产负债表如表5-10所示。

表5-10 某公司资产负债表

20×1年12月31日　　单位：万元

资产		负债及所有者权益	
现金(含存款)	10	应付账款	50
应收账款	85	应付税金	25
存货	100	长期负债	115
固定资产净值	150	普通股股本	200
无形资产	55	留存收益	10
资产总计	400	负债及所有者权益合计	400

若该公司在计划年度(20×2年度)销售收入将增至800万元，并仍按基期股利发放率支付股利。折旧准备提取数为20万元，其中70%用于改造现有设备；又假设20×2年度零星资金需要量为14万元，按照销售百分比法预测20×2年度需追加的资金数量

为：

首先根据资产负债表各项目的性质，分析研究其与当年销售收入总额的关系，并编制该年度用销售百分比形式反映的资产负债表，如表 5－11 所示。

表 5－11　某公司资产负债表

（用销售百分比表示）

20×1 年 12 月 31 日

资产		负债及所有者权益	
现金（含存款）	2%	应付账款	10%
应收账款	17%	应付税金	5%
存货	20%		
固定资产净值	30%		
$\frac{A}{S_0}$合计	69%	$\frac{L}{S_0}$合计	15%

将以上数据代入公式得：

$$\triangle M = \left(\frac{A}{S_0} - \frac{L}{S_0}\right)(S_1 - S_0) - Dep_1 - S_1 R_0(1 - d_1) + M_1$$

$$= (69\% - 15\%)(800 - 500) - (20 - 14) - (800 \times \frac{20}{500}) \times (1 - \frac{10}{20}) + 14$$

$$= 154（万元）$$

∴20×2 年度该公司应追加资金预测量为 154 万元。

（二）回归分析法

回归分析法，就是应用最小二乘法的原理，对过去若干期的销售额及资金总量的历史数据进行分析，并据以预测计划期资金需要量的一种方法。其具体计算方法与成本预测相同。首先，建立资金需要量与销售额的关系式：

$$y = a + bx \qquad 公式(19)$$

式中：y 代表资金需要量；

a 代表不变资金总额；

b 代表单位销售量所需要的变动资金；

x 代表销售额。

根据最小二乘法的原理，可得 a、b 的值：

$$a = \frac{\sum y - b\sum x}{n} \qquad 公式(20)$$

$$b = \frac{n\sum xy - \sum x \sum y}{n\sum x^2 - (\sum x)^2} \qquad 公式(21)$$

举例说明如下：

[例 11]某企业近 7 年度的销售额和流动资金平均占用量如表 5－12 所示：

表 5－12 销售额与流动资金数据表 单位：万元

年度	销售额(x)	流动资金平均占用量(y)
1	200	80
2	180	70
3	180	80
4	190	90
5	210	100
6	250	120
7	300	130

整理以上数据，如表 5－13 所示：

表 5－13 销售额与流动资金参数计算表

n	x	y	xy	x^2
1	200	80	16 000	40 000
2	180	70	12 600	32 400
3	180	80	14 400	32 400
4	190	90	17 100	36 100
5	210	100	21 000	44 100
6	250	120	30 000	62 500
7	300	130	39 000	90 000
合计	$\sum x=1\,510$	$\sum y=670$	$\sum xy=150\,100$	$\sum x^2=337\,500$

由表中数据可计算 a、b 的值：

$$b=\frac{7\times150\,100-1\,510\times670}{7\times337\,500-1\,510^2}=0.473$$

$$a=\frac{670-0.473\times1\,510}{7}=-6.32$$

将 a、b 的值代入 $y=a+bx$，得：

$y=-6.32+0.473x$

假定第 8 年度销售额为 400 万元，则第 8 年度流动资金需要量为：

$y=-6.32+0.473\times400=183$（万元）

【本章小结】

所谓预测是指根据现在推测判断未来，根据已知推测判断未知的行为。管理会计中预测分析的内容包括销售预测、成本预测、利润预测和资金需要量的预测。

预测分析的方法包括定量分析法和定性分析法，二者各有优缺点，在实际工作中应配合起来使用。

【本章练习题】

一、单项选择题

1.下列各项中,属于因果预测分析法的是(　　)。

A.趋势分析法　　B.移动平均法　　C.指数曲线法　　D.平滑指数法

2.下列各种销售预测方法中,属于没有考虑远近期销售业务量对未来销售状况会产生不同影响的方法是(　　)。

A.移动平均法　　B.算术平均法　　C.加权平均法　　D.平滑指数法

3.利润敏感性分析是研究当影响利润的有关因素发生变化的时候对利润产生影响的一种(　　)。

A.判断分析法　　B.趋势分析法　　C.定量分析法　　D.定性分析法

4.下列各项中,可用于预测追加资金需用量的方法是(　　)。

A.平均法　　B.移动平均法　　C.指数曲线法　　D.销售百分比法

二、多项选择题

1.下列各项中,属于预测分析内容的有(　　)。

A.销售预测　　B.利润预测　　C.成本预测　　D.资金预测

E.定性预测

2.下列各项中,可用于销售预测的定量分析方法有(　　)。

A.判断分析法　　B.趋势预测法　　C.德尔斐法　　D.因果预测法

E.专家判断法

3.下列各项中,属于企业为实现目标利润应采取的措施有(　　)。

A.在其他因素不变的情况下,降低单位变动成本

B.在其他因素不变的情况下,降低固定成本

C.在其他因素不变的情况下,增加销售量

D.在其他因素不变的情况下,提高单价

E.采取各种综合措施

4.下列各项中,可用于成本预测的方法包括(　　)。

A.指数曲线法　　B.加权平均法　　C.回归分析法　　D.高低点法

E.趋势分析法

三、名词解释

1.预测分析

2.销售预测
3.专家调查法
4.指数曲线法

四、简答题

1.预测分析有哪些基本步骤?
2.预测分析的基本方法有哪两大类?
3.预测分析的基本程序是什么?
4.销售预测有哪些方法?应如何使用?
5.为什么要进行成本预测?成本预测的方法有哪些?
6.利润预测有哪些方法?
7.如何进行资金需要量的预测?

五、实务练习题

练习一

(一)目的:练习用回归分析法预测销售额。

(二)资料:某公司某年 1 - 11 月份的实际销售收入如下表所示:

月份	1月	2月	3月	4月	5月	6月	7月	8月	9月	10月	11月
销售额	18.6	21	23.2	24.6	27.7	33.2	37.5	40	44.9	48.2	52.2

(三)要求:

(1)根据上表资料,按照平均计算法预测第 12 月份的销售额。

(2)根据上表资料,以 3 个月及 5 个月按照移动平均法的要求预测第 12 月份的销售额。

(3)根据上表资料,按照回归分析法预测第 12 月份的销售额。

练习二

(一)目的:练习用两种方法预测成本。

(二)资料:某企业最近 5 年的甲产品产量与成本资料如下表:

年份	2003	2004	2005	2006	2007
产量(台)	23	20	30	36	40
总成本	27 500	24 000	31 500	35 000	38 800
其中:固定成本总量(元)	8 600	8 800	9 000	8 900	9 200
单位变动成本	756	760	750	725	740

(三)要求:采用下列方法预测 2008 年度甲产品为 50 台时的总成本和单位成本。

(1)高低点法。

(2)回归分析法。

练习三

(一)目的:练习用销售百分比法预测资金需要量。

(二)资料:某公司 20×0 年 12 月 31 日的简略资产负债表如下:

某公司资产负债表

20×0 年 12 月 31 日　　单位:万元

资产	金额	负债及权益	金额
现金	20	应付账款	85
应收账款	95	应付税金	15
存货	120	银行短期借款	45
固定资产净值	180	长期负债	100
无形资产	30	实收资本	200

假定公司 20×1 年度销售收入总额为 2 000 万元,获得税后净利 100 万元,并发了股利 50 万元。假定 20×0 年固定资产已得到充分利用。公司在 20×1 年销售收入预计达到 2 500 万元,并仍按基期股利发放率支付股利;计划期预计提取折旧基金数为 60 万元,其中 70%用于更新改造现有的固定资产。且 20×1 年度零星资金需要量为 24.5 万元。

(三)要求:按照销售百分比法预测 20×1 年度需要追加的资金数额。

CHAPTER 6 第六章

短期经营决策分析

【学习目标】

1.掌握相关成本、无关成本的涵义及其在决策分析中的运用。

2.掌握生产决策、定价决策、存货决策等决策分析中常用的基本方法、基本原理和数学模型。

3.运用这些基本理论和方法解决实际生产经营中的短期决策问题。

第一节　决策分析概述

一、决策分析的含义和特点

企业经营过程中,经常会遇到一些经济管理方面的问题,为解决此类问题,所做出的决定称为经济决策,它是经营管理的核心内容,是企业未来发展兴衰成败的关键。

1.决策的含义

决策是指为实现特定的目标,根据目前条件和对未来有关因素的预测、判断,而对未来行动所做出的决定。它是一种创造性的管理活动。

2.决策的构成要素

决策者,即做出决策的个人和集体;决策目标,即决策所达到的目的;决策方案,即决策者用以达到目标的手段;决策环境,即决策者无法控制但对决策后果起重大影响的因素;决策后果,即决策方案在特定决策环境中所达到的结果;决策变量,即决策环境与决策后果之间的关系;决策评价,即对决策后果的分析与评价。

3.决策的特点

(1)决策是有意识、有目的的活动。任何一项决策都是针对某一个问题做出来的,都有一定的目标性。(2)决策是多种方案的选择。决策过程是决策者对决策方案进行分析、比较、决断的过程。选择是决策的核心。(3)决策必须着眼于未来。只有对尚未进行而将进行的实践活动,我们才有选择的余地,才有决策活动。因而,决策强调对事物未来发展趋势的把握、强调着眼于未来。

二、决策分析的原则与程序

(一)决策分析的原则

经营决策是否正确,是否合理,小则影响企业的效率与效益,大则决定企业的成败,因此,提高决策水平是十分必要的。为了减少失误,提高决策的科学性和有效性,使决策科学化,必须遵循一定的原则,其中主要有以下几点:

1.信息原则。这是决策的基础。信息是决策的原料,决策作为创造性思维,本身就要求不断地获得信息、加工信息、发出信息。没有资料、情况、情报、数据和意见等依据,想当然、拍脑袋是不能做出有效的决策的。科学的决策,必须首先调查研究,收集、传递、整理、运用一切有关信息,并进行分析、判断。这里所指的“一切”,是要求信息全面;“分析”、“判断”是为了使信息准确可靠。此外,还需反馈信息,使信息流动。

2.可行性原则。这是决策正确性的一个要求。决策不是纸上谈兵,而是要付诸行动的。对已经形成的各种行动方案的利弊得失,必须认真地做定性和定量的分析比较,做出评估。从需要和可能、现实和未来、政治道德和经济利益等多方面权衡。只有经过审定、评价、可行性分析后的决策,才能有较大的把握和可实现性。

3.最优化原则。在决策过程中,为了实现决策目标,通常要拟定多种备选方案,这些备选方案各有利弊,很难简单地从中做出优劣判断。决策者必须依据一定的价值准则,对所有备选方案进行相互比较,才能从中选出最佳方案。

4.系统性原则。决策应有系统地分析观点,从整体出发,完整地、全面地而不是孤立地、片面地处理问题。要把系统内的要素组成一个有机整体,发挥整体优势,力求避免浪费和损失。要用现代的数学方法,对关系复杂、变量众多、规模庞大的系统进行分析和研究。从人力、物力、财力各方面,通过全面的分析比较,寻求最优的方案,使全系统在各种约束条件下达到最合理、最经济、最有效的预期目标。

5.反馈原则。反馈原则即一旦发现决策与客观情况不适应之处,就要及时采取措施,进行必要的修改和调整。任何决策都有动态性,决策方案制订以后,决策者还要追踪决策,及时修正决策,防止出现大的失误,影响决策目标的实现。

(二)决策分析的程序

企业进行决策之前,必须进行科学的决策分析。所谓决策分析是指为做出正确决策而对各种备选方案进行比较分析,权衡利弊,从中选优或决定取舍的整个过程,其一般程序为。

1.确定决策目标。即由企业领导或生产经营管理部门提出需要解决的经营管理问题,如购置设备以提高劳动生产率等。根据提出的问题确定决策分析的目标,以及所要达到的目的。决策分析的目标应当具体明确,可以计算成果,并且可以划分经济责任。这样,经营决策分析才能有的放矢、重点突出,有效地解决生产经营管理中存在的关键问题。

2.拟定备选方案。即围绕决策目标,广泛搜集资料,包括数量资料和非数量资料,考虑各种可行性,拟定各种可能方案,以备选择。

3.选定最优方案。即在各备选方案中,通过定量分析和定性分析,全面权衡,在备选方案中确定出最优的行动方案。

三、决策分析的分类

1.按照决策问题的性质及决策结果影响期的长短,可分为短期经营决策(简称短期决策或经营决策)和长期投资决策两类。其中,短期决策通常只涉及一年以内的一次性专门业务,并且仅对该期内的收支盈亏产生影响,它一般不涉及固定资产的增减,其目的主要是确定如何充分合理地利用现有的人力、物力和财力资源,以取得最佳经济效益。短期决策,按其解决问题的内容,又可分为生产决策、定价决策和存货决策等。长期投资是指企业投入大量资金,获取报酬或收益的持续期间超过一年以上,能在较长时间内影响企业经营获利能力的投资。

2.按状态变量的确定程度,可将决策分为确定型决策、风险型决策和不定型决策。确定型决策是指状态变量已知,采取一种方案,只有一种相应确定结果的决策,这类决策较容易采用各种数学方法求得最优解。风险型和非确定型决策均指状态变量是未知的决策。特点是,采取一种方案,可能有多种结果出现,完全依状态变量的取值情况而定。不同的是,在风险型决策中,某种状态变量的取值,可能有客观概率作为依据,但仍需冒一定风险。而不定型决策中的状态变量则完全未知,只能凭决策人的判断能力决定。在生产经营中出现的决策问题,大多都具有风险型和非确定型的性质,应当引起决策人足够的重视。

四、决策分析中常用的成本概念

决策分析的最终目的,是选出最优方案,选优的标准主要是视方案执行后所能带来的经济效益,而影响经济效益高低的主要因素是成本指标,因此,在阐述如何进行决策分析之前,应首先明确与此有关的一些成本概念。

(一)历史成本和重置成本

历史成本,是指一项资产或一项业务在过去被取得(购入、产出)或被完成时所实际发生的成本,故通常被用作为"实际成本"的同义词。

重置成本,是指在当前条件下,为取得某项资产或完成某项业务所必需的最低成本。

在生产技术不断发展和币值、物价并不稳定的现实条件下,历史成本除反映曾发生于过去的事实之外,并无现实意义,因为企业在就其购、产、销以及投资等方面的问题进行决策和规划时,应着重考虑的是相关的重置成本,而不是历史成本。例如,某商业企业库存甲商品的账面单位成本为 200 元/件,其重置成本为 300 元/件,现有一客户拟以 280 元/件的价格大批进货。表面看来,适宜接受报价,因为单位商品按账面成本考虑可以获利 80 元,但从商品重置、继续经营角度来考虑,显然不宜接受 280 元的报价。因为,这个价格不能保证库存商品的实物补偿,若成交,不仅不能盈利,而且单位商品还要亏损 20 元(280 - 300)。本例中,重置成本是相关成本,账面历史成本为无关成本。

(二)可避免成本和不可避免成本

可避免成本,是指在企业生产经营中,可以采取一定措施使其不再发生或缩减,而又不会影响基本业务正常进行的那些成本。如:酌量性固定成本。

不可避免成本,是指企业为保证各项基本业务得以持续地正常进行所必须发生,因而不能取消或缩减的那些成本。

客观地辨别并确定哪些成本可以避免和哪些成本不可避免,是企业杜绝浪费、节约开支以争取实现更好经营成果的潜力所在,但必须注意以下两点:

1.不应简单地将可避免成本等同于浪费,因为浪费一般是由较明显的消极因素造成的结果。另外,应明确成本是否可以避免也非一成不变,由于先进生产技术和管理方法的出现或采用,往往会使某些原来不可避免的成本转化为可避免的,将电脑技术广泛用于生产和管理所产生的影响,就是最现实的例子。

2.对于一项成本是否可以避免,应以维护企业长远利益的观点进行判断,切忌急功近利、鼠目寸光。例如,职工培训一般不能使企业在近期内受益,但如果将其视为可以避免而取消或大大地削减这方面的费用,就会使企业在未来时期缺乏以至丧失生存和发展的能力。

(三)可控制成本和不可控制成本

可控制成本,是指可以采取主动措施将其数额约束在一定限度内的那些成本。

不可控制成本，是指不可能采取主动措施限制或增大其数额的那些成本。

在企业管理中，一项成本是否可以控制，是相对于具体部门、单位的主管人员、职工个人的权责范围而言的，并非由成本自身的性质和作用所决定。例如，生产设备的折旧和保险费用，对于负责使用、管理该设备的车间主任来说是不可控制的，因为他无权决定是否购置和购置何种设备，也不必为此承担责任，但对于掌握这一权力的企业领导人来说，则又是一项可控制成本了。

(四)付现成本和沉没成本

付现成本，是指必须在今后时期以现金(包括银行存款)支付的各项成本和费用，实际上就是目前尚未发生而在今后可能或必将发生的支出成本。

沉没成本，是指已在过去发生，但在当前和今后仍可继续发挥效用使企业受益而不必支付现金的各项成本。

企业在定价、生产和投资等方面的问题做决策时，必须考虑相关的全部各项付现成本，其中包括购建固定资产所需的巨额支出。但同时必须排除所有各项沉没成本，而不必考虑其数额有多大。因为任何一项成本一旦发生，就不再能改变其已经发生的这一事实。沉没成本既然是已经发生的成本，做任何决策均不可能对其产生影响，所以不必也不应加以考虑。例如，某公司过去购置一台机床原价 24 000 元，历年的累计折旧为 8 000 元。现在由于科学技术的进步，这台机床已经完全过时，企业准备以新设备取代，在这种情况下，该机床的账面价值 16 000 元就属于沉没成本。正是由于这项成本已经支付且一去不复返，因而在分析未来经济活动并作出决策时就无需加以考虑，但其残值或变现价值则与决策分析有关。

(五)机会成本

机会成本，是指在决策过程中，由于选取最优方案而放弃次优方案所丧失的潜在收益，也即选择目前接受的方案所付出的代价。

各项资源都可以有多种用途，但事实上却只能作一种用途，因而不得不放弃其他用途及可能获取的利益，而被放弃的次优方案可获得的收益，即构成选择方案的机会成本。例如，某企业现有的一台设备用于生产 A 产品，每年可提供净利 10 万元，当决定将该设备用于生产 B 产品时，10 万元即构成为应由 B 产品补偿的机会成本。也就是说，如果 B 产品可能提供的每年净利多于 10 万元，转产是有利的，如果少于 10 万元，则转产就将使企业遭受损失，因为 B 产品没有能力补偿由停产 A 产品而放弃的利润。

(六)专属成本和共同成本

专属成本，是指可以明确归属于某种、某批或某个部门的固定成本。例如专门生产某种零件而专用的厂房、机器的折旧费,某种物资的商品保险费等。

共同成本,是指由几种(批)产品或几个部门共同负担的固定成本。如企业管理人员的工资、厂部房屋折旧费等。

应当指出,专属成本与共同成本的划分主要是就固定成本而言的。因为变动成本大多数为专属成本,所以,一般不需做上述分类。

(七)相关成本和不相关成本

相关成本,是指受某一特定决策影响的各项成本,也就是其数额会因做出和实施该决策而在原来基础上增加或减少的那些成本。

不相关成本,是指不受某一特定决策影响的各项成本,也就是其数额不会因作出和实施该决策而在原来基础上增加或减少的那些成本。例如,企业现产销甲产品1 000件,成本总额5 000元,现有一方案准备将甲产品进一步加工为乙产品,需追加材料费500元,人工费1 300元。则该方案的相关成本为追加的材料费和人工费之和,即500 + 1 300 = 1 800元,而原来产销甲产品1 000件的成本5 000元,则属于加工乙产品方案的不相关成本,因为它是过去已经发生的,无论是否采用目前方案都不改变其发生额。

相关和不相关成本,是针对某一特定决策而言的,并非由成本本身的性质或作用所决定,正确辨别哪些成本是相关的哪些是不相关的,是决策过程中必须处理好的一个首要问题。

第二节　生产决策

一、生产决策的含义

生产决策是短期经营决策的重要内容,是指企业就如何合理地利用现有生产经营能力,使企业创造最佳效益所做的抉择。其要解决的问题主要有三类:利用现有生产能力生产什么产品,各种产品的生产量是多少,如何组织和实施生产。但应明确管理会计所运用的决策分析方法只能有助于解决生产决策中的一部分问题,而不是全部。

做好生产决策的关键是,正确确定每一特定方案的相关收入和相关成本,既不能遗漏,又不能重复计算,否则将不可避免地导致决策的失误,而使企业遭受损失。

二、增减产品品种的决策分析

这里要介绍的是,利用现有剩余生产能力,增加产品品种的决策分析法,至于通过投资扩大生产能力以发展新产品的决策，则属于长期投资范围。在此情况下，企业增加一种和几种新产品，一般对企业的固定成本不会产生影响，但有时增加新产品的生产和销售，需要对现有生产组织作适当调整，增加或减少一些专用设备，这便形成了增加产品品种决策的相关成本，在决策分析时须加以考虑。

另外，企业在增加产品品种时，往往必然放弃某些资源按原来用途所提供的经济利益，从而构成此类决策的机会成本。也就是说，此项被放弃的收益，应该由新增加的产品予以补偿。

总之，企业在利用其剩余生产能力增加产品产销时，该产品必须至少符合一个最基本的条件，就是所提供的边际贡献应能补偿全部相关固定成本和机会成本而有余，即能提供产品边际（产品边际 = 销售收入 - 变动成本 - 相关固定成本 - 机会成本）。

（一）剩余生产能力充足条件下的产品决策

有几种产品方案可供选择，而每种产品的产销量都不超出现有剩余生产能力的范围。在此情况下，仅需独立地分别计算各备选产品的产品边际，先排除那些产品边际等于或小于零的产品方案，然后在产品边际大于零的各产品中选出最优方案——即产品边际最大的产品方案。

［例 1］某企业的现有剩余生产能力，可用于产销 A、B、C 三种产品之一，其有关资料如表 6 - 1 所示。

表 6 - 1　产品变动成本

品种 项　目	A	B	C
价格（元）	20	12	8
单位变动成本（元）	10	6.6	4.8
相关固定成本（元）	80 000	60 000	35 000
预计销售量（件）	20 000	40 000	65 000

据此，可推测上列三个方案的产品边际如下：

A 产品边际 = 20000（20 - 10） - 80000 = 120000（元）

B 产品边际 = 40000（12 - 6.6） - 60000 = 156000（元）

C 产品边际 = 65000（8 - 4.8） - 35000 = 173000（元）

比较上述测算资料表明，以 C 方案的产品边际最大而为最佳，因为企业利用其剩余生产能力产销 C 产品，可以在现有基础上每年增加利润 173 000 元，超过其他方案所可能取得的经济效果。

但如果以产品的边际贡献率或边际贡献额作为分析、比较和评价最佳方案的依据，就有可能做出错误的选择，因为 C 产品的边际贡献率和边际贡献额在三方案中恰恰是最低或较低的。如表 6 - 2 所示。

表 6-2 产品边际贡献率

项目 \ 品种	A	B	C
边际贡献率	50%	45%	40%
边际贡献额(元)	200 000	216 000	208 000
产品边际(元)	120 000	156 000	173 000

由此可见,产品方案的优劣,除受预计销售量的大小等因素影响之外,在很大程度上决定于其相关固定成本的多少,这是在做此类决策时不可忽视的一个重要因素。

(二)剩余生产能力不足条件下的产品决策

企业在做增加何种产品的决策时,如果备选产品方案的预计产销量超过其当前的剩余生产能力,就有必要考虑是否值得压缩某种或某几种现有产品的产销量这一问题。

压缩现有产品的产销量,意味着同时放弃其所提供的一部分边际贡献,这对于拟增加的那一种产品来说,就是一项应该由其补偿的机会成本。所以在分析和评价各备选产品方案的经济效果时,必须将这一因素作为重要的相关成本处理。

[例 2] 某企业现产销 A、B 两种产品,两产品的年度销售额分别为 1 000 000 元和 1 200 000元。边际贡献率分别为 45% 和 35%。由于这两种产品的销售量在现有条件下已难以增加,故现有生产能力尚未得到充分利用。企业领导人为有效利用剩余生产能力以争取实现尽可能多的利润,有下列两方案可供选择:

1.D 方案:增加一种产品 D,价格 15 元,单位变动成本 8.5 元,预计年销售量 25 000 单位,但必须将 A 产品的年产量压缩 15%。

2.E 方案:增加一种产品 E,价格 12 元,单位变动成本 6.5 元,预计年销售量 50 000 单位,但每年需增加固定成本 60 000 元,并将 B 产品的年产量压缩 20%。

据此,测算两方案的年经济效果如下:

D 方案:

增加边际贡献:$(15-8.5)\times 25\,000=162\,500$

减:机会成本:$1\,000\,000\times 0.45\times 0.15=67\,500$

增加利润(产品边际):95 000 元

E 方案:

增加边际贡献:$(12-6.5)\times 50\,000=275\,000$

减:机会成本:$1\,200\,000\times 0.35\times 0.2=84\,000$

减:相关固定成本:60 000

增加利润(产品边际):131 000 元

比较以上分析资料可知,以增加 E 产品的方案为最佳。

三、亏损产品应否停产或转产的决策分析

所谓亏损产品是指按传统的财务会计观念确定的其销售收入不能补偿其成本的产品。亏损产品应否停产，应按如下情况区别对待。

(一)停产后腾出的生产能力不能利用时的决策分析

亏损产品停产后腾出的生产能力既不能转产其他产品，也不能用于出租，而只能处于闲置状态，此时需以相关产品是否提供产品边际为依据做出相应决策。

[例3] 某企业产销A、B、C三种产品，固定成本总额18 000元，有关资料如表6－3所示。

表6－3　产品变动成本和固定成本

项目＼品种	A	B	C
销售量(件)	1 000	500	400
销售单价(元/件)	20	60	25
单位变动成本(元)	9	46	15
相关固定成本(元)	1 000	2 000	1 000
共同固定成本	14 000		

企业按各种产品的销售金额比例分配全部固定成本计算的有关产品盈亏情况，如表6－4所示。

表6－4　产品的盈亏情况　　单位:元

项目＼品种	A	B	C	合计
销售收入额	20 000	30 000	10 000	60 000
变动成本额	9 000	23 000	6 000	38 000
边际贡献额	11 000	7 000	4 000	22 000
固定成本额	18 000×2/6＝6 000	18 000×3/6＝9 000	18 000×1/6＝3 000	18 000
盈利额	5 000	－2 000	1 000	4 000

表6－4中的亏损产品B应否停产的决策分析如下：

B产品销售收入:30 000(元)

减:B产品变动成本:23 000(元)

减:B产品相关固定成本:2 000(元)

B产品产品边际:5 000(元)

计算得知，B产品产品边际为5 000元，所以应继续产销为好。因为企业的共同成本为14 000元，无论B产品是否停产都要照样发生，而如果停产B产品，其负担的7 000

元(9 000 元 - 相关固定成本 2 000 元)的共同固定成本就将转嫁给 A、C 两产品,从而将使企业的整体利润有所降低。

验证:B 产品停产后的有关盈亏情况计算见表 6 - 5(固定成本仍按产品的销售金额比例分配于 A 产品和 C 产品。但 B 产品停产后企业的固定成本总额为 16 000 元)。

表 6 - 5　产品的盈亏情况　　单位:元

项　目＼品　种	A	C	合计
销售收入额	20 000	10 000	30 000
变动成本额	9 000	6 000	15 000
边际贡献额	11 000	4 000	15 000
固定成本额	16 000 × 2/3 = 10 667	16 000 × 1/3 = 5 333	16 000
盈利额	333	- 1 333	- 1 000

计算结果表明,B 产品停产后失去了其提供的 5 000 元的产品边际,从而使企业盈利降低 5 000 元,即从原有的盈利 4 000 元变为亏损 1 000 元。

因此,对于停产后腾出的生产能力无法利用的亏损产品,只要其提供的产品边际大于零,企业就应以继续生产为好。而如果亏损产品提供的产品边际小于或等于零,即使其实现的边际贡献额大于零,企业也不应继续产销,因为其实现的销售收入虽能补偿其变动成本,但已不能补偿其相关固定成本,更不能补偿企业共同固定成本或为企业提供利润。

(二)停产后腾出的生产能力可以利用时的决策分析

亏损产品停产后腾出的生产能力可以转产其他产品,此时需分别计算分析亏损产品和转产产品的产品边际,如转产产品产品边际大于亏损产品产品边际,则应停止亏损产品的产销以转产新产品。如转产产品产品边际小于亏损产品产品边际,但亏损产品产品边际大于零,则以继续产销所谓的亏损产品为好。

[例 4] 根据例 3 的资料,如该企业停止 B 产品的产销,可以利用腾出的生产能力转产 D 产品。D 产品的销售单价为 100 元,单位变动成本为 80 元,产销量为 400 件。

据此,测算 B、D 两产品的产品边际如下:

B:500 × (60 - 46) - 2 000 = 5 000(元)

D:400 × (100 - 80) = 8 000(元)

比较可知,D 产品提供的产品边际 8 000 元大于 B 产品的产品边际 5 000 元,故应停止 B 产品产销而转产 D 产品,转产后企业利润将提高 3 000 元。

有些企业,在停止亏损产品的生产后,不是用闲置的剩余生产能力转产别的产品,而是将腾出的生产能力租给别的单位或企业。这时,只要租金的净收入(即租金总收入减去合同规定应由出租方负担的某些维修费用之后的净额)大于亏损产品所提供的产品边际,出租方案就是可行的,反之,则不可行。

四、产品加工程度的决策分析

产品加工程度的决策主要是在企业现有生产能力剩余或不足的情况下,对产品是否进一步加工或降低加工程度的决策分析。

(一)半成品是否进一步加工的决策分析

企业如果有剩余生产能力,常可以根据社会需求对某些现有产品做进一步加工,使它更加完善、合用之后再行出售,如纺织厂可以将产品"坯布"的一部分或全部,进一步加工为"色布"或"花布"后出售。产品进一步加工后,一般可按较高的价格出售而增加收入,同时,也必然需要增加相应的加工费用,其中包括变动成本和固定成本,有时还会引起机会成本。因此,对一种产品究竟应否进一步加工,除应该着重考虑是否符合社会需求这一根本问题外,还需采用差异分析法,计算分析加工后增加的收入与为加工所增加的成本,只有当增加的收入大于所增加的成本即增加收益大于零时,才可以做进一步加工的决定。在做此类问题的决策分析时应特别注意,产品在未进一步加工之前原可获得的收入和原需发生的成本都是与产品进一步加工不相关的,因此,都不必也不应加以考虑。

[例 5] 某企业现生产 A 产品,正常情况下年度销售量为 20 000 件,售价 12 元,单位变动成本 5 元,由于销售量难以增加,以致现有部分加工能力被闲置。为此,企业准备利用此项闲置能力将该产品做进一步加工后按每件 20 元出售,但需追加单位变动成本 4 元,另需增加固定成本 35 000 元。由于进一步加工后产品更加方便实用而符合消费者需要,故预计提价并不会影响原有销售量。

据此,测算方案的经济效果如下:

增加收入:20 000 × (20 − 12) = 160 000(元)

减:增加成本:变动成本:20 000 × 4 = 80 000(元)

固定成本:35 000(元)

增加利润:45 000(元)

比较上述分析资料可知,产品进一步加工后可使企业较现有情况增加利润 45 000 元,说明进一步加工是有利的。

(二)产品是否降低加工程度的决策分析

在企业缺乏生产能力的情况下,如果条件适当,可以考虑降低产品的加工程度而直接出售半成品。此时需分别计算不同加工程度下可实现的边际贡献,其边际贡献数额大者为优。

[例 6] 某企业拟降低现产品 G 的加工程度而出售半成品,产品的年产销量将由目前的 20 000 件增加为半成品 35 000 件,产品售价将由原来的 12 元降低到 8 元,且单位变动成本也将由 8 元降低到 5 元。

据此,两种情况下企业的年度边际贡献额分别测算如下:

1.维持现状:20 000 × (12 − 8) = 80 000(元)

2.降低加工程度:35 000 × (8 − 5) = 105 000(元)

上述测算资料表明,企业以半成品出售可使年营业利润提高 25 000 元。据此可以说明,在市场经济条件下,企业根据扬长避短的原则,将某些原由自身承担的加工或其他业务,转移给更加专业化的其他企业,较之不适当的扩大经营范围可能更加有利,关键在于应使拥有的有限生产能力发挥最好效益。

五、不合格品是否改制的决策分析

不合格品是指质量不符合规定技术标准的要求,但又未丧失其基本功能的产品。不合格品的处理方式有两种:一是将其返工改制为合格品再出售,二是以"次品"降价出售。采用哪一种方法处理,企业一定应将当前利益和长远利益结合起来进行考虑。从当前利益来说,如果企业技术允许,且在不合格品改制过程中所发生的改制费用(应包括在改制过程中发生的全部工、料费及其他费用,还应包括由于改制占用生产能力而压缩原有产品产销量所形成的机会成本,但改制之前原已发生的不合格品成本不包括在内)低于其改制后使企业增加的收入,那么,对不合格品进行改制可使企业的整体利润有所增加,故应改制。反之,企业则不应改制,而按"次品"降价处理。但从长远利益出发,企业为了维护自身产品的整体形象,避免"次品"给消费者造成质量不佳等不良印象,则对于改制后增加收入小于或等于改制增加的成本的不合格品,不仅不应对其进行改制,也不应降价处理让其进入消费市场,而应该全部加以销毁。

[例 7] 某企业现有过去在质量检验中剔出的不合格产品 2 000 件,实际成本共 35 000元。如不改制可按每件 10 元作为次品处理,如返工将其改制为合格产品,则仍可按正常售价 30 元出售,但改制中需要支付直接工资费用 17 500 元,材料费 7 500 元。

据此,与将该批不合格品作为次品按每件 10 元的低价处理相比较,测算改制方案的经济效果如下:

改制增加的收入:2 000 × (30 − 10) = 40 000(元)

减:改制成本 17 500 + 7 500 = 25 000(元)

改制增加的利润:15 000(元)

根据上述分析,该批不合格品改制后不但可以使企业利润净增 15000 元,而且还维护了企业产品质量形象,因此企业应予全部改制,而不宜作为次品按低价处理。

如果因受现有生产能力和技术条件的限制，对不合格品进行返工改制会影响企业的正常产销量时，则改制成本就需要考虑由此而引起的机会成本。

[例 8] 假如上例中不合格品在改制过程中，由于企业现有生产能力的限制，需要压缩正常产品产销量 800 件，该产品单位变动成本为 17.5 元，则对不合格品是否改制应重新分析如下：

改制增加的收入：2 000 × (30 − 10) = 40 000(元)

减：改制成本变动成本：17 500 + 7 500 = 25 000(元)

机会成本：800 × (30 − 17.5) = 10 000(元)

改制增加的利润：5 000 元

测算结果表明，在此情况下如将不合格品改制仍可使企业利润较不改制增加 5 000 元，故应予以改制。但如果改制而影响产品的正常产销量 1 200 件以上，使引起的机会成本等于或甚至超过 15 000 元，就不再值得改制，而为企业的长远利益考虑，应予以销毁。

六、产品组合的决策分析

(一)产品组合的含义

所谓“产品组合”，就是多种产品在均需耗用某些相同而又有限的生产因素方能最终完成的条件下，各种产品的应有产量及其相互关系。

当若干种产品都必须占用或消耗某一项数量有限的生产因素方能制成时，此项因素就在客观上成为对这些产品可能达到的产量的约束条件，因为在此条件下，要多生产此种产品，就只能少生产甚至不生产其他产品，也就是说，这些产品的产量会互相影响和制约，而不能独立确定，于是就出现了产品组合的问题。可见，一个企业即使产销多种产品，如果各种产品均不需要耗用相同的生产因素，或者虽然需要耗用相同的因素，但是这些生产因素可以按正常条件随时取得和增加，那么就不存在产品组合问题。

作为产品组合约束条件的有限生产因素，有时仅有一个，有时则可能有许多个，在一定的约束条件下，事实上总会有许多个产品组合可供选择，但企业则应该根据经济效益最大化的原则确定其最佳产品组合。

一般来说，最佳的产品组合应该符合如下三个条件：

第一，应能使各项有限生产因素得到最合理、有效的利用。也就是说，如果无助于提高效益，或不能提供效益，就宁可使有限因素被部分剩余，而不必充分利用。

第二，每一种产品的产量，均应限制在其可达到的最高销售量和必需的最低销售量之间。

第三，各种产品共同提供的边际贡献总额最大，亦即有助于企业获得最大的利润。

(二)仅受一项有限生产因素约束的产品组合

如果仅有一项有限生产因素是几种产品产量的共同约束条件,在确定最佳产品组合时应该着重考虑的是必须将此项有限因素用于提供最大限度的边际贡献。各种产品所能提供的边际贡献额是不同的,但这并不完全决定于其单位边际贡献的大小和边际贡献率的高低,而是在很大程度上与各种产品需要耗用该有限因素的水平有关。因此,为确定最佳产品组合,就必须先行测算每一单位此项有限因素被用于生产不同产品所能提供的边际贡献,然后通过比较,将该有限因素用于生产单位限制生产因素提供的边际贡献额最大的产品,并在此基础上,确定产品组合,但每种产品的产量应控制在其最高和最低销售量的范围之内。

1.销售量不受限制的产品组合

如果同受某一有限生产因素约束的各种产品均无最高销售量的限制,也不必保证某一最低限度的销售量水平,就可将该有限生产因素全部用于生产单位资源提供最大边际贡献的产品,而不必生产其他产品。在此情况下,企业可获得最大的经济效益。

[例9] 某企业的A、B、C三种产品均需耗用甲材料才能制成,在正常条件下,甲材料的全年供应量为60 000单位,A、B、C三种产品的销售量均不受限制,其他有关资料如表6-6所示。

表6-6 产品边际贡献

项目\品种	A	B	C
产品单位边际贡献(元)	4	7	8
单位产品耗用甲材料(单位)	2	4	5
甲材料单位边际贡献(元)	2	1.75	1.6

比较上列数据可知,将有限因素甲材料全部用于生产A产品,可提供最多的边际贡献,最佳产品组合应为:

A产品产量:60 000 ÷ 2 = 30 000(件)

B产品产量:(60 000 - 2 × 30 000)/4 = 0(件)

C产品产量:(60 000 - 2 × 30 000)/5 = 0(件)

在此组合下,企业可使有限因素甲材料得到充分利用而实现最大边际贡献:

30 000 × 4 = 120 000(元)或:60 000 × 2 = 120 000(元)

企业并非不可将有限因素甲材料部分以至全部用于生产B和C产品,但其结果必将使其所提供的边际贡献少于120 000元,例如,将甲材料4单位用于生产B产品1件,而使产品组合为:A = (60 000 - 4)/2 = 29 998件、B = 1件、C = 0件,所得边际贡献将减少为:29 998 × 4 + 1 × 7 = 119 999元;如将有限因素甲材料10单位用于生产C产品2件,而使产品组合为：A =（60 000 - 10）÷ 2 = 29 995 件、B = 0 件、C = 10/5 = 2 件，则所得边际贡献将减少为 29 995 × 4 + 2 × 8 = 119 996 元。二者均小于 120 000 元，而如果将更多的甲材料用于生产 B 和 C 产品，其所得边际贡献将会更小，可见，最佳产品组合应为：A = 30 000 件、B = 0 件、C = 0 件。同时，此例还表明，在仅有一项有限因素约束的条件下，如产品销量不受市场限制，则最佳产品组合必能使有限因素得到充分利用，但能使有限因素被全部利用的产品组合却不一定是最佳的。

2.销售量受限制的产品组合

在市场经济条件下，事实上，每一个企业差不多每一种产品的销售量都会受社会需求的影响而不可能超过某一最高限度；另一方面，有些企业为维护其社会信誉和在顾客中的良好形象，往往需要对某些基本产品保持一个投放市场的最低销售量。在此情况下，企业有限生产因素的利用就应首先满足每一种产品最低销售量的需要，然后再按单位资源边际贡献额的大小进行分配，同时还应将每一种产品的产量控制在其最高销售量之内。

［例 10］设上例中的 A、B、C 三种产品除受有限生产因素甲材料 60 000 单位的约束之外，根据市场调查，A 产品的年最大销量为 15 000 件，同时，企业根据对长远利益的考虑，决定对受欢迎的 A、C 两产品年度销售量至少应分别保持 2 000 件和 5 000 件，B 产品的销量不受任何限制。求产品的最佳组合。

在此情况下，同时限制 A、B、C 三种产品的生产因素仍然只是甲材料 60 000 单位，但由于社会需求和企业经营策略的影响，原来“A = 30 000、B = 0、C = 0”的产品组合已不再是可行的了。如果企业仍按此产品组合生产的话，虽然也可使有限生产因素得到全部利用，但由于 A 产品产量大于销量，将会有一半形成积压，同时 C 产品无货供应会引起顾客反感，结果必然使企业遭受严重损失。因此，企业应根据这一新的情况，重新确定其最佳产品组合，程序如下：

首先，将有限的生产因素用于保证各种产品的最低销售量，并在这一基础上求得其可自由支配的余额：

60 000 -（2 000 × 2 + 5 000 × 5）= 31 000（单位）

其次，测算将可自由分配的有限生产因素（31 000 单位）全部用于生产单位资源边际贡献最大的产品的可能产量，和该产品可能达到的最大产量，然后将其最大产量与最高销售量相比较而按其较低者确定为该产品的应有产量。

A 产品可达到的最大产量：

2 000 + 31 000 ÷ 2 = 17 500 件，最大产量 17 500 件 > 最大销量 15 000 件，故 A 产品的应有产量：15 000 件

再次，根据一种产品已确定的应有产量，进一步测算可再次自由分配的有限生产因素数额。

甲材料可供自由分配的余额：

31 000 - 2 × (15 000 - 2 000) = 5 000(单位)

最后，将上项有限生产因素可再次自由分配的余额(5 000 单位)，用于可提供次大单位资源边际贡献的产品(本例为 B 产品)，测算该产品可能达到的最大产量，并与其最高销售量相比较，而以较低者为其应有产量，如果可达到的最大产量超过最高销售量，则顺次重复这一程序：

B 产品可达到的产量：5 000 ÷ 4 = 1 250(件)

至此即可确定：

最佳产品组合 A = 15 000 件，B = 1 250 件，C = 5 000 件

可实现的边际贡献总额：

15 000 × 4 + 1 250 × 7 + 5 000 × 8 = 108 750(元)

甲材料的利用数量：

15 000 × 2 + 1 250 × 4 + 5 000 × 5 = 60 000(单位)

(三)同受多项有限生产因素约束的产品组合

一般来说，在仅受一项有限生产因素约束的条件下，最佳产品组合一般能使该项有限生产因素得到充分利用，但能使有限生产因素得到充分利用的组合却并不一定是最佳的。关于这一点，在若干种产品的产量同受多项有限生产因素约束的条件下就更有必要强调指出：确定最佳产品组合的基本原则应该是使这些相关产品提供最大的边际贡献总额，而并不是使所有各项有限生产因素必须得到全部利用。也就是说，只要能实现最好的经济效果，亦即使企业得以获取最多的利润，宁可使某些有限生产因素有所剩余，而不必无效地去加以利用。但在最佳产品组合之下，各项有限因素中至少会有一项得到充分利用。

确定多项有限生产因素约束下的最佳产品组合，主要有两种方法可供采用，即图解法和单纯行法。前者仅适用于两种产品的产品组合。

1.确定最佳产品组合的图解法

确定最佳产品组合的所谓图解法，就是将各项有限生产因素以至市场因素(最高销售量)对产品数量的约束全部绘制在一张图表之上，先显示在所有约束条件下可行产品组合的有限范围，然后在其中选定能够提供最大边际贡献总额的那个最佳产品组合。

[例 11] 某企业产销的 x、y 两种产品，均需耗用 A、B 两种原材料加工才能完成。两种原料在正常条件下每年最高供应量为 A：15 000 单位，B：12 000 单位，x、y 两种产品的年销售量不受限制，其他有关资料如表 6 - 7 所示。

表 6-7　产品单位边际贡献

项目＼品种	x	y
产品单位边际贡献(元)	10	8
每件产品耗用 A 材料(单位)	5	2
每件产品耗用 B 材料(单位)	2	4

据此,运用图解法确定企业最佳产品组合如下:

(1)确定问题中的目标函数和约束条件,并用代数式表现:

MC = 10x + 8y(MC 表示边际贡献额)

5x + 2y≤15 000(表示 A 原料对 x、y 产品产量的约束)

2x + 4y≤12 000(表示 B 原料对 x、y 产品产量的约束)

(2)将各项约束条件反映在同一个坐标图中,确定产品组合的可行性范围,见图 6-1。

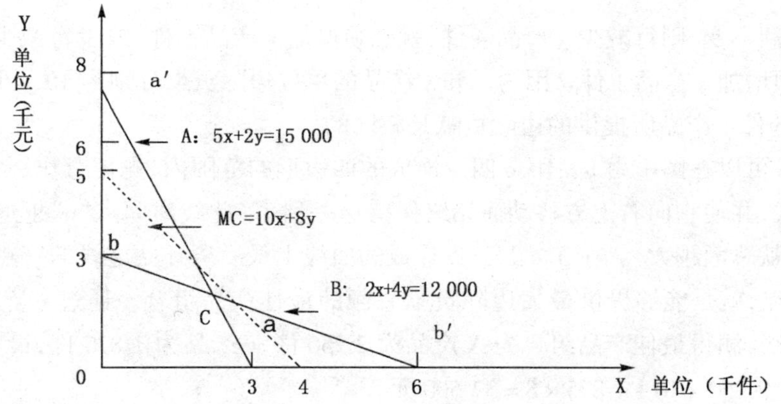

图 6-1　产品组合坐标图

如图 6-1 所示,横轴为衡量 x 产品的产量尺度,纵轴为衡量 y 产品的产量尺度;在位于横轴之上的 a 点(x = 3 000,y = 0)与位于纵轴之上的 a′点(x = 0,y = 7 500)间连成的直线 A,为有限因素 A 原料 15 000 单位全部用于 x 和 y 两种产品的等值线 5x + 2y = 15 000,表示此线上的任何一点,均为可使有限因素 A 原料 15 000 单位得到全部利用的产品组合。而位于此线右上方的任何产品组合则是不可行的,因为其所需的 A 原料均超过 15 000 单位。在位于横轴之上的 b′点(x = 6 000,y = 0)与位于纵轴之上的 b 点(x = 0,y = 3 000 点)间连成的直线 B,为有限因素 B 原料 12 000 单位全部用于 x 和 y 两种产品的等值线 2x + 4y = 12 000,表示此线上的任何一点,均为可使有限因素 B 原料 12 000 单位得到全部利用的产品组合,而位于此线右上方的任何产品组合则都是不可行的,因为其所需的 B 原料均超过 12 000 单位。

由此可见,在 A、B 两项有限因素约束之下的可行产品组合,必须在 a、c、b、o 四点连成的四边形的范围内。

(3)确定最佳产品组合。最佳产品组合必在a、c、b三点连成的曲线之上。因为位于其左下方的所有产品组合虽然是可行的,但均将使A、B两项有限生产因素都得不到充分利用,因而也就不可能实现最好的经济效益。而在上述曲线之上的产品组合,则至少可使一项有限因素得到充分利用。

为了进一步确定最佳产品组合,还必须将要求x和y两种产品共同提供最大边际贡献总额的这一条件,即MC = 10x + 8y在图中表达出来。

表达最大边际贡献总额的上述等式可移项如下:

$8y = MC - 10x$

$y = MC \div 8 - \frac{5}{4}x$

在最佳产品组合尚未确定之前,其所能提供的最大边际贡献虽然是一个未知数,但据此可知其在图中必表现为一条斜率为"$-\frac{5}{4}$"的等值线。也就是说,为保持最大边际贡献的总额不变,则每减少x产品4件,就必须增加y产品5件;或者每减少y产品5/4件,就必须增加x产品1件。因为x和y产品的单位边际贡献分别为10元和8元,4件x产品和5件y产品所提供的边际贡献是相同的。

据此,可以在图中由a、c、b、o四点连成的四边形的范围内,先任意作一条斜率为-5/4的虚线,并使它向右上方移动而始终保持这一斜率(此线离原点"o"越远,其所代表的边际贡献总额越大)。在a、c、b三点连成的曲线上最后离开此虚线的一点,亦即上图所示的c点,就是能够提供最大边际贡献总额的最佳产品组合。通过c点分别向x、y两线作垂线,测得最佳产品组合为:x产品为2 250件,y产品为1 875件,最大边际贡献总额MC = 2 250 × 10 + 1 875 × 8 = 37 500元。

2.确定最佳产品组合的单纯形法

单纯形法是适用于多项有限生产要素进行综合规划而得到最合理的分配,以实现最佳经济效益的一种数学方法。

采用单纯形法确定多项约束条件下的最佳产品组合时,可以取得管理中所需的各项具体数据资料,而其最大优点,则是在相关产品超过两种时也可采用。

单纯形法的基本原理,概括地说,就是以实现最大利润为目标,对诸多可行的产品组合有选择地通过反复试算,以最终确定其中之一为最佳的产品组合,并附带地提供在必要时调整这一最佳组合的各项有关数据。

[例12] 某企业产销的x、y两种产品,均需耗用正常供应量有限的A和B两种主要原料,已知x产品的单位边际贡献为15元,y产品的单位边际贡献为10元,其他有关资料如表6-8所示。

表 6－8　产品耗用原料

项目	单位产品耗用量		每月供应限量(正常供应量)
	x	y	
A 原料 B 原料	10 单位 5 单位	5 单位 7 单位	12 000 单位 8 000 单位

据此,按单纯形法确定最佳产品组合及其可能实现的最大边际贡献总额的程序如下:

①确定问题中的目标函数和约束条件,并以代数式表示:

$10x+5y\leqslant 12\,000$(表示 A 原料对 x 和 y 产品产量的约束)

$4x+7y\leqslant 8\,000$(表示 B 原料对 x 和 y 产品产量的约束)

$MC=15x+10y$(目标函数,表示最大边际贡献的构成)

②在上列每一不等式中,各加入一个相应的"松弛函数",以表示在最佳产品组合条件下,可能成为剩余的该项有限因素,使之成为等式如下:

式中 S_A 表示可能剩余的 A 原料,S_B 表示可能剩余的 B 原料

$10x+5y+S_A=12\,000$ (1)

$4x+7y+S_B=8\,000$ (2)

并将目标函数移项为:

$MC-15x-10y=0$ (3)

$S_A\geqslant 0$

$S_B\geqslant 0$

③将上列各等式排列成如下等式:

变数行:	x	y	S_A	S_B	
问题行:(1)	10	5	1	0	12 000
(2)	4	7	0	1	8 000
函数行:(3)	－15	－10	0	0	0

④选择"关键列"。以上列表式中函数行内最大"负值"(指绝对值,下同)所在的列为"关键列",本例为"－15"所在的 x 列。

⑤选择"关键行"。在上列表式中,计算各有限因素数与同一行内关键列各数的比值(本例为 12 000/10＝1 200,8 000/4＝2 000),以其中最小正值所在的行为"关键行",本例为"12 000"所在的(1)行。

⑥确定"关键数"。以同时处于关键列和关键行之中的数为"关键数",本例为处于(1)行和 x 列之中的"10"。

⑦将关键行内各数均除以关键数而使关键数为"1";然后将此行各数的适当(相同)

倍数,与其他各行的同列数相加或相减,而使关键列内除关键数以外的其他各数均为"0",从而将原式简化如下:

变数行:	x	y	S_A	S_B	
(4):(1)/10	1	0.5	0.1	0	1 200(2 400)
(5):(2)-(4)×4	0	5	-0.4	1	3 200(640)
(6):(3)+(4)×15	0	-2.5	1.5	0	18 000

⑧重复上述程序,直至将上表列式简化如下(函数行中无负值为止):

变数行:	x	y	S_A	S_B	
(7):(4)-(8)×0.5	1	0	0.14	-0.1	880(x)
(8):(5)÷5	0	1	-0.08	0.2	640(y)
(9):(6)+(8)×2.5	0	0	1.3	0.5	19 600(MC)

⑨最后,测得最佳产品组合。本例中最佳产品组合为:x 产品 880 件,y 产品 640 件,此时企业可获得最大边际贡献 19 600 元。

(三)影子价格

在市场经济条件下,许多作为企业产品产量约束条件的有限生产因素是可以通过正当而又合法的途径使之有所增加的,例如,从远地以至国外采购较正常供应量更多的原材料等,但为此必须付出一定的额外代价,如较高的价格、较多的运费和较长的储存期等,因而在此情况下,企业就必须了解其本身对于此项额外代价有多大的承受能力,以免为增加额外供应而遭受损失。

所谓"影子价格",就是在产品售价不变的条件下,作为产品产量约束条件的有限因素按原来正常成本,每增加一个单位所能提供的经济效益;或者反过来说每减少一个单位将丧失的经济效益。

由此可知,与正常条件下的成本或价格相比较,企业为增加一个单位有限因素所付出的额外代价,只要低于该因素的影子价格,便能使企业利润有所增加;反之,如果高于其影子价格,则必将遭受损失而使企业利润有所减少。但应注意,影子价格的形成,是以有限生产因素得到合理利用为条件的,因此,凡是其数量并非有限而可按正常条件取得,或是虽然有限但并不对任何产品的产量起约束作用的原材料等生产因素或其他因素,就不会有影子价格,或者说,其影子价格为零。

1.影子价格的测算

(1)概念法。概念法是在原来最佳产品组合的基础上,将某项作为约束条件的有限因素增加或减少一个单位,并据以确定新的最佳产品组合,然后与原组合相比较,所增加或减少的边际贡献总额,即为该有限因素的影子价格。

[例 13] 根据例 12 的资料,x 和 y 两种产品在 A、B 两项有限因素约束下的最佳组合

及有关数据如下：

$x=880$ 单位

$y=640$ 单位

$MC=15\times 880+10\times 640=19\ 600$（元）

A 原材料利用量 $=10\times 880+5\times 640=12\ 000$（单位）

B 原材料利用量 $=4\times 880+7\times 640=8\ 000$（单位）

据此，A、B 两项有限因素的影子价格可测算如下：

①A 原料（每单位）的影子价格。根据以上资料可知，按所确定的最佳产品组合，其需用的 A、B 两项生产因素恰好等于最大限量，如将 A 原料的最大限量由原来的 12 000 单位增加为 12 001 单位，则为使这新增加的一单位 A 原料能有相当的 B 原料与之配合而得到利用，就必须对原产品组合进行调整，此调整后的最佳产品组合与 A、B 两项有限因素的关系如下（式中 x' 和 y' 表示按新的最佳组合 x 和 y 产品的应有产量）：

$10x'+5y'\leqslant 12\ 001$

$4x'+7y'\leqslant 8\ 000$

最佳产品组合为 $x'=880.14$ 件，$y'=639.92$ 件

$MC'=15\times 880.14+10\times 639.92=19\ 601.3$（元）

据此，即可测得有限因素 A 原料每单位的影子价格如下：

$MC'-MC=19\ 601.3-19\ 600=1.3$（元）

有限因素 A 增加一个单位对原最佳产品组合的影响如下：

$x'-x=880.14-880=0.14$（单位）

$y'-y=639.92-640=-0.08$（单位）

以上数据表明，在有限因素 A 原料增加一个单位以后，必须在原定最佳组合的基础上，将 x 产品的产量增加 0.14 个单位，并同时将 y 产品的产量减少 0.08 个单位，这样才能使 B 原料 8 000 单位与增加后的 A 原料 12 001 单位互相配合而均得到合理利用，并从而使 x 和 y 两种产品共同提供的边际贡献总额较原来增加 1.3 元。由此可见，影子价格的形成，是以必须合理调整产品组合为其条件的。

同理，如果减少 A 原料一个可利用单位，就必须将 x 产品的产量减少 0.14 单位，并同时将 y 产品的产量增加 0.08 个单位，以使有限因素 B 原料 8 000 单位与减少后的 A 原料 11 999 单位互相配合而均得到合理利用。x 和 y 两种产品共同提供的边际贡献总额为：19 598.7 元，则较原来减少 1.3 元。如果不按上述数据将 x 和 y 产品的产量分别调整为 879.86 单位和 640.08 单位，则边际贡献就将减少更多。

（验证）A 原料减少 1 单位后，最佳组合下的有关资料：

A 原材料利用量：$10\times 879.86+5\times 640.08=11\ 999$（单位）

B 原材料利用量：$4\times 879.86+7\times 640.08=8\ 000$（单位）

MC = 15 × 879.86 + 10 × 640.08 = 19 598.7(元)

②B 原料(每单位)的影子价格。同上所述,B 原料增加一个单位后,新的最佳产品组合与两项有限因素 A 和 B 的关系可表达如下:

$10x' + 5y' \leqslant 12\ 000$

$4x' + 7y' \leqslant 8\ 001$

最佳产品组合为 x' = 879.9 件,y' = 640.2 件

MC' = 15 × 879.9 + 10 × 640.2 = 19 600.5(元)

影子价格:MC' − MC = 19 600.5 − 19 600 = 0.5(元)

产量调整:

x' − x = 879.9 − 880 = −0.1(单位)

y' − y = 640.2 − 640 = 0.2(单位)

材料耗用情况:

A 原材料利用量:10 × 879.9 + 5 × 640.2 = 12 000(单位)

B 原材料利用量:4 × 879.9 + 7 × 640.2 = 8 001(单位)

(2)单纯形法。单纯形法是从单纯形法确定最佳产品组合的最后表式中直接获得各项约束因素的影子价格及其有关数据的方法。

[例 14] 将例 12 采用单纯形法确定最佳产品组合的最后表式重示如下:

变数行:	x	y	S_A	S_B	
(x)	1	0	0.14	−0.1	880
(y)	0	1	−0.08	0.2	640
(MC)	0	0	1.3	0.5	19 600

在上列表式中,S_A 列显示了有限因素 A 原料的影子价格及其有关的全部数据,其中(MC)行的"1.3"为影子价格;(x)行的"0.14"和(y)行的"−0.08"则为每增加 A 原料一个单位后,x 和 y 产品必须分别调整的产量。S_B 列显示了有限因素 B 原料的影子价格及其有关的全部数据,其中(MC)行的"0.5"为影子价格,而(x)行的"−0.1"和(y)行的"0.2"则为每增加 B 原料一个单位后,x 和 y 产品必须分别调整的产量。

2.影子价格的有效范围

影子价格可以帮助企业确定为增加有限生产因素所允许付出额外代价的最大极限。例如,企业所需的某项原料是一项有限因素,其在正常供应条件下的单位成本为 5 元,影子价格为 2 元,则为取得此项原料的额外供应而发生的单位成本,必须低于 7 元才是值得的(也即其所付出的额外代价必须低于 2 元对企业才是有利的);如果恰好等于 7 元,就将无利可图;而如果超过 7 元,则得不偿失。但各项约束因素的影子价格并不是一成不变的,而是有其有效范围的。所谓影子价格的有效范围,是确定某项限制因素在现有基础上,可允许增加的最大额外供应量和可减少的最大数量。也即,某项有限

因素的数量增加如果超过这一限额,就不可能提供相当于影子价格的经济价值,甚至会使企业遭受损失;而减少的数量如果超过这一限额,则丧失的经济价值将会大大高于其影子价格。原因是因为在企业的生产过程中,任何一项因素都必须和其他有关因素在数量上互相协调配合才能发挥其作用。如果一项有限因素的增加,因其他因素的数量相对不足而得不到配合,就会形成多余而不可能发挥其作用以提供经济效益;反之,如果一项有限因素的减少过量,以致使其他因素的一部分以至全部得不到配合而形成多余,就会使企业丧失更多的经济效益。

影子价格的有效范围可根据单纯形法确定最佳产品组合最后表式中的有关数据计算测得。

[例 15] 将例 12 采用单纯形法确定最佳产品组合的最后表式列示如下:

变数行:	x	y	S_A	S_B	
(x)	1	0	0.14	-0.1	880
(y)	0	1	-0.08	0.2	640
(MC)	0	0	1.3	0.5	19 600

则以最佳组合除以($-S_A$)和($-S_B$)测算 A、B 限制因素影子价格的有效范围为:

S_A	S_B	最佳组合	最佳组合/($-S_A$)	最佳组合/($-S_B$)
0.14	-0.1	880	880/(-0.14) = -6 285	880/0.1 = 8 800
-0.08	0.2	640	640/0.08 = 8 000	640/(-0.2) = -3 200

在上列各最佳组合除以(-S)栏的数据中,最小正值即为该有限因素的可增加量,负值的绝对值最小值则为最多可减少量。

本例中 A 因素影子价格的有效范围为:可增加量 8 000 单位,可减少量 6 285 单位,B 因素影子价格的有效范围为:可增加量 8 800 单位,可减少量 3 200 单位。

七、生产工艺选择的决策分析

许多工业企业,就其拥有的生产能力和条件而言,对于某些产品或所需要的零部件的批量生产,往往可以采用多种不同的机器设备并按不同的工艺进行。但由于采用的设备或工艺程序不同,其加工成本也必然不同,甚至会有很大差异。一般来说,如果采用较先进的生产工艺,虽会因效率较高而使产品的单位变动成本较低,但为安排每一生产批量而进行设备调整、准备等所需的相关固定成本往往较大或极大;如果采用较落后的生产工艺,由于设备简易和效率低等原因,则需要支出较高的单位变动成本,但为安排每一生产批量所需的相关固定成本却相对较低。因此,不能盲目地认为机械化、自动化程度越高就越好,也应根据具体的生产批量选择合理的生产工艺。

此类决策因备选的各种加工工艺方案的相关收入一致,因此,在特定的生产批量条件下,相关生产总成本最低者即为最优生产工艺方案。其方案分析步骤为:首先计算成本分界点,即使某两个备选方案相关总成本相等的业务量;然后根据划分的业务量区间选择合理的生产工艺。

[例 16] 某企业经营的一种产品,是根据客户的具体需要,而按其每一张订单批量地组织生产和供应,可以分别采用 A、B、C 三种不同的生产设备和相应的生产工艺进行加工,在产品质量上不会有任何差异,其所需的单位变动成本和一次性设备调整等准备费用(相关固定成本)如表 6-9 所示。

表 6-9　产品准备费用

项目 \ 方案	A	B	C
产品单位变动成本(元)	8	6	4
每一批量准备费用(元)	3 000	6 000	12 000

因此,确定使用于不同批量的合理生产工艺步骤如下:

1.测算采用 A、B 两种工艺的成本分界点:设批量为 Q_1 时,采用 A、B 两种不同设备及其相应工艺所需的相关总成本相等,则:$8Q_1+3000=6Q_1+6\ 000$

得:$Q_1=1\ 500$(件)

2.测算采用 B、C 两种工艺的成本分界点:设批量为 Q_2 时,采用 B、C 两种不同设备及其相应工艺所需的相关总成本相等,则:$6Q_2+6\ 000=4Q_2+12\ 000$

得:$Q_2=3\ 000$(件)

3.测算采用 A、C 两种工艺的成本分界点:设批量为 Q_3 时,采用 A、C 两种不同设备及其相应工艺所需的相关总成本相等,则:$8Q_3+3\ 000=4Q_3+12\ 000$

得:$Q_3=2\ 250$(件)

4.根据上述计算划分的业务量区间,采用试算法确定加工方案为:企业接受的每次订货,如果批量少于 1 500 单位,应采用成本最低的 A 工艺,如果批量在 1 500 至 3 000 单位之间,则应采用成本最低的 B 工艺,如果批量超过 3 000 单位,则以采用 C 工艺的成本为最低。但如果当时无 B 工艺可供选择,则订货批量在 2 250 单位之内时,应采用 A 工艺,在订货批量超过 2 250 单位时,应采用 C 工艺,这样,就可使加工所需的相关总成本最低。

八、零部件自制或外购的决策分析

企业所需要的某些零部件常常是既可自行制造,又可外购,无论是自制,还是外购,其预期收入是一样的,因此只需分别计算其预期相关成本,将各方案的预期相关成本相比较，决定取舍，选择相关成本较低的方案。

在此类决策中，自制方案的相关成本应包括零部件生产的变动成本和专为自制而引起的直接固定成本，如果因自制占用生产能力而必须压缩其他产品的产销量，则因此而放弃的原可获得的此部分收益，应构成自制方案的相关机会成本，而外购方案中零部件的买价、运杂费等都属外购方案的相关成本。

[例 17] 企业每年需用 K 零件 10 000 件，其市场售价为 25 元/件，企业也可利用现有剩余生产能力自行生产，若自制，其单位成本资料为：直接材料 10 元，直接人工 8 元，变动制造费用 5 元，固定制造费用 4 元。

因此，零件自制还是外购的方案分析如下：

由于零件自制是利用企业现有剩余生产能力进行的，不管自制与否，它所负担的固定成本 $10\,000 \times 4 = 40\,000$ 元都要照样发生，因此，在决策分析中，不应考虑这一因素，自制与外购方案的相关成本分别为：

自制相关成本 $= 10\,000 \times (10 + 8 + 5) = 230\,000$（元）

外购相关成本 $= 10\,000 \times 25 = 250\,000$（元）

比较可知，零件以自制为好，可节约成本 20 000 元。

九、风险型决策

有时我们会碰到这样的情况：一个决策方案对应几个相互排斥的可能状态，每一种状态都以一定的可能性（概率 0 – 1）出现，并对应特定结果，这时的决策就被称为风险型决策。风险型决策的目的是如何使收益期望值最大，或者损失期望值最小。期望值是一种方案的损益值与相应概率的乘积之和。下面我们用概率分析法来说明风险型决策的分析方法。

[例 18] 某企业对产销的一种家用电器实行为用户免费保修两年的办法，根据质量统计和经验分析，该产品在售出后的最初两年内，每一万台平均每年需要修理的次数及其概率如下：

估计修理的次数：	400	600	800	1 000
概率：	0.4	0.3	0.2	0.1

该企业所产上述家用电器在某地区的销售量相当稳定，每年约 25000 台，现决定将其全部保修业务委托给专业电器维修商店代理（所需零配件均由代理企业免费供应），共有三家商店投标要求承包此项业务，经调查，该三家商店的信誉、技术能力和服务质量等方面均符合条件，其报价情况如下：

A 商店：开价每年 43 000 元，承包全部修理业务，不限次数。

B 商店：底价每年 40 000 元，以修理 4 000 次为限，超过部分每次加收 8 元。

C 商店：底价每年 32 000 元，以修理 3 000 次为限，超过部分每次加收 12 元。

按题意,该地区在保修期内的家用电器 25 000×2=50 000 台,每年估计修理次数及其概率应调整如下:

年修理次数	2 000	3 000	4 000	5 000
概率	0.4	0.3	0.2	0.1

据此,可分别编制三家商店的收费"期望值表",以测算每一家商店代理此项业务所可能收取的费用总额(每年),并以其最低者为最佳,见表 6-10。

表 6-10 收费期望值

代理商	年修理次数(1)	条件值(2)	概率(3)	期望值=(2)×(3)
A				43 000 元
B	4 000 次以内 5 000 次	40 000 元 48 000 元①	0.4+0.3+0.2=0.9 0.1	36 000 元 4 800 元 合计 40 800 元
C	3 000 次以内 4 000 次 5 000 次	32 000 元 44 000 元② 56 000 元②	0.7 0.2 0.1	22 400 元 8 800 元 5 600 元 合计 36 800 元

注:40000+1000×8=48000,32000+1000×12=44000,32000+2000×12=56000

比较上列三者的期望值之和可知,C 商店的每年收取费用额 36 800 元为最低,故此项业务以委托该商店代理为宜。

十、非确定型决策

非确定是指人们在事先只知道采取某种行动可能出现哪几种状况,但不知道各种状况出现的概率,或者两者均不知道,而只能做粗略的估计。如果事先能够肯定采取某种行动所可能出现的所有状况,并且能明确知道各种状况出现的概率,应称之为风险。

生产决策分析中,如果能准确地预测有关因素在各种状况下出现的概率,为最大可能地减少风险,一般应采用概率分析法进行相应的决策分析。概率分析法的具体运用见本节"选择代理单位的决策分析"部分。

对于不确定情况下的生产决策分析,常采用如下几种方法进行分析:

(一)小中取大法

小中取大法又称最大最小收益值法或最大最小法,是指在几种不确定的随机事件中,选择最不利的情况下的最好方案为中选方案。比较保守和稳健的决策者主张采用此法。

[例 19] 某企业准备生产一种新产品,根据市场调查提出三种不同的方案,在销路好坏不同的情况下,各方案可能取得的收益额见表 6-11。

表 6－11　方案的收益值　　单位:元

方案＼收益额＼销路	好(1)	一般(2)	不好(3)
A	80 000	58 000	34 000
B	98 000	56 000	43 000
C	117 000	67 200	37 200

三个方案的最坏情况下的收益值都列示在第 3 栏(销路不好)中,分别为 34 000 元、43 000 元、37 200 元,其中最大的是 B 方案的 43 000 元,则按小中取大法应将 B 方案作为最优方案予以采纳。

(二)大中取大法

大中取大法是按乐观、冒险原则评选投资方案的一种简单方法。当决策者对未来决策事件的发展状况比较乐观,又要考虑到不利因素产生的影响时可采用这一方法。它的特点是与小中取大的悲观标准相反,决策时,决策者不放弃任何一个获得最好结果的机会,争取好中最好。具体做法是:对赢利性方案而言,先确定各备选方案的最大可能盈利值,然后从中选择一个能获得最大盈利的方案。

[例 20] 以例 19 的资料,采用大中取大法选取最优方案的分析如下:

从表 6－11 中可以看出,三个方案的最大收益值均列示在第一栏(销路最好)中,分别为 A 方案 80 000 元、B 方案 98 000 元和 C 方案 117 000 元,其中 C 方案的 117 000 元收益额最大,故按大中取大法应将 C 方案作为最佳方案。

(三)大中取小法

大中取小法又称最小的后悔值法或最小最大法。后悔值是按各种可能出现的未来状况分别计算的。出现某种状况时,各方案中最大收益值超过本方案收益值的差额,称为后悔值。如例 19 销路好的状况下,三方案中的最大收益值为 C 方案的 117 000 元,则此状况下三方案的后悔值分别为:

A 方案后悔值 = 117 000 － 80 000 = 37 000

B 方案后悔值 = 117 000 － 98 000 = 19 000

C 方案后悔值 = 117 000 － 117 000 = 0

可见,后悔值表示选错方案将会遭受的损失。每个方案可能出现几种状况,就会相应地存在几个后悔值,其中必有一个是最大的。所谓最小的最大后悔值法,就是将各方案的最大后悔值中最小的那个方案作为最优方案。

[例 21] 按例 19 的资料采用大中取小法选择最优方案。

计算各方案不同状况下的后悔值并确定各方案的最大后悔值,见表 6－12。

表 6-12　方案的最大后悔值　　单位:元

方案	销路好	销路一般	销路不好	最大后悔值
A	117 000 - 80 000 = 37 000	67 200 - 58 000 = 9 200	43 000 - 34 000 = 9 000	37 000
B	117 000 - 98 000 = 19 000	67 200 - 56 000 = 11 200	43 000 - 43 000 = 0	19 000
C	117 000 - 117 000 = 0	67 200 - 67 200 = 0	43 000 - 37 200 = 5 800	5 800

从表 6-12 中可以看出,三个方案的最大后悔值分别为 37 000 元、19 000 元和 5 800 元,以 C 方案的后悔值 5 800 元最小,故应把 C 方案作为最优方案。

(四)折中决策法

折中决策法因是西方学者赫威兹创立的,因此又称为赫威兹决策法。此法是在确定乐观系数 α 和各方案预期价值的基础上,选择各个备选方案中预期价值最大的方案作为中选方案。

某个方案的预期价值 = α × 最高收益值 + (1 - α) × 最低收益值

式中的乐观系数 α 的取值范围是 $0 \leqslant \alpha \leqslant 1$,α 越接近 1,则表示越乐观;越接近 0,则表示越悲观。

[例 22] 按例 19 的资料,设该企业乐观系数定为 0.7,则按折中决策法选择最优方案计算分析如下:

A 方案的预期价值 = 80 000 × 0.7 + 34 000 × 0.3 = 66 200(元)

B 方案的预期价值 = 98 000 × 0.7 + 43 000 × 0.3 = 81 500(元)

C 方案的预期价值 = 117 000 × 0.7 + 37 200 × 0.3 = 93 060(元)

根据计算结果可知,以 C 方案的预期价值 93 060 元最高,所以应选择 C 方案为最优方案。

第三节　定价决策

一、市场价格的形成

需求是指消费者在某个时期,在每一价格水平愿意而且能够购买的商品量。如果以纵轴表示商品的价格,横轴表示商品的需求量,则需求曲线是一条向左下方倾斜的曲线。

供给是指生产者在某个时期,在每一价格水平愿意而且能够提供的商品量。如果以纵轴表示商品的价格,横轴表示商品的供给量,则供给曲线是一条向右上方倾斜的曲线。它反映了一般的商品供给规律。

均衡价格是指一种商品的需求价格和供给价格相一致时的价格,也就是这种商品的市场需求曲线与市场供给曲线相交时的价格。均衡价格被认为是经过市场供求的自发调节而形成的。需求价格是买者对一定数量的商品所愿付的价格,是由该商品的边际效用决定的;供给价格是卖者为提供一定数量商品所愿接受的价格,是由生产商品的边际成本决定的。当一种商品的需求价格和供给价格相一致时,消费者愿意而且能够购买的商品量与生产者愿意而且能够提供的商品量相同,市场达到均衡状态。

二、产品定价原理

在正常的市场经济条件下,较低的价格可以售出较多的产品,而较高的价格则只能售出较少的产品。一定的价格及相应的销售量,同时决定着企业的收入和必须发生的成本。因此,企业最佳售价的确定原则,不是收入的最高,而是使总收入最大限度地超过总成本,即企业获得最大利润。

产品最优售价的确定,应通过边际分析法,分析产销量与收入、成本之间的关系测定。边际分析法,是指通过比较分析不同产销量基础上每增加一件产品的产销所引起的边际收入、边际成本、边际利润,以确定企业产品最优售价的方法。是一种典型的经济学方法。

1.边际收入。边际收入指增加或减少一个单位的销售量所引起销售收入总额的变动数。边际收入将随销售量的不断提高而逐步下降,甚至出现负数。销售收入和边际收入随销售量变动的情况,见表6－13。

表6－13　销售收入与边际收入

销售量(件)	价格(千元)	总收入(千元)	边际收入(千元)
1	100	100	100
2	95	190	90
3	90	270	80
4	85	340	70
5	80	400	60
6	75	450	50
7	70	490	40
8	65	520	30
9	60	540	20
10	55	550	10
11	50	550	0
12	45	540	－10

2.边际成本。边际成本指的是在原来或现有的基础上,增加一单位产品产量所增加的成本。在产销量相关范围内,由于a、b不变,边际成本不随产销量变动而保持稳定;但产销量提高到超过某一水平之后,产品的单位变动成本和固定成本都可能随着产销量的增加而有所提高,因此,边际成本也将随着产销量的不断提高而递增。边际成本随产销量变动的情况见表6-14。

表6-14 单位成本与边际成本

产销量(件)	总成本(千元)	单位成本(千元)	边际成本(千元)
0	40		
1	70	70	30
2	100	50	30
3	130	43.3	30
4	160	40	30
5	202	40.4	42
6	252	42	50
7	322	46	70
8	416	52	94
9	540	60	124
10	680	68	140

3.边际利润。边际利润是指在原来或现有的基础上,增加一个单位的产销量而增加的利润额。也即边际收入与边际成本的差额。将表6-13和表6-14的各项收入和成本资料汇总并计算各不相同产销量水平上的边际利润,见表6-15。

表6-15 边际利润

产销量(件)	1	2	3	4	5	6	7	8	9	10
价格(千元)	100	95	90	85	80	75	70	65	60	55
单位成本(千元)	70	50	43.3	40	40.4	42	46	52	60	68
总收入(千元)	100	190	270	340	400	450	490	520	540	550
总成本(千元)	70	100	130	160	202	252	322	416	540	680
总利润(千元)	30	90	140	180	198	198	168	104	0	-130
边际收入(千元)	100	90	80	70	60	50	40	30	20	10
边际成本(千元)	30	30	30	30	42	50	70	94	124	140
边际利润(千元)	70	60	50	40	18	0	-30	-64	-104	-130

从表6-15中可以看到,当产销量低于5件时,边际收入高于边际成本而边际利润大于零,表明增加产量可以增加利润;但在产销量增加到高于6件后,边际收入越来越小于边际成本而使边际利润小于零,表明随着产销量的增加总利润越来越少甚至出现负数。由此可知,该产品的产销量不宜大于6件,进一步分析可知,当产销量由5件增加到6件时,其边际收入正好等于边际成本而边际利润等于零,表明将产量由5件增加到6件后利润总额将不会增加,此例中都为198千元,因此,企业不应增加这一件产品

的产销。

根据以上边际分析可见，企业产品最优售价，应该是进一步增加产销量将使边际利润等于或小于零的那个价格，因为此时可获得最大的总利润，在上例中，即应为产销量为5件时所对应的销售单价80千元。

如果能测定售价与销量的函数关系以及总成本的函数关系，则产品最优售价也可直接采用数学方法测定：首先对销售收入和总成本函数分别求导，测得边际收入和边际成本代数式，当边际收入等于边际成本时所对应的价格即为最优售价。

三、目标价格的制定

目标价格就是企业希望其产品销售中能够达到的价格，这是一种理想价格，有了目标价格，虽然有时不能完全按其销售产品，但企业可以心中有数地去开展和组织其生产和经营业务，对于每一笔销售业务是否有利和应否接受，能够迅速做出正确的判断。

产品目标价格的制定，一般采用成本加成法，即在产品成本基础上，按一定比率加上某些附加因素而制定目标价格，其基本公式为：

目标价格 = 单位产品成本 ×（1 + 成本加成率）

成本加成率 =（预计期间费用总额 + 预期利润总额）÷ 预计产品成本总额

由于产品成本的计算方法不同，制定目标价格的成本加成法又分为吸收法和贡献法两种。

（一）按吸收法制定目标价格

按吸收法制定目标价格，就是在以完全成本法确定的产品成本的基础上，将全部销售管理费用与预期利润一起作为加成因素，确定成本加成率，制定目标价格的方法。

[例23] 某企业产销多种产品，其正常年度的总成本等资料如下，预计各项数据在今后不会有很大变化，要求年度平均资金利润率（税前）达到12.5%，见表6－16。

表6－16 总成本资料表

项目	金额（元）
平均资金占用额	4 500 000
管理费用（固定）	750 000
销售费用：固定 300 000 变动 150 000	450 000
制造费用：固定 700 000 变动 550 000	1 250 000
直接材料成本：	950 000
直接人工成本：	825 000

今需制定A、B、C三种产品的目标价格，假设各产品的单位成本资料如表6-17所示。（表中，完全成本法产品成本=直接材料+直接人工+制造费用，边际贡献法产品成本=直接材料+直接人工+变动制造费用+变动销售费用）。

表6-17　产品单位成本资料表　　单位：元

项目＼品种	A	B	C
直接材料成本	7.50	12.50	6.50
直接人工成本	6.60	9.90	8.25
制造费用：	10.00	15.00	12.50
其中：变动费用	4.40	6.60	5.50
变动销售费用	0.75	1.10	0.90
单位产品成本合计			
按完全成本法	24.10	37.40	27.25
按边际贡献法	19.25	30.10	21.25

根据以上资料，按吸收法制定目标价格的程序如下：

1.确定成本加成率

(1)加成因素。

①期望利润：4 500 000×12.5%＝562 500

②期间成本：管理费用　750 000

　　　　　　销售费用　450 000

　合计：1 762 500(元)

(2)定价基础——产品成本。

①直接材料成本：950 000

②直接人工成本：825 000

③制造费用：1 250 000

　合计：3 025 000(元)

(3)成本加成率：1 762 500÷302 500＝58.26%

2.确定目标价格

A.24.1×(1＋58.26%)＝38.14(元)

B.37.40×(1＋58.26%)＝59.19(元)

C.27.25×(1＋58.26%)＝43.13(元)

按“吸收法”制定的目标价格，符合传统财务会计产品成本的观念，便于接受。但是，由于在这种方法下，人为地将固定成本分配于不同的产品，使制定目标价格基础的产品成本变得不准确，因此目标价格的准确性也会受到不同程度的影响。

(二)按贡献法制定目标价格

按贡献法制定目标价格，就是在以边际贡献法确定的产品成本的基础上，将全部固定成本与预期利润一起作为加成因素，确定成本加成率，制定目标价格的方法。

［例 24］根据上例统一资料，按贡献法制订 A、B、C 三种产品的目标价格如下：

1.确定成本加成率

(1)加成因素。

①期望利润：4 500 000 × 12.5% = 562 500

②期间成本：管理费用　750 000

固定销售费用　300 000

固定制造费用　700 000

合计：2 312 500(元)

(2)定价基础——变动成本。

①直接材料成本：950 000

②直接人工成本：825 000

③变动制造费用：550 000

④变动销售费用：150 000

合计：2 475 000(元)

(3)成本加成率：2 312 500 ÷ 2 475 000 = 93.43%

2.确定目标价格

A：19.25 × (1 + 93.43%) = 37.24(元)

B：30.10 × (1 + 93.43%) = 58.22(元)

C：21.15 × (1 + 93.43%) = 40.91(元)

按贡献法制定的目标价格，由于不将固定成本人为地分配于产品，所以，按贡献法制定的目标价格较为合理。

(三)目标价格的运用

按吸收法和贡献法制定多种产品的目标价格，所有产品均按统一的成本加成率定价，这意味着前者假定企业所产销的各种产品均应实现相同的成本毛利率，而后者则假定各种产品均应实现相同的边际贡献率，也就是说，成本高的产品应能按较高的价格出售。这种假定显然并不符合实际情况。因此，在具体制定各种不同产品的目标价格时，应该视具体情况对成本加成率做适当调整，对有的产品应将加成率提高一些，有的产品则可以降低一些。

前面已指出，目标价格不过是企业的“期望价格”，至于企业究竟应该或可能按怎样的价格销售其产品，则必须视市场需求和竞争等因素的变化而定，在多数情况下，常是只有按低于其目标价格的价格才能顺利将产品销售出去。因此，企业除了制定目标价格以指导其购、产、销业务的开展之外，还有必要为其每一种产品(至少是主要产品)确定一个最低价格和保本价格，以作为企业在与客户就价格问题进行协商时可以让步的最大限度。

通过本量利分析已知，一种产品的价格如果降低至不能再提供边际贡献的程度，企业继续产销此种产品就必将引起利润减少或亏损增加。由此可见，对于任何产品来说，单位变动成本就是其最低的价格。因此，企业在按贡献法制定目标价格的同时，就可以为每一种产品确定一个如下的调价幅度。

最低价格：单位变动成本

保本价格：单位变动成本×（1+固定成本与变动成本比率）

目标价格：单位变动成本×（1+成本加成率）

[例25] 根据例24的资料，按贡献法制定目标价格的成本加成率为93.43%，固定与变动成本比率为：（750 000+300 000+700 000）÷2 475 000=70.71%。

据此，计算确定A、B、C三种产品的调价幅度如表6-18所示。

表6-18　产品价格表

单位：元

项目＼品种	A	B	C
最低价格	19.25	30.10	21.15
保本价格	32.86	51.38	36.11
目标价格	37.24	58.22	40.91

一般来说，在成本和销售量保持正常水平的条件下，如能按不低于目标价格的价格销售产品，企业就可以实现甚至超过其预期的利润；如按不低于保本价格的价格销售产品，企业就可以不发生亏损；如按不低于单位变动成本的价格销售产品，企业的亏损就不会超过其固定成本总额；如果不得不按低于单位变动成本的价格销售产品，或是产品根本没有销路，则企业就难以控制其亏损的程度。因此，企业必须将目标价格及上述调价幅度的概念和有关具体数据运用于销售业务，使企业的领导人和销售人员可以在激烈的竞争环境中结合具体情况灵活地利用必要的议价手段，为企业争取实现尽可能好的经济效果，而不至于处于被动地位。例如，在以投标或报价方式开展销售业务时，可以视情况适当降低标价或报价以增强竞争力；在有闲置能力时，可按具有足够吸引力的优惠价格争取更多的订货等。

应该指出，在某些特殊情况下，企业按低于单位变动成本的价格出售其自制产品或外购产品往往是必要的。例如，难以久储的易变质货物如果不能及时销售出去，就将不得不予以完全废弃。如果能按极低的价格出售而又不欺骗消费者，就至少可以减少损失，但这仅限于已经产出的产品或已经购入的货物。

四、定价策略

定价策略是指企业在进行定价决策时，按照一定的经验，最终做出特定价格定性选择分析所依据的原则或技巧，简称定价策略。

定价策略与定价决策方法的主要区别是：(1)性质不同。定价策略属于定性分析，定价决策方法属于定量分析。(2)依据不同。定价策略主要凭经验，定价决策方法必须依靠定价模型，如前述的目标价格的制定。

(一)新产品定价策略

新产品定价策略有以下方法：(1)撇脂法。即严格控制产量，始终维持极高的价格，甚至被更先进、更有效的产品所取代。此法适用于同类竞争产品差异性较大、能够满足较大市场需要、弹性小、不易仿制的新产品。(2)渐降法。即在开始时实行高价，然后视情况逐步降价以扩大销路。此法适用于其需求有较大弹性而又并不很难增加产量的新产品。(3)渗透法。是指以较低价格为新产品开拓市场，争取顾客，赢得竞争优势后再逐步提价的方法，适用于与同类产品差别不大、需求弹性大、易于仿制、市场前景光明的新产品。

(二)系列产品定价策略

系列产品既可以指包装规则不同的产品，又可以指配套使用的产品(如化妆品系列)。对前者可采取差别定价。有些商品小包装销路好，如袋装洗发膏；有些商品大包装销路好，如牙膏。对这些销路好的产品可适当提价。对于成套使用的商品可规定两组价格；成套价格和单件价格，前者一般应低于后者之和。可促成一次成交。

(三)心理定价策略

心理定价策略主要形式有：(1)去整取余法，又叫尾数定价法或取九舍十法，多用于中档商品的定价，这种价格又叫诱人价格；(2)整数定价法，对高档商品若按整数价出售，可提高商品的身价，刺激购买欲望；(3)对比定价法，对于亟待出售需降价处理的商品，可将削价前后价格同时列出，促使顾客通过对比积极购买。

(四)分期收款定价策略

分期收款定价策略适应于价格偏高的耐用消费品的定价，如汽车、住房等。在计价时，各期收款的价格中应包括延付利息在内。采用本策略，可促进及时销售，避免商品的大量积压。

(五)弹性定价策略

弹性定价策略是指根据价格弹性确定价格调整方向的原则或技巧。价格弹性的大小,说明了商品价格与需求之间反方向变动的水平的大小。就某一种产品的不同时期及不同销量基础而言,弹性可能有大有小;即使在同一场合下的不同商品,仍会出现弹性有大有小的情况。弹性大,则价格下降会促使需求大大提高,因此,对弹性大的商品应采取调低价格的方法,薄利多销;弹性小的商品,当价格变动时,需求量的相应增减幅度很小,对这类产品不仅不应调低价格,相反,在条件允许的范围内应适当调高价格。

五、是否接受特别订货的决策

特别订货是指某些客户以低于正常价格为条件而提出的较大批量的订货。

企业接受特别订货,必须符合以下四个条件:

1.国家法律不禁止企业在同一时期按相差悬殊的价格销售其同一产品。

2.企业有足够的闲置生产能力,可以按时、按质、按量地产出并交付此项全部订货。这是因为,如无闲置生产能力,即表明企业所能产出的全部产品均可按较高的正常价格出售,当然没有理由按较低以至极低价格接受大批量的特别订货。也就是说,特别订货只有主要以闲置生产能力来生产时,才可能是有利的。

3.接受特别订货不至对企业产品的正常销售量和价格产生不利影响。这主要是指,订货人不能以其按低价购得的大量产品,在同一市场上与作为该项特别订货之供应者的本企业进行竞争。

4.接受特别订货而增加的销售收入应足以补偿所增加的全部成本而有余。

以上四个条件中只要有一项不能满足,企业就不能接受特别订货,否则必将遭受损失。

特别订货的经济效果分析可以采用差异分析法。

[例26] 某企业产销甲产品,年最大生产能力为5 000单位。目前正常产销量为3 500单位,且剩余生产能力无法转移。目前,产品销售单价160元,单位成本资料如下:

直接材料 50元

直接人工 40元

变动制造费 20元

固定制造费 30元

合计 140元

年初有一外商以单价140元向企业提出订货2 000单位,并要年底前交货,问企业应否接受。

接受特别订货较目前产销水平的经济效果分析如下:

增加销售收入：2 000 × 140 = 280 000（元）

减：增加变动成本：2 000 × 110 = 220 000（元）

减：增加机会成本：500 ×（160 − 110）= 25 000（元）

增加净利：35 000 元

分析表明，此项特别订货的价格虽然低于正常售价，且等于按原产销量测算的单位产品成本，接受订货后却可以使企业的利润额增加 35 000 元。因此，只要不违反国家的有关法律规定，企业应该接受。

最后，应当指出，企业价格的制定并不是一个单纯的经济问题，仅仅依靠前述的基本理论和方法有时很难达到目的。实际工作中必须结合影响价格的诸多因素，如产品的性质、质量、成本，市场的供求，竞争对手的强弱，消费者的观念、习惯、心理等因素，随机应变，灵活运用，才能为企业的产品制定出合理的价格。

第四节　存货决策

一、存货决策的内容

（一）存货决策的含义

企业的存货主要包括使生产得以不间断地进行而储备的各种原材料和保证销售业务的顺利开展而储备的产成品或外购商品，以及处于生产过程中的在产品。它对企业供、产、销三个环节之间可能出现的矛盾起着积极的协调和缓冲作用，它占用着绝大部分的流动资金，因此，存货决策是现代企业管理中的一个重要组成部分。

所谓存货决策就是在保证生产、销售顺利进行的前提下，为保证与存货有关的成本总额最低而做的有关决策，其主要内容包括经济订货量、订货点的确定及存货的管理方法等问题。

（二）与存货有关的成本

与存货有关的成本是指企业为取得存货、保管存货及存货不足而直接引发的各项成本。按其形成原因不同，可分为订货成本、购货成本、储存成本和缺货成本四部分。

1.订货成本

订货成本是指为订购存货而发生的成本，又称采购成本、订购成本。按其与订货次数的依存关系不同可分为变动订货成本和固定订货成本两类。一定时期内其发生总额随订货次数增加而呈正比例增加的部分是变动订货成本，如采购人员的差旅费、为选择供应单位以至签订合同而发生的有关业务费、邮电费、手续费及公证费等。另一部分是一定时期内其成本发生额不随订货次数变化而保持不变的固定订货成本,如常设的采购机构办公费、采购人员的月固定工资等。

2.购货成本

购货成本是指购买存货而发生的成本,也即其发生额与购买量成正比的那些成本,主要为货款。

3.储存成本

储存成本是指为储存存货而发生的成本。主要包括:存货所占资金的利息,保险费,存货在被保管期间为检查、盘点、调整货位等所需的有关费用。按成本总额与库存量的依存关系不同,储存成本也分为变动储存成本和固定储存成本两类。一定时期内其成本发生额不随存货量的变化而保持不变的属于固定存储成本,如仓库的折旧费、仓库保管人员的月固定工资等。如果一项成本总额的大小,取决于存货数量的多少,存货数量越多,其发生额就越大;存货数量越小,其发生额越小,则此类成本属于变动储存成本。如存货所占资金的利息、存货保险费等。

4.缺货成本

缺货成本是指由于存货数量不能及时满足生产和销售的需要而给企业带来的损失。主要包括:由于原材料等物资的储备不足,造成停工待料而发生的损失,或为进行紧急采购不得不支出较高的货价和较多的额外费用而遭受的损失;由于产品存货不足,不得不放弃部分销售机会而遭受的损失,或进行突击生产而增加消耗,降低效率所引起的损失;由于交货误期,经常脱销而降低企业信誉所引起的严重损失等。良好的管理条件下,不应发生缺货成本。

存货决策分析的目的,就是使与存货有关的上述四项成本总和最低。

二、经济订货量

采购批量是指每次订购材料、商品的数量,而经济订货量就是使企业全年与存货相关成本总和最低的采购批量。

(一)正常条件下经济订货量的确定

正常条件下,经济订货量的确定是在如下假设条件下进行的:

1.年需求量已知或能确定。

2.每次购买量集中到货,而非陆续入库。

3.存货采购单价不变,不考虑价格折扣。

4.不允许缺货,即没有缺货成本。

5.企业现金充足,不会因现金短缺而影响进货。

6.所需存货市场供应充足,不会因买不到需要的存货而影响生产。

在此假设条件下,采购批量决策的相关成本只有变动订货成本和变动储存成本两项,因此,当两者之和最低时的每次采购量,即为经济订货量。为此,经济订货量可以采用列表法、图解法和公式法三种方法确定,现根据下列资料,以实例说明三种方法的运用。

[例 27] 某企业的一种主要材料,全年需要量是 12 000 单位,每订购一次的费用为 50 元,每单位储藏一年的费用为 0.75 元。据此,确定经济订货量。

(1)列表法。它是根据全年需用量,按若干各不同的采购次数和采购批量,分别测算全年的变动订购成本、变动存货成本及两者的总额,并汇列一表加以比较,以费用总额最低的采购批量为经济订货量的一种方法,见表 6-19。

表 6-19 采购批量相关成本计算表

(1)每次订货量(单位)	6 000	4 000	2 000	1 500	1 000	500
(2)全年订货次数(次)	2	3	6	8	12	24
(3)平均存量(单位)=(1)/2	3 000	2 000	1 000	750	500	250
(4)年变动订货成本(元)	100	150	300	400	600	1 200
(5)年变动储存成本(元)	2 250	1 500	750	562.5	375	187.5
(6)成本总额(元)=(4)+(5)	2 350	1 650	1 050	962.5	975	1 387.5

如表 6-19 所示,经济订货量应为 1 500 单位,此时,与存货有关的两项成本之和最低。该法的缺点是,其计算的经济订货量不够精确。

(2)图解法。它是在一张图表上绘制三条成本线,即变动订货费用线、变动储存费用线和费用总额线,以费用总额最低的订货量为经济订货量的一种方法。将上例有关资料制图如下,见图 6-2。

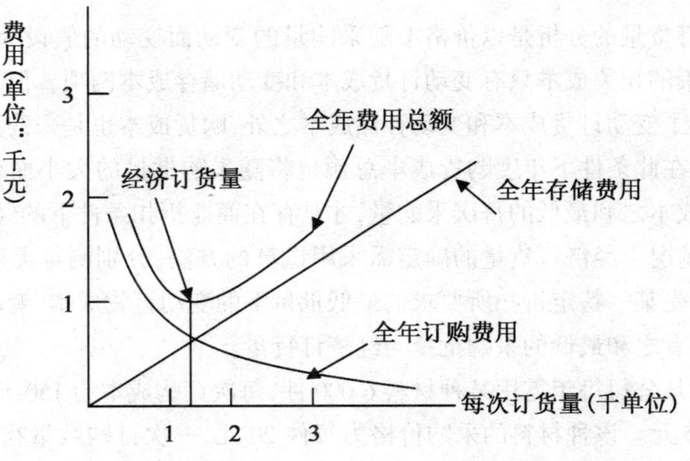

图 6-2 经济订货量分析图

从费用总额最低点做一线与横轴垂直线,其相交之处即为经济订货量,如图 6-2 所示,经济订货量在 1 000—1 500 单位之间。如上图绘制极为精确,可以看出,在变动订货费用和变动存储费用两者相等时，全年的费用总额最小。

图解法的优点是可以客观形象地揭示全年变动订购费用、全年变动存储费用与两者之和在不同订货量条件下的关系，有助于非会计专业人员理解经济订货量的涵义。缺点是测得的经济订货量不够准确，而要用此法为众多的每一种存货确定经济订货量，其业务也过于繁重。

(3)公式法。公式法就是运用数学方法直接计算经济订货量的方法。如以Q表示经济订货量，D表示存货的全年需用量，P表示每次订货费用，K表示每单位存货保持一年所需的费用，则年采购次数为D/Q，在集中入库条件下平均存货量为Q/2。所以，正常条件下的存货相关总成本可用下式表示：

存货总成本 = 变动订货成本 + 变动储存成本

$$= \frac{D}{Q}P + \frac{Q}{2}K$$

根据数学公理，当变动订货成本与变动储存成本相等时，两者之和最小，存在经济订货量，整理上式，得经济订货量的计算公式如下：

$$Q = \sqrt{\frac{2DP}{K}}$$

以例27的资料为例，若全年需要量改为1 200单位，其他资料不变，将有关资料代入公式，可直接求得经济订货量的数据如下：

$$Q = \sqrt{\frac{2 \times 1\ 200 \times 50}{0.75}} = \sqrt{160\ 000} = 400(\text{单位})$$

(二)存在商业折扣条件下经济订货量的确定

上述经济订货量的分析是以价格不随采购量的变动而变动的假设为基础的，因此经济订货量决策的相关成本只有变动订货成本和变动储存成本两项。但在存在商业折扣的情况下，除了变动订货成本和变动存储成本之外，购货成本也是采购批量决策中的相关成本，因为在此条件下年度购货成本总额也将随采购批量的大小而变化。因而这三项成本的年成本之和最低的每次采购量，才是存在商业折扣条件下的经济订货量。

商业折扣情况下经济订货量的确定需采用试算的方法：分别测算无商业折扣下经济订货量、欲享受某一特定折扣所要求的最低批量下的变动订货成本、变动存储成本和购货成本，以三者之和最低的采购批量为经济订货量。

[例28] 设某公司每年需用某种材料6 000件，每次订购成本为150元，每件材料的年储存成本为5元。该种材料的采购价格为每件20元，一次订购数量在2 000件以上时可获得2%的价格折扣，在3 000件以上时可获得5%的价格折扣。此时，经济订货量的决策分析如下：

(1)不存在商业折扣时。

经济订货量：$Q=\sqrt{\frac{2DP}{K}}=\sqrt{\frac{2\times 6\ 000\times 150}{5}}=600$(件)

购货成本 $=6\ 000\times 20=120\ 000$(元)

变动订货成本 $=\frac{6\ 000}{600}\times 150=1\ 500$(元)

变动存储成本 $=\frac{600}{2}\times 5=1\ 500$(元)

年成本合计 $=120\ 000+1\ 500+1\ 500=123\ 000$(元)

(2)订货批量为 2 000 件时。

购货成本 $=6\ 000\times 20\times(1-2\%)=117\ 600$(元)

变动订货成本 $=\frac{6\ 000}{2\ 000}\times 150=450$(元)

变动储存成本 $=\frac{2\ 000}{2}\times 5=5\ 000$(元)

年成本合计 $=117\ 600+450+5\ 000=123\ 050$(元)

(3)订货批量为 3 000 件时。

购货成本 $=6\ 000\times 20\times(1-5\%)=114\ 000$(元)

变动订购成本 $=\frac{6\ 000}{3\ 000}\times 150=300$(元)

变动储存成本 $=\frac{3\ 000}{2}\times 5=7\ 500$(元)

年成本合计 $=114\ 000+300+7\ 500=121\ 800$(元)

比较上述三种情况可见，订购批量为 3 000 件时成本最低，故其经济订货量应为 3 000件。

(三)存货陆续入库条件下经济订货量的确定

如果采购批量相同，但每次入库不符合货物集中入库的假设，如企业自制的半成品或零部件大都一面生产，一面被消耗，则此时经济订货量(对于自制存货则称为经济生产批量)仍应为变动订货成本(自制存货为变动准备成本)和变动储存成本之和最低时的采购批量，但此时的平均存货应为$\frac{Q}{2}$[1－(日耗用量/日生产量)]，设日耗用量为 d，日生产量为 p，则按公式法原理测得的经济订货量计算公式为：

$$Q=\sqrt{\frac{2DP}{K(1-\frac{d}{p})}}$$

[例 29] 某厂每年需要某零件 6 480 件，日平均耗用量为 18 件。

外购：单价 60 元，集中入库，每次订货成本 50 元，每件年储存成本 0.5 元。

自制：日生产量48件，每次生产准备成本300元，每件变动生产成本50元，每件年储存成本0.5元。

据此，确定所需零件外购或自制的方案分析如下：

外购：

$$经济订货量=\sqrt{\frac{2\times6\ 480\times50}{0.5}}=1\ 138(件)$$

$$订货成本+存储成本=\frac{6\ 480}{1\ 138}\times50+\frac{1\ 138}{2}\times0.5=569(元)$$

购货成本 $=6\ 480\times60=388\ 800$(元)

存货总成本 $=569+388\ 800=389\ 369$(元)

自制：

$$经济生产批量=\sqrt{\frac{2\times6\ 480\times300}{0.5\times(1-18/48)}}=3\ 527(件)$$

$$准备成本+储存成本=\frac{6\ 480}{3\ 527}\times300+\frac{3\ 527}{2}\times(1-\frac{18}{48})\times0.5\approx1\ 102(元)$$

相关生产成本 $=6\ 480\times50=324\ 000$(元)

存货总成本 $=1\ 102+324\ 000=325\ 102$(元)

比较可知，自制总成本最低，因此零件以自制较好。

三、订货点

在经济订货量确定之后，为使各项存货相关成本总和最低，还需进行订货点的决策分析。订货点就是为确保与存货有关的总成本最低，一项存货在申请订购时所应保持的存量，又称再订货点。订货点的高低主要取决于前置时间、存货的日正常需要量和安全存量三个要素。

前置时间。又称交货期、订货时间，指正常情况下从办理采购起到存货验收入库可以使用为止的时间间隔。前置时间主要由如下四部分构成：(1)企业采购部门根据需要订购的品种、数量及其他相关要求，选择采购地点、供货单位和安排采购人员等所需的时间；(2)与供货单位进行洽商、议价和签订合同等业务所需的时间；(3)货物自供应单位运达本企业所需的时间；(4)对到达货物进行质量检查、数量点收以及整理、分装、配套、存放等所需的时间。前置时间的长短，对订货点的高低影响极大，一般来说，这个时间越短，订货点越低，对企业越有利。

存货的日正常需用量，是指在正常情况下存货的每天需用量。在前置时间既定的情况下，每天的需用量越大，订货点就越高；反之，订货点就越低。

安全存量指在前两个因素不稳定的情况下，为保证不至于缺货而准备的安全储备量。它在正常情况下一般不需动用，但为了企业的生产、销售业务，即使在不均衡、不正常的情况下也不致受影响而照常进行,却是不可缺少的。因之,又称为基本存量或最低存量。安全存量必须保持多少,主要应考虑以下几方面的因素:(1)所购货物到货期的可能延误;(2)所购货物的质量可能不符合要求,数量可能短缺;(3)生产需用量或销售量可能突然增加而高于平均水平。安全存量越大,订货点就越高;反之,订货点越低。

订货点可按如下公式确定:

订货点 = 存货的日正常需用量 × 前置时间 + 安全存量

订货点的具体计算分三种情况介绍如下:

(一)前置时间肯定,日需要量稳定

在此情况下,不会发生到货期延误的情形,生产和销售均衡,每天的需用量不会有较大波动,一般可不考虑设置安全存量。因此,订货点的计算公式为:

订货点 = 订货的日正常需要量 × 前置时间

[例 30] 某企业所需主要材料(全年需要量 12 000 单位,每年生产时间按 300 天计算)的有关资料如下:经济订货量 1 300 单位,前置时间 10 天,平均每天需用量 40 单位,则订货点 = 40 × 10 = 400 单位。

据此可知,此项主要材料的存货量下降至 400 单位时,应立即发出购货的通知或申请,这样在订货 10 天后到达时原有存货恰好用完。在按经济订货量采购和补充的情况下,此项存货的最高、最低存货和平均水平如图 6 - 3 所示。

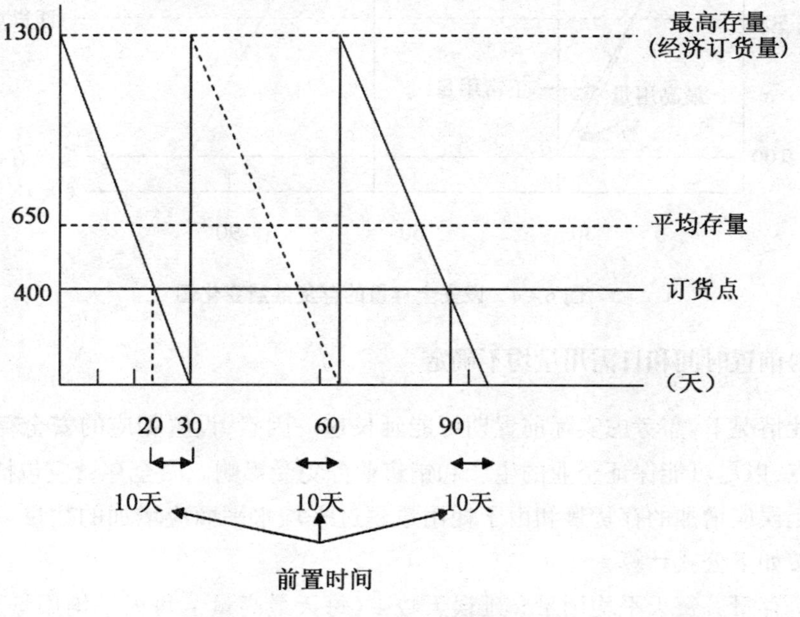

图 6 - 3 无安全存量的存货数量变化图

(二)前置时间肯定,日需用量不稳定

对于大多数企业来说,由于不可避免地受到市场需求变化和季节性因素的影响,其生产和销售业务不可能始终均衡,从而对存货量的需用量也会增减波动。为此,应设置一个安全存量以保证生产和销售得以不间断进行,但对经济订货量不产生影响。

在此情况下,安全存量的大小主要由估计前置时间内存货需用量可能超过平均水平这一点来决定,可按如下公式来计算:

安全存量 =(估计每天最高用量 - 每天平均需用量)× 前置时间

[例 31] 接例 30,该项主要材料的每天需用量估计最高时可能达到 50 单位,其订货点为:

安全存量 =(50 - 40)× 10 = 100(单位)

订货点 = 400 + 100 = 500(单位)

在此情况下,存货的最高、最低存量和平均水平可如图 6 - 4 所示。

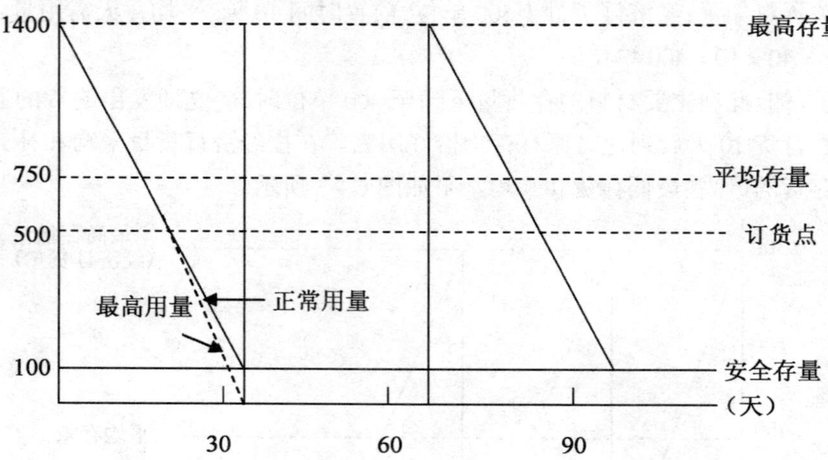

图 6 - 4　设安全存量的存货数量变化图

(三)前置时间和日需用量均不确定

在此情况下,需考虑实际前置期可能延长这一因素,设置相应的安全存量,适当提高订货点,以尽可能保证企业的生产和销售业务免受影响。安全存量应包括:由于前置期可能延误应增加的存货量和由于耗用量超过平均水平而应增加的数量。据此,安全存量可按如下公式计算:

安全存量 = 每天平均用量 × 延误天数 +(每天最高量 - 每天平均用量)×(前置时间 + 延误天数)

[例 32] 接例 30,该项主要材料的订货到达期可能延误 3 天,每天耗用量可能高达

50 单位。其订货点应为：

安全存量 = 40 × 3 + (50 − 40) × (10 + 3) = 250(单位)

订货点 = 400 + 250 = 650(单位)

据此，其最高、最低和平均存量如图 6 − 5 所示。

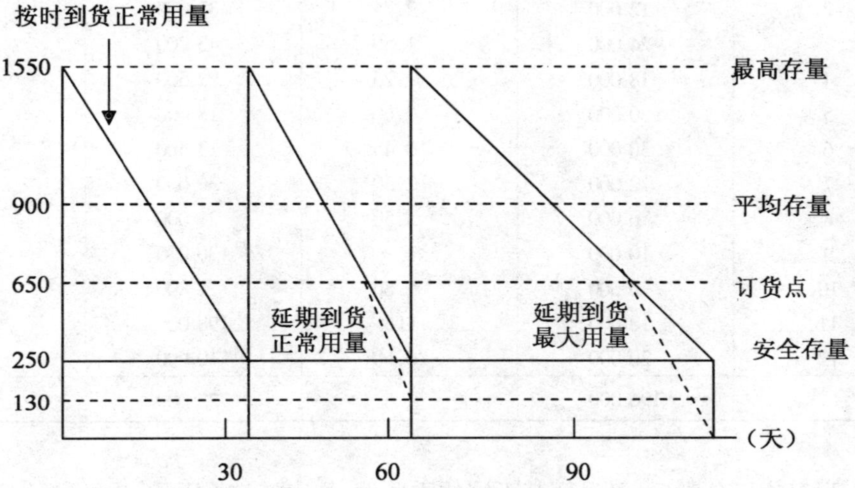

图 6 − 5　设安全存量的存货数量变化图

由以上诸例可见，设置存货的安全存量，对于保证生产和销售业务的不间断进行具有极其重要的意义。但是，过高的安全存量需要增加较多的储存成本，而较低的安全存量则难免发生停工待料和产品脱销等情况而使企业遭受损失。因此，安全存量的确定应遵循如下原则：为提高存量而增加的成本应不超过可能因存货不足而引起的损失。

四、存货控制的 ABC 分类法

ABC 分析法，又称巴雷特控制法，是将"重点与例外管理"的原则运用于对存货控制的一种方法。即根据各项存货耗用额在总成本中所占的比重的大小，将存货划分为 ABC 三类，其中 A 类所占比重最大，应按经济订货量和订货点进行控制；B 类所占比重较小；C 类则更小，可以采用其他简单的方法进行控制，如定期检查库存的方法。

存货控制的 ABC 分类法，对存货分类的标准主要有两个：一个是价值标准；二是数量标准。其中价值标准是最基本的，数量标准仅做参考。ABC 分类法的划分原则是：对单位成本较高、耗用金额较大但数量较少的存货列为 A 类，对耗用数量较多但单位成本很低、价值金额很小的存货列为 C 类，处于两者之间的存货列为 B 类。一般而言，应将耗用额约占总存货价值的 70%左右、耗用量约占总存货数量的 20%左右的存货划为 A 类；将耗用额占 20%、耗用量占 30%左右的存货划为 B 类，将耗用额占 10%左右而耗用量占 50%左右的存货划为 C 类。

[例 33] 某企业的各项原材料,按其全年耗用量和成本分类见表 6-20。

表 6-20 单位成本和总成本

存货项目	全年需用量(件)	单位成本(元)	总成本(元)	类别
1	10 000	18.00	180 000	A
2	12 000	2.75	33 000	B
3	24 000	1.80	43 200	B
4	18 000	1.25	22 500	C
5	30 000	0.60	18 000	C
6	30 000	0.45	13 500	C
7	12 000	2.50	30 000	B
8	6 000	3.50	21 000	B
9	10 000	13	130 000	A
10	6 000	3.80	22 800	B
11	18 000	11	198 000	A
12	20 000	0.50	10 000	C
合计	196 000	—	722 000	

上列存货经分类后,可显示其不同的重要性,如表 6-21 所示。

表 6-21 存货的分类

类别	按项目		按耗用量		按成本	
	项目数	%	耗用量	%	金额	%
A	3	25.00	38 000	19.39	508 000	70.36
B	5	41.67	60 000	30.61	150 000	20.78
C	4	33.33	98 000	50	64 000	8.86
合计	12	100	196 000	100	722 000	100

可见,ABC 分析法的目的在于可以突出重点,对存货管理做到主次分明,抓住成本控制的主要矛盾。

附:适时系统存货管理法。

适时系统(适时生产系统)是一种生产程序由后向前拉动式的生产系统。在适时生产系统中,每一个环节相对与其前一个环节而言,是一个“顾客”,任何生产环节,只有在收到下一个生产环节的需求信号时,才适时地为其提供所需数量的材料或半成品。也即前一生产环节只能严格按照其后一生产环节所需要的有关材料、半成品的数量、质量和交货时间来组织采购或生产,前一环节生产什么、生产多少、质量要求和交货时间只能根据其后一生产环节提出的具体要求来进行。

适时系统的根本目标是消灭一切不增加最终产品价值的作业和一切不增加最终产

品价值的时间，因此它要求原材料、半成品和产成品等能适时地保质保量地直接投入生产或交付顾客手中，而无需建立相应的材料、半成品、产成品的存储，即实现“零存货”。

适时系统追求的零存货的做法与传统生产系统中寻求经济订货量的存货管理模式是绝对不同的，前者的目的是消灭一切存货，而后者是被动地接受存储成本以及订购成本，并认为它们能为存货决策所左右，认为存货是必须存在的，只是存货水平的高低不同而已。但两者并不矛盾，从理论上讲，当订货成本趋于零时，经济订货量下的存货水平即为零存货。

适时系统在 20 世纪 70 年代首创于日本，后推广应用到西方发达国家。

【本章小结】

决策是指为实现特定的目标，根据目前条件和对未来有关因素的预测、判断，而对未来的行动所做出的决定。按照决策行为对企业影响时间的长短，决策可以分为短期经营决策和长期投资决策。

短期经营决策主要包括生产决策、定价决策和存货决策。在进行决策分析时，必须分清哪些是决策分析的相关成本，哪些是无关成本。

生产决策主要是解决利用现有生产能力生产什么、生产多少和怎样生产的问题，包括新产品开发的决策、亏损产品是否停产或转产的决策、零部件自制或外购的决策、生产工艺选择的决策、产品组合的决策、产品加工程度的决策等内容。

定价决策主要是对产品定价以及调价等相关问题的决策。

存货决策主要包括经济订货量、订货点等问题的决策，另外还包括存货控制的 ABC 分类法等内容。

短期决策分析的择优标准是：方案的相关收入最大可能的超过方案的相关成本，也即使方案的相关利润大于零且最大为好；但当备选方案的相关收入相等时，则仅需考虑方案的相关成本，以方案的相关成本最低者为优。注意，方案分析中考虑的是相关成本，而不是财务会计计算的成本。

【本章练习题】

一、单项选择题

1.新产品开发第一次已投资 10 万元，未成功。现准备再投资 6 万元，在不考虑货币时间价值的前提下，则项目成功实现的收入最小应大于(　　)，再投资才是合算的。

A.10 万元　　B.6 万元　　C.16 万元　　D.4 万元

2.在新产品开发决策中，利用多余生产能力、需要追加固定成本时，选择开发新产品的标准是(　　)越大越好。

A.单位边际贡献　　B.产品边际(产品相关收益)

C.单位售价　　　　　　　　　　　　D.边际贡献总额

3.在生产能力无法转移的情况下,如果亏损产品能够产生边际贡献或者产品边际,则应当(　　)。

A.立即停产　　　　　　　　　　　　B.继续生产

C.立即停产和继续生产均可　　　　　D.无法作出决策

4.某企业需甲零件,外购单价 20 元,自制单位成本 25 元,其中变动成本 18 元,专属固定成本 10 000 元,则外购与自制方案的成本无差别点业务量为(　　)。

A.2 000 件　　B.5 000 件　　C.500 件　　D.1 429 件

5.在不合格品是否改制的决策中,改制之前的成本属于(　　)。

A.重置成本　　B.沉没成本　　C.机会成本　　D.相关成本

6.甲、乙、丙三种产品的单位边际贡献分别为 2、5、8 元,共同耗用有限生产因素 A 机器,单位产品耗用工时分别为 1、2、5 小时,在产品销售量不受限制情况下,A 机器应首先满足(　　)的生产。

A.甲产品　　B.乙产品　　C.丙产品　　D.无法确定

7.甲材料的正常采购单价 10 元,现有条件下其影子价格为 4 元,则企业增加供应量的最高单价不应超过(　　)。

A.10 元　　B.4 元　　C.14 元　　D.6 元

8.下列(　　)情况下,产品存在最优售价。

A.边际收入大于边际成本　　　　　　B.边际收入小于边际成本

C.边际收入等于边际成本　　　　　　D.边际收入等于边际利润

9.存在多余生产能力不需追加固定成本情况下,接受追加订货的产品单价最低不应当低于(　　)。

A.全部成本法下单位产品成本　　　　B.单位产品变动成本

C.市场价格　　　　　　　　　　　　D.目标价格

10.下列经济订货量确定方法中,测算结果较为准确的是(　　)。

A.列表法　　B.图解法　　C.公式法　　D.双箱法

11.正常假设条件下,下列各项中,影响经济订货量大小的是(　　)。

A.仓库人员的月固定工资　　　　　　B.材料供应单价

C.存货资金的应计利息　　　　　　　D.保险储备量

12.某零件年需要 16 200 件,日供应量 60 件,一次订货成本 25 元,单位储存成本 1 元。假设一年 360 天,需求均匀,不设安全存量,按经济订货量进货,则下列计算结果错误的是(　　)。

A.经济订货量 1 800 件　　　　　　B.最高库存量 450 件

C.平均库存量 225 件　　　　　　　D.与进货批量有关的总成本为 600 元

13.零件全部通过外购取得,公司根据经济订货量模型确定进货批量。下列情形中,能够导致零件经济订货量增加的是(　　)。

A.供货单位需要的订货提前期延长　　B.每次订货的变动成本增加

C.供货单位每天的送货量增加　　D.供货单位延迟交货的概率增加

14.按照存货管理的 ABC 法理论,A 类存货宜采用(　　)管理办法。

A.巴雷特控制法　　B.双箱法

C.定期检查库存法　　D.经济订货量及订货点控制法

二、多项选择题

1.企业在短期经营决策中不需要考虑的成本有(　　)。

A.机会成本　　B.共同成本　　C.沉没成本　　D.专属成本

2.下列各项中,属于短期经营决策的有(　　)。

A.亏损产品的决策　　B.深加工的决策

C.生产工艺技术方案的决策　　D.目标价格的决策

3.不确定型短期经营决策的分析方法包括(　　)。

A.小中取大法　　B.大中取小法　　C.大中取大法　　D.差异分析法

4.最佳产品组合的确定应同时满足下列(　　)条件。

A.以销定产　　B.充分利用现有生产资源

C.合理利用现有生产资源　　D.提供最大的边际贡献总额

5.零部件自制或外购的决策分析中,下列属于外购方案的相关成本的有(　　)。

A.按单价计算的购买成本　　B.外购零部件的运输费用

C.采购人员的月固定工资　　D.外购零部件合同的签订费用

6.按贡献法制定产品的目标价格,计算成本加成率时,加成因素应包括(　　)。

A.固定管理费用　　B.固定制造费用　　C.固定销售费用　　D.变动制造费用

7.利用闲置生产能力接受特别订货的决策分析,接受订货应同时满足(　　)。

A.法律允许按不同的价格销售该产品　　B.订货增加的利润大于零

C.单价大于产品成本　　D.不影响该产品的正常市场价格

8.下列各项中,属于建立存货经济订货量基本模型假设前提的有(　　)。

A.一定时期的进货总量可以较为准确地预测

B.允许出现缺货

C.仓储条件不受限制

D.采购价格稳定

9.陆续入库情况下,下列各项因素,对存货的经济订货批量没有影响的有(　　)。

A.材料采购价格　　B.每日入库量　　C.每日耗用量　　D.保险储备量

10.确定存货的订货点应充分考虑下列(　　)因素。

A.经济订货量　　B.全年需求总量　　C.前置时间　　D.安全储备量

三、名词解释题

1.机会成本

2.专属成本

3.沉没成本

4.产品边际

5.产品组合

6.成本分界点

7.后悔值

8.经济订货量

9.经济订货点

四、思考题

1.什么是机会成本？举例说明其在财务会计与管理会计中的不同运用。

2.什么是相关成本？某个特定方案的相关成本可能包含哪些形式的成本？

3.举例说明付现成本及其在决策分析中的运用？

4.“企业的各项成本都是可控成本”,这种说法对吗？为什么？

5.产品边际与产品边际贡献有何区别？试说明产品边际在生产决策中的运用？

6.“为了扭亏增盈,凡亏损产品都应停产”,这种说法对吗？为什么？

7.什么是影子价格？有何作用？为什么有些有限生产因素并无影子价格？

8.不确定情况下的生产决策分析常采用哪种方法？

9.如何运用边际收入和边际成本确定企业最优售价？

10.什么是目标价格？如何制定和运用目标价格？

11.与存货有关的成本有哪些？举例说明各项成本的构成？

12.什么是经济订货量？其测算方法有哪些？

13.影响订货点的因素有哪些？它们是如何影响的？

14.ABC 分析法除运用于存货管理之外,还可运用于企业哪些方面的管理？

五、实务练习题

练习一

(一)目的:练习增加产品品种的决策分析。

(二)资料:某企业产销单一产品 A,在正常年度的产销量为 65 000 单位,产品单位售价为10元,单位变动成本为5.7元。根据市场预测分析,在目前价格下销量难以增加,但企业现有生产能力尚有剩余。因此企业准备采用下列某一方案利用多余生产能力:

(1)将A产品降价10%,预计可增加年销量50%。

(2)增加一种B产品,B产品单价为8元,单位变动成本为4.5元,预计年销售量可达30 000单位,但每年需增加固定成本30 000元,并需压缩A产品的产销量5 000单位。

(3)增加C产品的产销,定价12元,预计每年销售量可达35 000单位,单位变动成本为5.4元,但每年需增加固定成本50 000元,并将A产品的销售量压缩30%。

(三)要求:通过分析,帮助企业选择最优方案。

练习二

(一)目的:练习亏损产品应否停产的决策分析。

(二)资料:某企业产销A、B产品,因其中B产品连年发生亏损,故企业准备停止B产品的产销。企业上年度财务会计提供的资料如下:

项目	A产品	B产品	合计
产销量(件)	20 000	10 000	—
销售收入(元)	400 000	240 000	640 000
成本与费用(元)			
直接材料	76 000	60 000	136 000
直接人工	120 000	100 000	220 000
制造费用	60 000	50 000	110 000
销管费用	100 000	60 000	160 000
合　计	356 000	270 000	626 000
营业利润(元)	44 000	-30 000	14 000

说明:

(1)表中制造费用是以直接人工为基础平均分配,其中固定费用占60%。

(2)如停产B产品,可减少固定成本10 000元。

(3)表中销管费用是以销售收入为基础平均分配,其中除相当于销售收入5%的佣金外,均为固定费用。

(三)要求:解答下列问题。

(1)如B产品停产后腾出的生产能力无法利用,则B产品应否停产?停产后企业的年度营业利润为多少?

(2)如停产B产品,则A产品的年产销量应为多少才能实现年度利润50 000元?

练习三

(一)目的:练习产品加工程度的决策分析。

(二)资料:企业产销单一产品,销售单价为20元,其单位变动成本和固定成本总额保持稳定。有关资料如下：

	上年实际	本年预计
产销量(件)	90 000	95 000
成本总额(元)		
直接材料	495 000	522 500
直接人工	405 000	427 500
制造费用	335 000	342 500
销管费用	505 000	505 000
成本合计(元)	1 740 000	1 797 500

现企业欲将产成品进一步加工，可按 22 元的单价出售，并保持上年实际销售量，但需增加 20%的直接材料费用和固定成本 50 000 元。

(三)要求：确定企业本年度按预计产销量方案执行还是将产品进一步加工为好？

练习四

(一)目的：练习不合格品应否改制的决策分析。

(二)资料：某企业产销的一批产品，单位售价为 40 元，边际贡献率为 40%；现有过去在质量检查中剔除的不合格品 2 000 件，可作为等外品按单价 20 元处理；如经返工改制为符合条件的合格品，则仍可按正常价格出售，改制所需的直接材料费仅 16 200 元，但需将该产品的正常产销量压缩 1 500 件。

(三)要求：分别就企业的当前和将来利益考虑确定该批不合格品应否予以改制。

练习五

(一)目的：练习产品组合的决策分析。

(二)资料：企业生产 A、B、C 三种产品，年最大生产能力为 100 000 小时，有关资料如下：

项目	A 产品	B 产品	C 产品
单位售价(元)	50	40	30
单位变动成本(元)	30	25	20
单位产品所需工时(小时)	5	2.5	1
市场最大销售量(件)	20 000	20 000	20 000

(三)要求：确定企业的最优产品组合及企业可实现的最大收益额。

练习六

(一)目的：练习产品组合的决策分析。

(二)资料：企业产销的 x、y 产品均需耗用 A、B 两种主要材料，A 材料按正常价格 0.5 元的每月供应限量为 20 000 单位，B 材料按正常价格 0.4 元的每月供应限量为 12 000单位，其有关资料如下：

项　　目	X产品	Y产品
单位产品耗用A材料	10单位	5单位
单位产品耗用B材料	3单位	4单位
单位产品边际贡献	10元	7元

(三)要求:

(1)采用单纯形法确定x和y两种产品的最佳月产量和每月可能实现的最大边际贡献额。

(2)如果A材料可在正常的限量之外按每单位0.75元的价格得到不受限制的供应,则每月应购买多少最为合适?x和y两种产品的月产量应各调整多少?每月可增加多少营业利润?

(3)设某一部门因有特殊需要,愿以高价购买B材料,则为使企业不致因此遭受损失(维持目前利润),每转让一单位B材料至少应索价多少?每月最多可转让多少?x和y的产品月产量各应调整多少?

练习七

(一)目的:练习生产工艺选择的决策的分析。

(二)资料:某企业在生产一种零件时。可采用甲、乙、丙三种生产工艺对其进行生产加工。有关资料如下:

项　　目	甲工艺	乙工艺	丙工艺
单位变动成本(元)	8	4	2
每一批次准备费用(元)	300	600	1200

(三)要求:做出不同批次下最佳加工工艺选择决策分析。

练习八

(一)目的:练习零部件自制或外购的决策分析。

(二)资料:某企业全年需要甲零件40 000个,外购单价为20元;利用现有生产能力自制的单位成本资料如下:

直接材料	9元
直接人工	6元
变动制造费用	4元
固定制造费用	3元
合计	22元

(三)要求:根据下列两种情况,分别做出甲零件是自制还是外购的决策分析

(1)甲零件如不自制,其设备可用于生产A产品,A产品年产销量为5 000件,单价为60元,单位变动成本为40元。

(2)甲零件如不自制,其设备无法利用而处于闲置状态。

练习九

(一)目的:练习代理单位选择的决策分析。

(二)资料:某企业对其产销的一种家用电器实行为用户免费保修一年的办法,根据质量统计和经验分析,该产品在售出后的最初一年内,每一万台平均需要修理的次数及其概率如下:

估计修理次数	概率
400次	0.4
600次	0.3
800次	0.2
1000次	0.1
	1.0

该企业所产上项家用电器在某一地区的销售量相当稳定,每年约25 000台,现决定将其保修业务委托给专用电器维修商店代理,共有4家商店投标,经调查,该四家商店的信誉、技术能力和服务质量等均符合条件,其报价情况如下:

A商店:开价每年43 000元,承包全部修理费用,不限次数。

B商店:底价每年40 000元,以修理2 000次为限,超过部分每次加收8元。

C商店:底价每年32 000元,以修理1 500次为限,超过部分加收12元。

D商店:底价每年24 000元,以修理1 000次为限,超过部分每次加收14元。

(三)要求:分析确定该项保修业务应委托哪家商店保修最为合适。

练习十

(一)目的:练习不确定情况下生产决策分析。

(二)资料:某公司准备生产一种新产品,根据市场调查提出三种备选方案,在市场好坏情况不同的条件下,各方案可能取得的收益额见如下资料:

方案	销路好收益(万元)	销路一般收益(万元)	销路差收益(万元)
A	23	15	7
B	18	14	9
C	20	11	-1

(三)要求:分别采用小中取大法、大中取大法和大中取小法选出最佳方案。

练习十一

(一)目的:练习目标价格的制定。

(二)资料:某企业于去年建成并投产试销单一产品A,当年的有关资料如下:

全部投资	2 000 000元
产量	10 000单位
销售量	9 000单位
试销单价	55元
试产成本	
直接材料	120 000元
直接人工	80 000元
变动制造费用	75 000元
固定制造费用	225 000元
变动销售费用	27 000元
固定销管费用	250 000元
成本总额	777 000元

该企业的领导人认为,试产试销情况良好,产品的质量、销路均无问题,各项成本的水平亦已稳定,故决定转入正式产销,并要求每年实现税前利润相当于全部投资的20%,试产期仅利用了现有年生产能力的25%。

要求:分别按吸收法和贡献法制定A产品的目标价格。

练习十二

(一)目的:练习特别订货的决策分析。

(二)资料:某企业产销单一产品,年生产能力为100 000件,单位售价50元,单位变动成本、固定成本总额水平稳定,年初时预计,由于该产品的市场竞争激烈,销路不佳,本年将出现亏损,下年度经营也难好转,有关资料如下:

项　　目	上年实际	本年预计
产销量(件)	82 000	64 000
销售收入(元)	4 100 000	3 200 000
成本总额(元)	3 757 000	3 244 000
营业利润(元)	343 000	-44 000

年初有一外贸公司要求按40元的优惠价格订购该产品18 000单位用于出口,在年底前交货,并表示原意另签订一项下年度继续订购40 000单位的合同。

该企业财务部门经分析后认为,如接受此项订货,订货中每单位产品可节约变动销售费用1元,本年度按期交货无困难,但下年度则须将内销量压缩4 000单位。

(三)要求:确定企业本年度及下年度应否接受上项特别订货?

练习十三

(一)目的:练习经济订货量和订货点的计算。

(二)资料:某企业年度需耗用甲材料 100 000 单位,该项材料的耗用量基本保持均衡(年生产期平均为 360 天),但有时也会超过平均耗用量的 10%。甲材料年单位储存成本为 6 元,采购单价 16 元,每次订货成本为 750 元。按以往经验,材料采购自提出申请起,需 8 天方可交货入库。

(三)要求:

(1)计算企业甲材料的经济订货量和每年的订购次数。

(2)计算企业甲材料的安全存量和订货点。

练习十四

(一)目的:练习经济订货量的确定。

(二)资料:某企业生产中使用 A 材料,每年需要量为 2 000 公斤。目前采购单价为 20 元,每次订货成本为 50 元,单位存货年储存成本为 5 元。A 材料的供应商规定,每次订货数量达到 500 公斤,可获 3%的价格折扣;每次订货数量达到 1 000 公斤,可获 8%的价格折扣。

(三)要求:确定该企业 A 材料的最优采购批量。

CHAPTER 7　第七章
长期投资决策

【学习目标】

1.熟悉长期投资决策的意义、分类。

2.掌握计算现金流量、货币时间价值和风险价值。

3.掌握长期投资决策评价指标的含义、分类和计算,并能运用长期投资决策评价指标进行长期投资决策分析。

第一节　长期投资决策的意义

一、长期投资决策的含义

(一)投资的概念

企业的投资可以区分为对内投资和对外投资。对外投资是指企业向那些并非直接为本单位使用的财产项目投入资金,并以利息、股利或红利等形式获取收益,以便使资产增值的行为。如购买债券、股票或以其他资产对其他单位投资等均属于对外投资。对内投资则是指企业把资金投在企业内部,购置各种生产经营用资产的投资,包括企业购买固定资产、开发利用资源、研制新产品、更新改造厂房设备等内容。本章所指投资是指对内投资。

(二)长期投资的概念

长期投资,是指涉及投入大量资金,获取报酬或收益的持续时间超过一年以上,并能在较长时间内影响企业经营获利能力的一种投资。

如用于厂房设备的新建、扩建和更新,资源的开发、利用和新产品的研制等方面的投资。与长期投资有关的资金支出在会计上又称资本性支出。资本性支出的特点在于:它在支出发生当期一般不可能直接转化为本期费用、全部由本期销售收入补偿,而是在未来若干期连续分次转化为各期费用,分批补偿回收。在尚未完全收回投资之前,长期投资以资产项目的形式存在。与资本性支出相对立的是收益性支出,它是指支出的效益仅局限在当期,需要在支出发生当期全额补偿的各项支出,如销售费用、管理费用、财务费用等。

(三)长期投资的特点

长期投资一般具有投资数额大,持续时间长,回收慢,风险高等特点。

企业购建厂房,购置机器设备,新上流水线等长期投资活动,需要投入大量资金;这些长期资产一旦购置完毕,可供企业在未来若干年内生产经营或管理使用;投资的回收期需要根据投资额以及投资后产生的效益具体计算,一般需要多年才能逐渐收回投资;因为投资数额大,持续时间长和回收慢,企业一旦投资以后,需要承担较大的投资风险,如果经济环境或者其他客观条件发生巨大变化,企业可能会发生巨额损失。所以,在进行长期投资项目决策时,需要决策者周密考虑,慎之又慎。

(四)长期投资决策的概念

所谓决策就是在充分考虑各种可能的前提下,人们基于对客观规律的认识,对未来实践的方向、目标、原则和方法作出决定的过程。

长期投资决策是指在较长时期内(超过一年)才能实现其目标的决策。它的主要特点是对今后若干期的收支产生影响,一般需要投入大量资金,且回收较慢。长期投资决策又可以称为资本性支出决策。本章中所涉及的长期投资决策主要是指对固定资产购置、改建、扩建等方面的决策。

二、长期投资决策的分类

(一)按照投资决策影响的范围分类

按照长期投资决策影响的范围,可以将长期投资决策分为战略型投资决策和战术型投资决策。

战略性投资决策是指对企业全局及未来有重大影响的投资项目进行的决策分析。如新产品的投资决策、转产的投资决策、建立分公司的投资决策等。这种投资一般会改变企业的经营方向,直接关系到企业未来的命运,投资数量大,回收时间长,风险程度高。因此从方案的提出、分析、决策等各环节都要求严格按程序进行。一般由企业的最高阶层领导作决策。

战术性投资决策是指对不影响企业全局和前途的投资进行的决策。如更新设备的投资决策,改善工作环境,提高生产效率,增加产品花色品种等方案的投资决策。这种投资一般不改变企业的经营方向,只限于局部条件的改善,影响范围较小。故可以由企业中低层或有关职能部门筹划,由高层管理部门参与制定。

(二)按照投资决策方案之间的关系分类

按照决策方案之间的关系,长期投资决策可以分为单一方案决策、互斥方案决策和组合方案决策。

单一方案决策是长期投资决策的一种基本决策,是指某一投资项目只有一种方案可以选择,没有可以与其竞争的方案。此时,只需要对该方案的可行性进行分析。只要该方案本身可行,即可以接受。

当某一投资项目有两种或两种以上的方案可供选择,且只有一个方案可被选中,则各方案之间是一种竞争的互相排斥的关系,称为互斥方案。互斥方案决策需要在两种或两种以上的投资方案中选出惟一的一个最优方案。在对互斥方案进行具体评价时,首先要评价各互斥方案的可行性,其次在可行的互斥方案中选择最优方案。

组合方案决策是指在多个备选方案中选出一组最优的方案组合,它也属于多方案的决策。如企业在资金总量有限的条件下,同时选择哪几种投资方案可以使企业获得最大收益的投资决策。

(三)按照投资决策条件的确定程度分类

按照投资决策条件的确定程度,长期投资决策可以分为确定型投资决策、风险型投资决策和不确定型投资决策。

确定型投资决策是指决策所涉及的投资方案中的各项条件都是已知的,且每个方案只有一个确定结果的投资决策。这类投资决策比较简单,可以直接计算有关评价指标进行比较即可。

风险型投资决策是指决策所涉及的投资方案的各项条件都已确知,但表现出若干种变动趋势,使得每一种方案的执行都出现几种或者几种以上的结果,各种结果可以根据有关资料通过预测来确定其客观概率。由于这类决策结果的不唯一性,使得决策存在一定的风险。

不确定型投资决策是指决策所涉及的投资方案的各项条件,只能以决策者的经验判断确定的主观概率加以预测。这类决策难度较大,需要借助于运筹学等数学方法,更需要决策者具有较高的理论水平和丰富的实践经验。

三、长期投资决策需要考虑的主要因素

企业长期投资投入资金多,回收时间长,所冒风险大,对企业盈亏和财务状况产生深远影响。因此,必须对投资项目未来的经济效益作出全面、正确的评价。评价投资项目经济效益基本出发点是对其未来寿命周期内可收回资金与投入资金进行比较分析,而要正确比较收回资金与投入资金,就必须考虑与其紧密联系的四个要素:资金的时间价值、投资的风险价值、资金成本和现金流量。

(一)货币的时间价值

1.货币时间价值的概念

货币时间价值是指在无风险、无通货膨胀的前提下,作为资本使用的货币随着时间的推移所发生的增值。例如,将现在的 100 元钱存入银行,如果按年利率 8%计算,1 年后可得 108 元。1 年后多得到的 8 元钱是推迟使用这 100 元钱的报酬,其相对额为 8%。这种因放弃现在使用货币的机会而换取按放弃时间长短计算的报酬,就是货币的时间价值。

2.货币时间价值的表现形式

在利润平均化规律的影响下,在风险一定的情况下,等量货币资本在相同时间内应获得等量利润。因此,货币时间价值的一般表现形式从相对量来看,就是在不考虑风险和通货膨胀条件下社会平均的资本利润率,在特定条件下可视同存款利息率;从绝对量来看,就是使用货币的机会成本(或假计成本),即用这些货币进行长期投资活动所丧失的利息。

在进行长期投资决策分析时,因为货币具有时间价值,不同时期的同量货币价值是不同的,要想比较不同时期的现金流出和现金流入,必须把它们折合到同一个时点上去,才能确定投资方案的优劣。

3.货币时间价值的计算

(1)单利与复利。在计算货币时间价值时,有两种计算基础,即单利和复利。

单利是在计算利息时,只就本金计算利息,上一年的利息在下年度不计入本金,不计算利息,即不计算利息的利息。

[例 1]某存款户将 10 000 元存入银行,定期三年,年利息率为 4%(单利),则三年中每年的利息均为:

10 000 × 4% = 400(元)

三年的利息之和为 1200 元,三年后本利和为:

10 000 + 1 200 = 11 200(元)

复利是指在计算利息时，不但要计算本金的利息，而且上一年的利息要计入下一年的本金，也要计算利息，即要计算利息的利息。所以，也被称为“利滚利”。

[例 2]上例中的年利息率 4% 如为复利，则第 1－3 年的利息分别为：

第 1 年：$10\ 000 \times 4\% = 400$(元)

第 2 年：$(10\ 000 + 400) \times 4\% = 416$(元)

第 3 年：$(10\ 000 + 400 + 416) \times 4\% = 432.64$(元)

这样，三年的利息之和为：

$400 + 416 + 432.64 = 1\ 248.64$(元)

三年后本利和为：

$10\ 000 + 1\ 248.64 = 11\ 248.64$(元)

通过以上两例可以发现：在复利制下，不仅本金要计算利息，而且上一年的利息在下一年度也纳入本金，也将计算利息，所以，在投入资金数额相同、利息率相同的情况下，按复利制计算的利息要高于按单利制计算的利息。

在扩大再生产的条件下，企业运用资金所取得的收益往往要再投入经营周转中去，至少要存入银行，参加社会资金周转，不使之闲置，这一过程与复利制的原理相同。因此，按复利制计算和评价企业的货币时间价值，比使用单利制要相对准确一些。所以，在长期投资决策考虑货币时间价值因素时，必须按复利制计算有关指标。在本章提及利息率时，除非特别说明，指的都是复利，要按照复利制计算货币的时间价值。

(2)终值与现值。终值是指现在一定金额的款项按照一定的利息率折合为将来某一时点的价值，即“本利和”。如例 2 中，现在的 10 000 元，按照 4% 的复利率，三年后的终值为 11 248.64 元。

现值是指未来某一时点上一定金额的款项按照一定的利息率折合为现在的价值，即“本金”。如例 2 中，3 年后的 11 248.64 元按照 4% 的复利率，其现值为 10 000 元。

(3)一次性收付款的复利终值和复利现值。在进行长期投资决策时，常需要按照一定的复利率，把未来某一时点上一定金额的款项折合为现在的价值，或把现在一定金额的款项折合为未来某一时点的价值，即需要计算复利终值和复利现值。一次性收付款指的是现在一次性收到(或付出)一定数额的款项，在若干期后再付出(或回收)。

①复利终值。复利终值是按复利计算的某一特定金额在若干年后的本利和。复利终值的计算公式可表示为：

$F = P \cdot (1 + i)^n$　　　　公式(1)

公式中：F—复利终值；

P—本金(或现值)；

i—折现率；

n—期数。

公式推导过程从略。

[例3]假定某公司将资金100 000元存入银行,年利率为10%,10年后其复利终值为:

$F = P \cdot (1+i)^n$

$= 100\,000 \times (1+10\%)^{10}$

$= 100\,000 \times 2.539$

$= 259\,300$(元)

公式(1)中,$(1+i)^n$ 叫做复利终值系数,可记作(F/P,i,n),也可以通过查找“一元的复利终值系数表”取得。所以例3也可以计算如下:

$F = P \cdot (F/P, i, n)$

$= 100\,000 \times (F/P, 10\%, 10)$

$= 100\,000 \times 2.539$

$= 259\,300$(元)

②复利现值。复利现值是若干年后某一特定金额按复利折算的现在价值。根据复利终值计算公式,可推导出复利现值计算公式如下:

$P = F \cdot (1+i)^{-n}$ 公式(2)

公式中$(1+i)^{-n}$称为一元复利现值系数,记作(P/F,i,n),它可以通过查找“一元复利现值系数表”得到。

[例4]某公司计划于10年后筹款100 000元,用以扩建厂房,按照10%的利率,其现值应为:

$P = F \cdot (1+i)^{-n}$

$= 100\,000 \times (1+10\%)^{-10}$

$= 100\,000 \times (P/F, 10\%, 10)$

$= 100\,000 \times 0.386$

$= 38\,600$(元)

(4)年金终值和年金现值。

①年金的概念。所谓年金是指每隔相同的时期,收到(或付出)相同金额的款项,这种等额款项就称为年金。如在今后6年里,每年年末投入1 000元,这里的1 000元就是年金。

年金必须同时符合两个条件:一是间隔期必须相同;二是每期款项金额必须相等。不能同时满足这两个条件的款项不能称为年金。需要注意的是,年金的间隔期并不一定必须是一年,如在今后6个月内,每月月末投入1 000元,因为符合年金的两个条件,也可以称为年金。

②年金的分类。按照款项收到(或付出)的方式不同,年金可以分为以下四种类型:

a.后付年金。后付年金是指款项的收到(或付出)发生在每期期末的年金。如在今后10年里,每年年末投入100 000元,就属于后付年金。后付年金因在实际工作中应用最广泛,所以也称为普通年金。本书凡涉及年金问题时,如无特殊说明,均指普通年金。

b.先付年金。凡是每期款项收到(或付出)均发生在每期期初的年金,称为先付年金。如在今后10年内,每年年初投入100 000元,就属于先付年金。

c.递延年金。递延年金是指在一定时期内(如n期),递延若干期以后才开始发生的年金。如在今后10年内,递延5年以后,即从第6年开始,每年年末投入100 000元,就属于递延年金。

d.永续年金。永续年金是指没有到期期限,即当期限趋向于无穷大时的年金。如在今后若干年中,每年年末投资100 000元,没有到期期限,就属于永续年金。

③年金的计算。

a.普通年金终值和现值的计算

普通年金的终值就是指普通年金的本利和,其计算公式为:

$$F_A = A \cdot \frac{(1+i)^n - 1}{i} \qquad \text{公式(3)}$$

其中:F_A—年金终值

A—年金

i—折现率

n—期数

公式推导过程从略。

[例5]某公司在今后10年里,每年年末投入100 000元,利率为10%,则10年后本利和为:

$$\begin{aligned} F_A &= A \cdot \frac{(1+i)^n - 1}{i} \\ &= 100\,000 \times \frac{(1+10\%)^{10} - 1}{10\%} \\ &= 100\,000 \times 15.9374 \\ &= 1\,593\,740(\text{元}) \end{aligned}$$

在公式(3)中,$\frac{(1+i)^n - 1}{i}$叫做年金终值系数,可记作$(F_A/P, i, n)$,可以通过查找“一元年金终值系数表”求得。

例5也可以计算如下:

$$F_A = 100\,000 \times (F_A/P, 10\%, 10)$$

$= 100\,000 \times 15.9374$

$= 1\,593\,740$(元)

普通年金的现值就是指普通年金折合为现在的价值,即普通年金的本金。其计算公式为:

$$P_A = A \cdot \frac{1-(1+i)^{-n}}{i} \qquad \text{公式(4)}$$

其中:P_A—年金现值

A—年金

i—折现率

n—期数

公式推导过程从略。

公式(4)中的$\frac{1-(1+i)^{-n}}{i}$叫做年金现值系数,记作$(P_A/A, i, n)$,可以通过查找“一元年金现值系数表”求得。

[例 6]假定某公司在今后 10 年内,每年年末希望收回 100 000 元,按照 10%的利率,该公司现在应一次性投入的金额为:

$$P_A = A \cdot \frac{1-(1+i)^{-n}}{i}$$

$$= 100\,000 \times \frac{1-(1+10\%)^{-10}}{10\%}$$

$$= 100\,000 \times 6.14457$$

$$= 614\,457(\text{元})$$

b.先付年金终值和现值的计算

其他几种类型的年金,包括先付年金,都可以设法转化为后付年金,按后付年金的计算公式,推导计算其终值和现值。

先付年金终值的计算公式如下:

$$F_{A'} = A' \cdot \left[\frac{(1+i)^{n+1}-1}{i} - 1\right]$$

$$= A' \cdot [(F_A/A, i, n) - 1] \qquad \text{公式(5)}$$

或者:

$$F_{A'} = A' \cdot \frac{(1+i)^{n+1}-1}{i}(1+i)$$

$$= A' \cdot (F_A/A, i, n) \cdot (1+i) \qquad \text{公式(6)}$$

其中:

$F_{A'}$—先付年金终值

A'—先付年金

推导过程从略，下同。

[例 7]某公司计划在今后 10 年内于每年年初向银行存入款项 100,000 元，年利率为 10%，则十年后的本利和为：

$F_A' = 100\,000 \times [(F_A/A, 10\%, 11) - 1]$

$= 100\,000 \times (18.5312 - 1)$

$= 1\,753\,120$(元)

或者：

$F_A' = 100\,000 \times (F_A/A, 10\%, 10) \times (1 + 10\%)$

$= 100\,000 \times 15.9374 \times (1 + 10\%)$

$= 1\,753\,114$(元)

以上两种计算方法结果相差 6 元，系查年金终值系数表时，年金终值系数小数点后保留位数较少所造成的。当保留小数位数较多时，两种方法计算的结果应当一致，下同。

先付年金现值的计算公式为：

$$P_{A'} = A' \cdot \left[\frac{1 - (1+i)^{-(n-1)}}{i} + 1\right]$$

$$= A' \cdot [(P_A/A, i, n-1) + 1]$$ 公式(7)

或者：

$$P_{A'} = A' \cdot \frac{1 - (1+i)^{-n}}{i}(1+i)$$

$$= A' \cdot (P_A/A, i, n) \cdot (1+i)$$ 公式(8)

其中：

$P_{A'}$—先付年金现值。

A'—先付年金。

[例 8]某公司计划在今后 10 年内于每年年初取得 100 000 元，按照 10%的年利率，则现在应一次性投入的金额为：

$P_{A'} = 100\,000 \times [(P_A/A, 10\%, 9) + 1]$

$= 100\,000 \times (5.75902 + 1)$

$= 675\,902$(元)

或者：

$P_{A'} = 100\,000 \times (P_A/A, 10\%, 10) \times (1 + 10\%)$

$= 100\,000 \times 6.14457 \times (1 + 10\%)$

$= 675\,902.70$(元)

c.递延年金终值和现值的计算

递延年金终值的计算公式为:

$F_{A''} = A'' \cdot [F_A/A, i, (n-S)]$ 公式(9)

其中:

$F_{A''}$—递延年金的终值

A''—递延年金

i—折现率

n—总期数

S—递延期数

[例9]某公司计划在今后10年内,从第5年开始每年年末投入100 000元,年利率10%,则10年后的本利和为:

$F_{A''} = 100\,000 \times [F_A/A, 10\%, (10-4)]$

$P_{A'} = 100\,000 \times (F_A/A, 10\%, 6)$

$= 100\,000 \times 7.71561$

$= 771\,561$(元)

本例中,年金100 000元从第5年开始发生,即意味着递延4年后才开始发生的,所以公式中的S应为4,n-S应为6。

递延年金现值的计算公式如下:

$P_{A''} = A'' \cdot [(P_A/A, i, n) - (P_A/A, i, S)]$ 公式(10)

或者:

$P_{A''} = A'' \cdot [P_A/A, i, (n-S)] \cdot (P/F, i, S)$ 公式(11)

[例10]某公司计划在今后10年内,从第5年开始每年年末欲收取100 000元,年利率为10%,则现在应一次性投入的款项金额为:

$P_{A''} = 100\,000 \times [(P_A/A, 10\%, 10) - (P_A/A, 10\%, 4)]$

$= 100\,000 \times (6.14457 - 3.16987)$

$= 297\,470$(元)

或:

$P_{A''} = 100\,000 \times [P_A/A, 10\%, (10-4)] \cdot (P/F, 10\%, 4)$

$= 100\,000 \times 4.35526 \times 0.68301$

$= 297\,468.61$(元)

d.永续年金终值和现值的计算

永续年金因为无限期发生,没有到期期限,其终值(即本利和)将趋向于无穷大,所以,不计算永续年金的终值。

永续年金虽然没有到期期限,但可以计算其现值。其现值的计算方法是,当 n 趋向于无穷大时,对普通年金现值公式求极限。

永续年金现值的计算公式为:

$$P_A = \frac{A}{i} \qquad \text{公式(12)}$$

[例 11]某公司持有另一公司优先股 100 000 股,每股面值一元。公司章程规定优先股每年按其面值的 6%发放股利。假设当时的市场利率为年息 4%,则该批优先股的发行价格应为:

$$P_{A''} = \frac{100\,000 \times 6\%}{4\%}$$
$$= 150\,000(\text{元})$$

(二)投资的风险价值

风险是指一定条件下和一定时期内可能发生的各种结果的变动程度,它是事件本身的不确定性,具有客观性。企业从事生产经营活动时不可能完全回避风险,但也不是完全不能规避风险的。对于长期投资来说,一般要经过较长时期才能收回投资,而且存在着很多不确定的因素,所以,企业在长期投资的决策中,一般都需要了解被评价的备选项目(方案)的风险程度及风险价值。

所谓投资的风险价值,就是指由于冒风险进行投资而取得的额外报酬。通常把这种额外报酬称作风险报酬额;而把这种额外报酬占原投资总额的比率叫做风险报酬率。一般来说,风险报酬率越高,风险报酬额越大,投资的风险越大;相反,风险报酬率越低,风险报酬额越小,投资的风险越小。风险报酬额与风险报酬率是投资风险价值的两种表现形式,前者是绝对数,后者是相对数。

一般认为,投资者在无风险、无通货膨胀条件下进行投资所得到的报酬是货币时间价值。在市场经济条件下,企业的投资一般都具有风险,只不过风险有大小之别。将一笔钱购买国库券,其风险很小,所得收益可全部视作货币时间价值。而如果将该笔钱投资于股票,其获得的超过货币时间价值的额外收益就是投资风险价值。

投资者承担风险希望得到的投资报酬率与风险程度的关系可以这样表示:

预期投资报酬率 = 无风险报酬率 + 风险报酬率

(三)资金成本

1.资金成本的概念

资金成本,是企业取得长期投资所需资金的成本,通常以利率或预期投资报酬率表示。资金成本是资金使用权与所有权分离的结果。通常,企业所使用的资金按其来源可分为借入资金和自有资金。从企业经营的角度来说,企业取得和使用的资金,无论是借来的,还是投资者自有的,都要付出代价,这种代价就是资金成本。

企业取得和使用的资金如果是借来的,资金成本就是借款利息(或利率);如果是自有的,则预期投资报酬率就是资金成本。

2.资金成本的重要作用

资金成本在长期投资决策中是一个非常重要的因素。它是评价一个投资方案是否可行的标准,作为一项新投资项目是否能接受的最低报酬率。因此,资金成本也称"极限利率"或"取舍率"。

也就是说,在判断任何投资项目是否可行时,要以该项目的预期获利水平与资金成本进行比较。如果预期获利水平小于资金成本,则该项目所提供的收入抵不上资金成本开支,投资没有利润,项目将被放弃;如果预期获利水平大于资金成本,则投资该项目可以获得利润,项目是可取的。

3.资金成本的确定

资金成本的高低,主要取决于该项投资的资金来源。如果一个投资项目的资金来源全部系银行借款取得,则其资金成本为银行借款利息率,虽然利息有抵税作用,但是在日常决策中通常直接把借款利息率作为借入资金的资金成本;如果一个投资项目的资金来源全部系自有资金,则其资金成本为选择该投资机会而放弃其他次优投资机会的机会成本,即被放弃掉的其他投资机会的预期投资报酬率;如果一个投资项目所需要的资金同时有多种不同的来源,其资金成本应以各种来源的资金所占的比重为权数,以各自的个别资金成本为基础计算加权平均资金成本。

(四)现金流量

1.现金流量的概念

现金流量是指在一定时期内,现金流入企业和现金流出企业的数量,它包括现金流入量和现金流出量。

现金流量也是长期投资决策必须要考虑的一个重要因素。传统的财务会计所计算的收入、成本和利润,是按照权责发生制原则所制定的。确认为当期的收入,并不一定全部在当期收到现金;确认为当期的费用也不一定全部在当期付现,这样,收入和费用的确认期间与款项实际收付的期间可能并不一致。因为货币具有时间价值,不同时期的同量货币价值是不同的,所以,在进行长期投资决策时,不能以权责发生制下的会计收益作为评价基础,而必须以收付实现制下的现金流量作为评价投资方案是否可行的基础。

2.现金流量的内容

一个投资项目的现金流量,包括现金流入量(即收入数额)和现金流出量(即支出数额)。导致现金流入量增加的有资本、负债的增加及非现金资产的减少,导致现金流出量增加的有资本、负债的减少和非现金资产的增加。具体内容如下:

(1)初始现金流量。

①建设投资(含更新改造投资)。指建设期内按一定生产经营规模和建设内容进行的固定资产、无形资产和开办费等项投资的总和,含基本建设投资和更新改造投资。其中,固定资产投资可能与计算折旧的固定资产原值之间存在差异,原因是固定资产原值可能包括建设期内资本化了的借款利息。两者的关系是:

固定资产原值 = 固定资产投资十建设期资本化借款利息

②垫支流动资金。指项目投产前后分次或一次投放于流动资产项目的投资额。这种投资既可以发生在建设期内.又可能发生在经营期内,而不像建设投资大多集中在建设期发生。各年垫支的流动资金投资额的合计应等于在终结点一次回收的流动资金。对于更新改造项目而言,一般不涉及追加投入流动资金,其原始投资额仅包括建设投资。

③投资的机会成本。即由于某些原有固定资产(如土地)用于此项投资而不能出售或作他用,因而失去的收入。此类投资虽未付出现金,但减少了现金收入,故决策分析时视同现金付出。

④其他投资费用。指不属于以上 3 项的投资费用,如筹建小组费用等。

⑤原有固定资产的变价收入。在固定资产更新投资中常有此类收入。

为简化投资决策分析,上述现金流量中,在本章以后内容中只考虑前两项即建设投资和垫支的流动资金。

(2)营业现金流量。营业现金流量是指项目投产以后,在整个寿命周期内,由于正常生产经营而带来的现金流量。此类现金流量应按年计算。具体包括以下内容:

①营业收入。指项目投产后每年实现的全部销售收入或业务收入。在按总价法核算现金折扣和销售折让时,营业收入指不包括折扣与折让的净额。一般纳税人企业在确定营业收入时,应按不含增值税的净价计算。此外,作为经营期现金流入项目,应当按当期现销收入与回收以前年度应收账款的合计数确认。但为简化计算,可假定经营年度内每期发生的赊销额与回收的应收账款大体相等,故营业收入额就是经营期的主要现金流入额。

②经营成本。又可称为付现成本或付现经营成本。它是经营期主要的现金流出项目。某年经营成本等于当年的总成本费用(含期间费用)扣除该年折旧额、无形资产摊销额等非付现项目后的差额。因为折旧额、摊销额等并非各年的现金流出内容,这些项目大多与固定资产、无形资产和开办费等长期资产的价值转移有关,不需要动用现实的货币资金支出。

如果各年营业量(产量、服务量)不等,付现成本可以划分为付现固定成本和付现变动成本两部分,根据各年不同的营业量进行预测。

③各项税款。指项目投产后依法缴纳的单独列示的各项税款,包括营业税、消费税、所得税等。一般纳税人在价外核算的增值税包括在此项目中。

④其他现金流出。指不包括在以上内容中的现金流出项目(如营业外净支出等)。

(3)终结现金流量。终结现金流量是指项目经济寿命终结时发生的现金流量。主要包括固定资产变价收入或残值收入,原垫付的全部流动资金的回收。其形式表现为现金流入。

3.现金净流量的确定

现金净流量又称净现金流量,是指一个投资项目当年现金流入量超过当年现金流出量的部分。由于货币具有时间价值,所以不同年度的现金流入量与现金流出量不能直接比较,所以在计算现金净流量时,应分别确定各年的现金流入量和现金流出量,在比较时要保持时间上的一致性。也就是说,要分别确定各年的现金净流量。

在实务中,我们一般把各期的现金流入量和现金流出量均视为在当期期末发生,第一年的年初视为第零年的年末,第二年的年初视为第一年的年末,依此类推。这样做的结果,使确定的各期现金净流量均设定在各期期末,便于货币时间价值的计算。

确定各期现金净流量的方法主要有两种:一是定义法;二是简化公式法。

(1)定义法。确定现金净流量的定义法就是根据现金净流量的定义,用当年的现金流入量减去当年的现金流出量,就是当年的现金净流量。其计算公式为:

$NCF_n = CI_n - CO_n$ 公式(13)

其中:

NCF_n—第 n 年的现金净流量

CI_n—第 n 年的现金流入量

CO_n—第 n 年的现金流出量

采用定义法确定各年的现金净流量时,需要分别确定各年的现金流入项目及金额、现金流出项目及金额,然后将二者相减即可确定各年的现金净流量。

[例 12]某公司现有一套全自动生产线需要投资 1 000 万元,第一年年初投资 50%,第二年年初及第三年年初各投资 25%,建设期为三年,第三年年末建成。建成后可使用 10 年,预计净残值为 50 万元,按照直线法计算折旧。另外,在第三年年末需要垫支流动资金 200 万元,从第四年开始投入运营。第四年投产后,预计每年可为企业增加现金收入 400 万,每年付现的经营成本为 155 万。该企业的所得税税率为 33%。

要求:按照定义法确定该投资项目各年的现金净流量。

第零年年末的现金流入量为:$CI_0 = 0$

第零年年末的现金流出量为：$CI_0 = 500$ 万元

所以，第零年年末（即第一年年初）的现金净流量为：

$NCF_0 = 0 - 500$ 万 $= -500$ 万元

同理可以确定第一至第三年末的现金净流量：

$NCF_1 = 0 - 250$

$= -250$（万元）

$NCF_2 = 0 - 250$

$= -250$（万元）

$NCF_3 = 0 - 200$

$= -200$（万元）

第四年至十二年每年的现金流入量为：

$CI_{4-12} = 400$ 万元

第四年至十二年每年的所得税费用支出为：

$(400 - 155 - \frac{1\,000 - 50}{10}) \times 33\% = 150 \times 33\% = 49.5$ 万元

第四年至十二年每年的现金流出量为：

$CI_{4-12} = 155 + 49.5$

$= 204.5$（万元）

所以，第四至十二年每年的现金净流量为：

$NCF_{4-12} = 400 - 204.5$

$= 195.5$（万元）

第十三年与第四至十二年相比，现金流入量中多了残值回收50万元和垫支流动资金的回收200万元，而现金流出量不变，现金净流量应多出250万元。所以：

$NCF_{13} = 195.5 + 250$

$= 445.5$（万元）

或：

$NCF_{13} = (400 + 50 + 200) - (155 + 49.5)$

$= 650 - 204.5$

$= 445.5$（万元）

通过上例可以发现，采用定义法确定各年的现金净流量比较繁琐，所以，企业在进行长期投资决策时，也可以利用简化公式法确定各年的现金净流量。

(2)简化公式法。在利用定义法确定各期现金净流量的基础上，可以推导出确定各期现金净流量的简化公式，下面可以列出确定现金净流量的简化公式，推导过程从略。

①建设期现金净流量。

建设期现金净流量 $NCF_n = -$原始投资额　　公式(14)

当建设期不为零时,建设期现金净流量的数量特征取决于其投资方式是分次投入还是一次投入。

②经营期现金净流量。经营期现金净流量可按以下简化公式计算:

$NCF_n =$ 税后净利 + 折旧 + 无形资产及递延资产的摊销额 + 回收额　　公式(15)

经营期的现金净流量,一般为当年的税后净利与折旧之和;如果该年度涉及无形资产和递延资产的摊销,应加上这部分不付现的费用;在经营期的最后一年(或涉及固定资产出售或报废的其他年度),还应加上固定资产的残值回收;如果投资项目开始时有垫支的流动资金,还应加上垫支流动资金的回收。

[例 13]仍依例 12 的资料,按简化公式法确定的各年现金净流量如下:

$NCF_0 = -500$(万元)

$NCF_1 = -250$(万元)

$NCF_2 = -200$(万元)

$NCF_3 = -200$(万元)

$$NCF_{4-12} = (400 - 155 - \frac{1\,000 - 50}{10}) \times (1 - 33\%) + \frac{1\,000 - 50}{10}$$

$$= 100.5 + 95$$

$$= 195.5\text{(万元)}$$

$$NCF_{13} = 100.5 + 95 + 250$$

$$= 445.5\text{(万元)}$$

在不考虑所得税因素的情况下,经营期的现金净流量也可以用经营现金收入直接减去付现的营运成本求得,如有残值或垫支流动资金的回收也应加上。如例 12 中,该企业免交所得税时,经营期的现金净流量分别为:

$$NCF_{4-12} = 400 - 155$$

$$= 245\text{(万元)}$$

$$NCF_{13} = 400 - 155 + 250$$

$$= 495\text{(万元)}$$

第二节　长期投资决策评价指标

一、长期投资决策评价指标的含义

一个投资项目是否可行，要将技术上的先进性与经济上的合理性结合起来分析。从经济上看，要着重搞好投资项目经济效益的评价工作，这将有助于科学合理地进行投资决策，减少决策中的失误。而企业对投资项目的财务评价，主要是通过一系列财务评价指标来进行的。

长期投资决策评价指标是指在计算出项目的现金流量并确定了资金成本之后，需要计算的据以评价项目或方案的经济效益以确定项目或方案取舍的一系列指标。

二、长期投资决策评价指标体系的内容及分类

我们知道，一个投资项目是否可行，要把技术上的先进性与经济上的合理性结合起来分析。本章内容主要从经济角度分析投资项目的合理性和可行性。从经济角度看，要着重计算分析有关的评价指标，以提高投资决策的科学性，减少决策中的失误。

投资项目的主要财务评价指标，按其是否考虑了货币时间价值因素，可分为静态指标和动态指标两大类。与此相应，投资项目的主要财务评价方法，也被分为静态评价方法和动态评价方法两大类。其中，静态评价方法在决策过程中不考虑货币时间价值因素，将不同时期的金额同等看待，主要有静态投资回收期法和投资报酬率。动态评价方法在决策过程中考虑了货币时间价值因素，将不同时期的金额通过折现等方法转化成同一时点上的数值，然后再进行对比分析，主要包括动态投资回收期法、净现值法、净现值率法、现值指数法以及内含报酬率法等。

三、静态评价指标的计算

静态评价法也称为非折现的分析方法，是不考虑货币时间价值，而直接按投资项目产生的现金流量，分析和评价投资项目经济效益的方法。它主要包括静态投资回收法和投资报酬率法两种。

（一）静态投资回收期

投资回收期是指收回投资所需要的时间，即以投资项目历年所获得的现金流量收回项目投资额所需要的时间，也可以简称为回收期。

静态投资回收期法是指在不考虑货币时间价值的情况下,利用投资回收期的长短来评价投资方案优劣的一种决策分析方法。一般来说,项目回收期越短,表明该投资方案所冒风险的程度越小,项目的投资效果越好;项目回收期越长,表明该投资方案所冒风险的程度越大,项目的投资效果越差。运用这一决策方法进行投资决策时,如果是单一方案(即方案本身的可行性),只需将该投资方案的投资回收期与决策者主观期望的回收期进行比较。若方案回收期小于期望回收期,则可接受该方案;反之,如果方案回收期大于期望回收期,则方案不可接受。如果是多个方案的决策,只需比较各个方案的投资回收期,回收期最短的方案为最优方案。

由于投资方案的每年现金净流量可能相等,也可能不等,因而投资回收期的计算也要分为两种情形进行。

1.在每年现金净流量相等情况下

在计算投资回收期时,如果投资项目营业期每年的现金净流量相等,回收期的计算公式如下:

$$PP = \frac{I}{NCF} \qquad \text{公式(16)}$$

其中:

PP—投资回收期;

I—原始投资额;

NCF—每年相等的现金净流量。

按照以上公式计算出的是不包括建设期的投资回收期。如果投资项目存在建设期,则包括建设期的投资回收期等于不包括建设期的投资回收期加上项目建设期。

2.在每年净现金流量不相等的情况下

在投资项目各年的现金净流量不相等时,不能直接利用公式计算回收期。这时,需要运用各年年末的累计现金净流量的办法计算投资回收期,即逐年计算,直到累计的现金净流量达到原始投资额的那一年为止。

按照这种方法计算,如果存在建设期时,计算出来的投资回收期为包括建设期的投资回收期,再减去项目建设期,即可以计算出不包括建设期的回收期。

下面举例说明静态投资回收期的计算方法。

[例 14]某公司 2014 年初准备投资 250 000 元用于一建设项目,现有甲、乙、丙三种备选方案可供选择,各方案的现金净流量资料如表 7-1 所示。

表 7－1　各方案的现金净流量　　单位:元

年份＼现金净流量＼方案	甲方案	乙方案	丙方案
2013	－250 000	－250 000	－250 000
2014	60 000	100 000	60 000
2015	90 000	100 000	80 000
2016	100 000	100 000	100 000
2017	120 000	100 000	100 000
2018	150 000	100 000	200 000

要求:根据以上资料,分别计算确定甲、乙、丙三种方案的投资回收期,并比较各方案的优劣。

乙方案经营期各年的现金净流量相等,可以利用公式(16)计算投资回收期,其回收期为:

$$PP = \frac{250\ 000}{100\ 000}$$

$$= 2.5(年)$$

甲、丙方案因为各年的现金净流量不相等,可以分别整理得出各年末累计的现金净流量如表 7－2 所示。

表 7－2　各年累计的现金净流量　　单位:元

年份	甲方案		丙方案	
	NCFn	∑NCF	NCFn	∑NCF
2013	－250 000	－250 000	－250 000	－250 000
2014	60 000	－190 000	60 000	－190 000
2015	90 000	－100 000	80 000	－110 000
2016	100 000	0	100 000	－10 000
2017	120 000	120 000	100 000	90 000
2018	150 000	270 000	200 000	290 000

通过表 7－2 可以看出,甲方案在 2016 年年末累计现金净流量正好为零,说明甲方案在 2016 年末可以收回全部投资。这样,从 2013 年末(即 2014 年初),甲方案收回投资需要 3 年的时间,则甲方案的投资回收期为 3 年。

丙方案在经营期的第 3 年末累计现金净流量为－10 000,而在第 4 年末累计现金净流量为 90 000,这说明丙方案在 3 年内不能完全收回投资,而又用不到 4 年时间,即丙方案的投资回收期为 3 年多。丙方案具体的投资回收期可计算如下:

$$PP = 3 + \frac{10\ 000}{100\ 000}$$
$$= 3.1(年)$$

其计算原理是，丙方案在第3年末尚有10 000元投资不能收回，所以其投资回收期要大于3年；但第4年全年可以收回100 000元，这尚未收回的10 000元在第4年中只需要用0.1年就能收回，所以丙方案的投资回收期为3.1年。

通过上述计算可以发现，甲方案的回收期为3年，乙方案回收期为2.5年，丙方案的回收期为3.1年。如果按静态投资回收期法进行决策分析，因为乙方案回收期最短，所以乙方案最优；甲方案次之；丙方案最差。

静态投资回收期法使用了不考虑货币时间价值的回收期作为衡量方案投资效果的标准，易于理解，容易计算，可以促使企业加速资金的周转，缩短周转期，尽快收回投资。但该决策方法也有严重的不足之处。

一是它只考虑了回收期内的现金流量，没有考虑回收期满后的现金流量情况，因而不便于对各个方法的优劣作出全面评价。

二是静态投资回收期法即使对于回收期内的现金流量，也没有考虑其发生时间的先后，即货币时间价值，因而不便于准确评价各个方案的优劣。

企业投资的目的在于追求利润，而不是仅仅想收回投资。甲方案的回收期可能比乙方案长一些，但收回投资以后的收益情况可能也比乙方案强，如果以回收期为标准来选择乙方案，必然会放弃较多的收益。因此，在实际工作中，常将这种决策方法与其他分析方法结合使用。

(二)投资报酬率法

投资报酬率是指每一元的投资能够获得的报酬。投资报酬率法是指根据投资报酬率的高低判断投资项目优劣的一种分析方法。显然，投资报酬率越高，项目的投资价值就越大。

投资报酬率一般分为原始投资报酬率和年均投资报酬率两种形式。其中，年平均报酬率法是用年平均报酬率的大小来评价投资方案优劣的一种决策方法。年平均报酬率是一个投资方案的年平均利润与平均投资额的比值，它反映利润与投资额之间的关系。其计算公式分别为：

$$原始投资报酬率 = \frac{年平均利润}{原始投资额} \qquad 公式(17)$$

$$年均投资报酬率 = \frac{年平均利润}{平均投资额} \qquad 公式(18)$$

以上两个公式的分子上都是年均利润，而不是现金净流量，不包括折旧在内。年平均利润可以用各年利润之和除以营业期的年数计算求得。分母中的平均投资额可以用固定资产原值与残值之和除以2计算求得;如有垫支的流动资金,还应加上流动资金的垫支数。

投资报酬率法和静态回收期法一样,同样存在着没有考虑货币时间价值的缺点,不能全面准确地评价各个方案的优劣。因此,静态分析法一般只用于方案的初选,或大体匡算一下方案的效果,在进行长期投资决策分析时,应和其他一些动态评价方法结合使用。

四、动态评价指标的计算

长期投资决策的动态分析法,是指在考虑货币时间价值的基础上,对投资方案现金流量进行折现计算并比较分析的方法。它主要包括动态投资回收期法、净现值率法、现值指数法和内含报酬率法等。

(一)动态投资回收期

动态投资回收期是指考虑了货币时间价值因素,将各年的现金净流量折合成现值以后计算的投资回收期。它与静态投资回收期法原理基本相同,在有多个投资方案可供选择时,一般情况下动态投资回收期较短的方案较优;但是二者的惟一区别在于计算投资回收期时考虑了时间价值因素,将不同时期的现金流量换算为同一时点(折现)后再计算投资回收期。

动态投资回收期的计算可分两种情况:如果营业期各年的现金净流量相等时,可以采用年金法计算;如果各年的现金净流量不相等时,可以采用逐年抵扣法计算。

1.年金法

原始投资额在建设起点一次投入,没有建设期,营业期各年现金净流量均相等时,可以利用年金法计算动态回收期。其计算方法如下:

第一步,计算年金现值系数。

$$(P_A/A, i, PP) = \frac{I}{NCF} \qquad \text{公式(19)}$$

其中:

PP—动态投资回收期;

I—原始投资额;

NCF—每年相等的现金净流量。

第二步,查“一元年金现值系数表”,确定动态投资回收期。

根据第一步计算出的年金现值系数,查“一元年金现值系数表”,在给定利率i所在行从前往后查找,如果表中恰好有所计算出来的年金现值系数,则该系数所在列对应的期限n就是动态投资回收期;如果表中给定利率i所在行中没有正好与该系数相同的值,则取最接近该系数的两个系数值利用插值法计算动态投资回收期。

2.逐年抵扣法

在采用逐年抵扣法计算动态投资回收期时,需要将各年的现金净流量折合为现值;然后再计算累计的现金净流量现值;最后确定动态投资回收期,其计算确定原理类似于各年现金净流量不相等时静态回收期的确定。

[例15]依例14所给的资料,假设利息率为10%。要求:计算确定甲、乙、丙三个方案的动态投资回收期。

在图7－1中,只有乙方案各年的现金净流量相等,可以采用年金法计算动态回收期。

乙方案的动态投资回收期计算方法如下:

$$(P_A/A, 10\%, PP) = \frac{250\ 000}{100\ 000} = 2.5$$

查“一元年金现值系数表”,在 i = 10%所在行上没有恰好等于2.5的系数,但是 n 等于3时,年金现值系数为2.48685;当 n 等于4时,年金现值系数为3.16987。采用插值法计算动态投资回收期,见图7－1。

$$\begin{array}{ll} \left.\begin{array}{l} \left.\begin{array}{l}3\\3+x\end{array}\right\}x \\ 4\end{array}\right\}1 & \left.\begin{array}{l}\left.\begin{array}{l}2.486\ 85\\2.5\end{array}\right\}0.013\ 15\\3.169\ 87\end{array}\right\}0.683\ 02\end{array}$$

图7－1 插值法计算动态回收期

根据图7－1,可知:

$$\frac{x}{1} = \frac{0.01315}{0.68302}$$

$\because x \approx 0.02$

$\therefore 3 + x = 3.02$(年)

所以,乙方案的动态投资回收期为3.02年。

甲、丙方案各年的现金净流量不相等,不能利用年金法,只能采用逐年抵扣法计算确定其动态投资回收期。

甲方案动态投资回收期的计算需要先把各年的现金净流量折合成现值,并计算累计现金净流量的现值,见表7－3。

表 7－3　甲方案的折现现金净流量　　单位:元

期间	现金净流量（元）	复利现值系数（i＝10%）	折现的现金净流量（元）	累计的折现现金净流量（元）
0	－250 000	1	－250 000	－250 000
1	60 000	0.909	54 540	－195 460
2	90 000	0.826	74 340	－121 120
3	100 000	0.751	75 100	－46 020
4	120 000	0.683	81 960	35 940
5	150 000	0.621	93 150	129 090

通过表 7－3 可以发现,甲方案在第 3 年末尚有 46 020 元的现金净流量现值没有收回,而第 4 年全年可收回的现金净流量现值为 81 960 元,所以甲方案的动态投资回收期为:

$$PP_{甲} = 3 + \frac{46\ 020}{81\ 960}$$
$$\approx 3 + 0.56$$
$$= 3.56(年)$$

同理,可以编制丙方案的折现现金净流量计算表,见表 7－4。

表 7－4　丙方案的折现现金净流量　　单位:元

期间	现金净流量（元）	复利现值系数（i＝10%）	折现的现金净流量（元）	累计的折现现金净流量（元）
0	－250 000	1	－250 000	－250 000
1	60 000	0.909	54 540	－195 460
2	80 000	0.826	66 080	－129 380
3	100 000	0.751	75 100	－54 280
4	100 000	0.683	68 300	14 020
5	200 000	0.621	124 200	138 220

通过表 7－4,可以计算出丙方案的动态投资回收期如下:

$$PP_{丙} = 3 + \frac{54\ 280}{68\ 300}$$
$$\approx 3 + 0.79$$
$$= 3.79(年)$$

甲、乙、丙三个方案的动态投资回收期分别为 3.56 年、3.02 年和 3.79 年。其中,乙方案的动态投资回收期最短,从动态投资回收期的角度考虑,乙方案最优。

动态投资回收期虽然考虑了货币时间价值,但是同样存在没有考虑回收期以后各年现金净流量情况的缺陷,利用这一方法进行决策分析时,也不能全面而又准确地评价各个方案的优劣。如本例中计算出来的甲方案的动态投资回收期 3.56 年短于丙方案的动态投资回收期 3.79 年，好像甲方案比丙方案优。但是，从图表 7－7 和 7－8 可以发现，丙方案 5 年累计的折现现金净流量 138 222 元，大于甲方案 5 年的累计的折现现金净流量 129 090 元，丙方案要优于甲方案。所以，在进行长期投资决策分析时，还需要利用其他一些动态评价方法。

(二)净现值法

净现值指投资方案的现金流入的现值与现金流出的现值之间的差额，也可以表述为未来报酬的总现值与原投资额的现值之间的差额，记作 NPV。

它表明投资方案在整个寿命周期内考虑到货币时间价值后，以现值表现的净收益。因此，净现值法就是根据长期投资方案的净现值是正数还是负数以及数值大小，来评定方案是否可行或者优劣的决策分析方法。其评价原理就是：若净现值 $\geqslant 0$，则说明投资方案可行；若净现值 < 0，则说明投资方案不可行。

如果一个投资项目各年的现金流入量和现金流出量能够分别确定，把各年的现金流入和现金流出分别折合成现值，然后，用现金流入的现值合计数减去现金流出的现值合计数，其差额就是该投资项目的净现值。用公式表示为：

净现值(NPV)＝现金流入的现值合计－现金流出的现值合计　　公式(20)

在计算现金流入或现金流出的现值时，如果符合年金的条件，就按年金的方法计算其现值；否则，只能分年按普通复利折合成现值。

有时，一个投资项目各年的现金流入量和现金流出量不能分别确定，但是可以直接确定各年现金净流量。这时净现值可以表述为未来报酬的总现值超过原投资额的现值的部分，用公式表示为：

净现值(NPV)＝未来报酬的总现值－原投资额的现值　　公式(21)

在以上公式中，未来报酬的总现值指的是营业期各年现金净流量的现值之和，在营业期各年现金净流量相等时，按年金的方法计算；在各年现金净流量不相等时，按普通复利的方法计算。原投资额如果在项目开始时一次投入，它本身就是现值，可以不再折合；如果投资额是分期投入的，则要区分具体情况按普通复利或年金的方法计算其现值。

以净现值法进行决策分析时，一般按以下步骤进行：

1.预测投资方案中每年的现金净流量。

2.根据预期报酬率将以上现金净流量折算成现值。如果每年现金净流量相等，可按年金现值系数折算成现值；如果每年现金净流量不等，则按普通复利分别折算成现值并加以合计。

3.将方案的投资额也折算成现值。如果是一次性投入，则原始投资额即为现值；如果是分次投入的，则应视其是否等额而按年金复利或普通复利折算成现值。

4.将第2项计算结果减去第3项计算结果，即可得出投资方案的净现值。

5.根据净现值的正负及大小来判断方案的可行性及优劣。

如果净现值>0，说明该方案可行；

如果净现值<0，说明该方案不可行；

如果是多方案决策，则净现值最大正值的方案为最优方案。

[例16]某公司现拟用2 500 000元购置一套新型设备，投产后每年可为企业增加税后净利200 000元。预期可使用10年，期满无残值，按直线法计提折旧。该项投资的资金成本为10%。

要求：采用净现值法判断该项投资方案是否可行。

首先，确定该项投资各年的现金净流量：

$NCF_0 = -2\ 500\ 000$

NCF_{1-10} = 税后净利 + 折旧

$$= 200\ 000 + \frac{2\ 500\ 000}{10}$$

$$= 200\ 000 + 250\ 000$$

$$= 450\ 000$$

其次，计算该投资方案的净现值：

$$NPV = 450\ 000 \times (P_A/A, 10\%, 10) - 2\ 500\ 000$$

$$= 450\ 000 \times 6.14457 - 2\ 500\ 000$$

$$= 2\ 765\ 056.50 - 2\ 500\ 000$$

$$= 265\ 056.50$$

最后，判断方案的可行性：

$\because NPV = 265\ 056.50 > 0$

$\therefore$ 该项投资方案可行。

净现值法的优点在于它把有关方案的未来报酬和投资额，按照货币的时间价值折算到同一个时点上进行比较，对投资效果的评价比较准确和全面，也比较容易理解和接受。

但是，净现值法也存在着以下三个方面的缺点：

第一，如果几个备选方案的投资额不相等，并且净现值都大于零，这时仅用净现值这个绝对数指标作为评价标准，不便于评价方案的优劣。如，现有甲、乙两个备选方案，甲方案投资额为100万元，净现值为20万元；乙方案投资额为1 000万元，净现值为30万元。如果单纯用净现值这个指标评价，好像乙方案要优于甲方案；事实上，甲方案的投资效率要优于乙方案。所以，在几个备选方案投资额不同时，不宜采用净现值法判断方案的优劣，而要计算净现值率或现值指数等相对数指标。

第二,如果有几个备选方案的投资额相同,并且净现值都大于零,但是各个方案的有效期不同,这时仅按净现值的大小判断方案优劣也不够准确。如甲、乙两个备选方案,原投资额均为100万元,净现值分别为20万元和25万元,但是甲方案的有效期为3年,乙方案的有效期为6年。拿乙方案6年的净现值与甲方案3年的净现值去比较,也不便于评价方案的优劣,这时需要计算年回收额。

第三,净现值法只能说明某一个投资项目是否可行,但是不能给出投资方案实际可能达到的报酬率是多少。要想了解投资方案实际可能达到的报酬率,就要计算内含报酬率这一指标。

可见,净现值法适用于仅有一个方案可供选择,或虽然有多个备选方案,但其投资额、有效期均相等情况下的决策分析。至于净现值率、现值指数、内含报酬率等指标,下面作具体分析。

(三)净现值率法

净现值率是指投资项目的净现值占原始投资现值的比率,简记为NPVR。净现值率计算公式如下:

$$净现值率=\frac{净现值}{原始投资现值} \qquad 公式(22)$$

净现值率法可以进行投资水平不同的多个方案之间的比较,净现值率高者为优。它是根据净现值率的大小评价方案优劣的一种动态分析方法。在只有一个方案可供选择的情况下,NPVR > 0,方案可行;NPVR < 0,方案不可行。在有多个备选方案且其有效期相同的情况下,NPVR大于0且最高的方案较优。

[例17]仍依例16的资料。

要求:用净现值率法判断方案是否可行。

$$\because NPV=\frac{265\ 056.50}{2\ 500\ 000}$$

$$\approx 0.106>0$$

∴该项投资方案可行。

净现值率法从动态的角度反映了投资项目中资金的投入与净产出之间的关系。但其缺点与净现值法相似,无法直接反映投资项目的实际收益率。

(四)现值指数法

现值指数法是根据各个投资方案的现值指数的大小来确定该方案是否可行的一种决策分析方法。所谓现值指数,是指投资方案未来报酬的总现值与投资额现值的比率,它说明每元投资额未来可以获得报酬的现值是多少,用PI表示。其计算公式为:

$$现值指数(PI) = \frac{现金流入的现值合计}{现金流出的现值合计} \qquad 公式(23)$$

或:

$$现值指数(PI) = \frac{未来报酬的总现值}{原始投资的现值} \qquad 公式(24)$$

现值指数法是根据现值指数的大小评价投资方案优劣的一种动态评价方法。在进行单一方案的决策时(即判断方案本身的可行性),如果方案的现值指数大于1,即 PI > 1,则方案可以接受;如果现值指数小于1,即 PI < 1,则方案不可接受。如果是多方案决策,则现值指数大于1且最大的方案为最优方案。

[例18]仍依例16的资料。

要求:用现值指数法判断方案是否可行。

未来报酬的现值 = 450 000 × $(P_A/A,10\%,10)$ = 2 765 056.50

原始投资的现值 = 2 500 000

$$现值指数(PI) = \frac{2\ 765\ 056.50}{2\ 500\ 000}$$

$$\approx 1.106$$

$\because 1.106 > 1$

$\therefore$ 该项投资方案可行。

净现值率法和现值指数法都是在净现值法的基础上产生的,它们与净现值法的原理有相通之处,但是使用的范围要比净现值法更广。同时,现值指数作为相对数指标,克服了净现值法在各投资方案投资额不同时没有可比性的缺陷;但它和净现值法一样,仍然无法揭示方案本身的实际报酬率是多少。

净现值率和现值指数都是相对数指标,二者关系是:

PI = NPVR + 1

(五)内含报酬率

内含报酬率是指使某投资方案未来现金流入总额的现值恰好等于其现金流出总额的现值.即 NPV = 0 时的折现率,又称内部收益率,记作 IRR。它反映了投资项目的真实报酬。目前越来越多的企业使用该项指标对投资项目进行评价。

内含报酬率的确定方法有两种:一是年金法;二是逐步测试法。

1.年金法

如果一个投资方案投资额在项目开始时一次投足,没有建设期,营业期内各年的现金净流量均相等,这时可以用年金法计算确定内含报酬率。

在采用年金法计算内含报酬率时,可以通过以下程序进行:

首先,计算年金现值系数。

$$(P_A/A, IRR, n)=\frac{I}{NCF}$$ 公式(25)

其中：IRR—内含报酬率；

n—期数；

I—投资总额；

NCF—每年相等的现金净流量。

其次，查“一元年金现值系数表”，确定内含报酬率。

根据前面计算出的年金现值系数，查“一元年金现值系数表”，在已知期数n所在的列从上往下查找。如果n列中正好有前面计算出的系数，则该系数所在行对应的利率就是内含报酬率；如果n列中没有与该系数正好相等的系数，则找出与该系数最接近的两个系数，并分别确定它们对应的利率，然后采用插值法计算内含报酬率。

2.逐步测试法

如果一个投资项目各年的现金净流量不相等，或投资是在建设期分次投入，不能采用年金法。这时必须采用逐步测试法，计算确定内含报酬率。

逐步测试法计算确定内含报酬率的程序如下：

(1)先估计一个折现率，并按此折现率计算净现值(NPV)。如果 $NPV>0$，说明估计的折现率过低，应提高折现率再计算NPV；如果 $NPV<0$，说明估计的折现率过高，应降低折现率再计算NPV；如果 $NPV=0$，说明估计的折现率就是内含报酬率。

(2)经过逐步测试，如果有一个折现率正好能使净现值等于零，则这个折现率就是所要计算的内含报酬率。大多数情况下，按多个估计的折现率计算的净现值均不为零，这时可以找出净现值最接近于零的最小正值和最大负值，按照它们对应的折现率，采用插值法计算确定内含报酬率。

内含报酬率法就是根据各个投资方案的内含报酬率，视其是否高于该企业的资金成本，来确定该方案是否可行的决策分析方法。其评价原理是：如果求得的内含报酬率大于或等于企业要求的最低投资报酬率或资金成本，则该投资方案可行；如果求得的内含报酬率小于企业要求的最低投资报酬率或资本成本，则该投资方案就不可行。在多个可行方案决策过程中，以内含报酬率最大的方案为最优投资方案。

[例19]仍依例16的资料。

要求：采用内含报酬率法判断该投资方案是否可行。

从例16可知，各年的现金净流量分别为：

$NCF_0=-2\ 500\ 000$

$NCF_{1-10}=450\ 000$

经营期各年NCF相等，可以采用年金法计算内含报酬率：

$$(P_A/A, IRR, 10)=\frac{2\ 500\ 000}{450\ 000}\approx 5.55556$$

查“一元年金现值系数表”可知：

$(P_A/A,12\%,10)=5.65022$

$(P_A/A,14\%,10)=5.21612$

采用插值法计算内含报酬率，见图 7－2。

$$\left.\begin{array}{l}\left.\begin{array}{l}12\%\\12\%+x\end{array}\right\}x\\14\%\end{array}\right\}2\%\qquad \left.\begin{array}{l}\left.\begin{array}{l}5.650\,22\\5.555\,56\end{array}\right\}-0.094\,66\\5.216\,12\end{array}\right\}-0.434\,1$$

图 7－2　插值法计算内含报酬率

由图 7－2 可知：

$$\frac{x}{2\%}=\frac{-0.094\,66}{-0.434\,1}$$

$$\because x=\frac{0.094\,66}{0.434\,1}\times 2\%\approx 0.44\%$$

$$\begin{aligned}\therefore IRR &= 12\%+x\\ &= 12\%+0.44\%\\ &= 12.44\%\end{aligned}$$

因为内含报酬率 12.44% > 资金成本 10%，所以，该方案是可行的。

与其他几种动态分析方法相比，内含报酬率法不仅可以判断投资方案是否可行，还可以说明投资项目实际可能达到的报酬率，这是内含报酬率法独具的优点。内含报酬率法缺点在于其计算比较复杂，特别是各年现金净流量不相等时，需要通过逐步测试计算确定内含报酬率，工作量很大，有时需要经过很多次测试才能最终确定内含报酬率；另外，如果在营业期开始以后还要不定期追加投资额，可能会计算出不止一个内含报酬率，到底用哪一个内含报酬率去和资金成本相比较，也是很难具体确定的问题。

内含报酬率法也是在净现值法的基础上产生的。内含报酬率与净现值、净现值率、现值指数之间的联系表现在：

当 NPV > 0 时，NPVR > 0，PI > 1，IRR > 企业要求的最低投资报酬率或资金成本；

当 NPV = 0 时，NPVR = 0，PI = 1，IRR = 企业要求的最低投资报酬率或资金成本；

当 NPV < 0 时，NPV < 0，PI < 1，IRR < 企业要求的最低投资报酬率或资金成本。

在以上几种动态分析方法中，实际工作中应用最广泛的是净现值法和内含报酬率法，有时需要将以上几种方法结合起来应用。

第三节　评价指标在长期投资决策中的运用

一、评价指标的运用范围及运用原则

实际经营活动中，投资项目多种多样，投资决策方案也具有多个，如何使投资方案与决策方法进行科学组合，从中选择最优的决策方案，就必须要进行投资方案的对比和选优。进行投资方案的对比和选优是评价投资决策是否可行的关键。要对投资决策方案进行科学的评价，必须要对投资决策方案进行分类。针对不同的长期投资决策方案，采用不同的决策评价分析方法，这样，才能保证投资决策的正确性。

在现实经营活动中，由于经营目的不同、资金总量的限制等因素，企业进行的长期投资项目决策也是各不相同的，一般来讲，常见的长期投资项目决策方案有独立项目投资方案、互斥性投资方案和多个项目的投资组合决策。

独立项目投资方案是指投资的项目互相不排斥，各自具有一个独立的投资标的的投资决策方案。这类投资决策方案，其每个投资项目方案不可进行互相替代。如机器设备的购置与厂房的建造两种投资项目，它们各自独立，又互为依赖关系，这两个投资项目谁也不能取代谁。

互斥性投资方案是指在投资项目的标的之间可互相替代，有取有舍、不能同时并存，或者在资金条件许可的情况时，能同时并存但有轻有重的投资项目决策方案。对这类投资方案的决策，就称为互斥性决策。例如，企业新建时具有同样功能的两种机器设备的购置选择；企业改造时，新、旧两种设备的选择等，类似这样的决策都具有互斥性。在资金有限的情况下，只能选择其一。

多个项目的投资组合决策是指企业为分散经营风险，获取利益上的互补性或获取整体利益最大化，科学合理运用资金而采取的多种项目同时组合投资的决策方案。投资组合决策是现实经营活动中经常采用的一种投资决策方案。

(一)单一的独立投资项目的财务可行性评价

在只有一个投资方案可以选择时，需要利用有关方法评价该独立方案的可行性。主要有以下方法：

(1)净现值法。当净现值大于或等于0时，方案可行。

(2)现值指数法。当现值指数大于或等于1时，方案可行。

(3)内含报酬率法。当内含报酬率大于企业要求的最低投资报酬率或资金成本时，方案可行。

(4)静态投资回收期法。当静态投资回收期小于或等于期望回收期时,方案可行。

(5)年平均投资报酬率法。当年平均投资报酬率大于或等于期望报酬率时,方案可行。

上述方法中,前三种方法是主要方法,当后两种方法的评价结论与之发生矛盾时,应以前三种方法的结论为主;而前三种方法在评价独立方案时,相互之间会得出完全相同的结论。

内含报酬率在计算时也需要利用净现值的计算形式。这些指标都受建设期的长短、投资方式及各年净流量的影响,所不同的是:净现值为绝对数指标,其余为相对数指标。计算净现值、净现值率和现值指数所依据的折现率都是事先已知的,而内含报酬率的计算与给定的折现率的高低无关。

(二)多个互斥方案的比较与优选

当互斥方案的原始投资额相同时,可以采用上述独立方案可行性评价中任何一种方法。评价的标准是在互斥方案均可行的基础上,选择最优方案。最优的标准是:净现值、净现值率、现值指数或内含报酬率等为最大,或回收期最短。若各指标之间评价结论出现矛盾,一般以净现值为主。

当互斥方案的原始投资额不相同时,可以采用以下方法:

1.差额投资内含报酬率法。差额投资内含报酬率是指根据两个原始投资额不同的互斥方案的现金净流量的差额计算的内含报酬率。差额投资内含报酬率法就是根据差额投资内含报酬率的大小来评价互斥方案的优劣。当差额投资内含报酬率大于或等于企业要求的最低投资报酬率或资金成本时,原始投资额大的方案较优,反之,则原始投资额少的方案较优。

2.年回收额法。年回收额是指方案净现值和相应资本回收系数的乘积。计算公式如下:

$R = NPV \cdot (A/P, i, n)$

上式中,A 为方案年回收额;NPV 为方案的净现值;i 为折现率;n 为方案的项目计算期(含建设期)。年回收额法就是以年回收额的大小来评价方案优劣的方法,年回收额越大,方案越好。

(三)多个项目组合排队的决策

资本定量决策是长期投资决策的一种主要类型,通过各独立方案的选优决策,可以确定经济上较优的方案,从而为资本定量决策奠定了基础。如果资本总量没有限制,经过选定的方案都可以付诸实施。但是在一定时期内,如果资本总量不足,不可能满足已选定的方案都付诸实施的需要,那么对已选定的方案就有一个何者优先安排,何者后续安排的问题。通过资本总量在不同方案之间进行合理的分配，实现在不突破现有资本总量的条件下，使付诸实施的方案总的经济效益达到最大。

在资本定量决策中，为了简化分析工作，应该找到众多方案中较好的几个方案，缩小选择范围。因此，有必要首先将各备选方案按优劣顺序进行排队，以便挑选。由于各方案的投资额大小不一，为简便起见，以各方案的现值指数的大小作为排序的标准。

资本定量决策的一般方法——组合排队法。一般的方法就是按现值指数的大小，结合净现值（NPV）的高低进行组合排队，最终目标是选出能使各方案净现值总额达到最大的最优组合。具体程序如下：

1.以各方案现值指数的大小进行排序，逐次计算累计投资额；并与限定的投资总额进行比较。

2.当截止到某项投资项目（假定为第J个项目）的累计投资总额恰好等于限定的投资总额时，则第1到第J个项目的组合就是最优投资组合。

3.若在排序过程中未能找到最优组合，还须按下列步骤进行必要的修正。

（1）当排序中发现第J项的累计投资额首次超过限定投资额，而删除该项后，按顺延的项目计算的累计投资额小于或等于限定投资额时，可以将第J项与第（J十1）项交换位置，继续计算累计投资额。这种交换可连续进行。

（2）当排序中发现第J项累计投资额首次超过限定投资额，又无法与下一项进行交换，此时第（J－1）项目原始投资额大于第J项原始投资额时，可以将第J项与第（J－1）交换位置，继续计算累计投资额。这种交换亦可连续进行。

（3）若经过反复交换已不能再进行交换，仍未找到能使累计投资额恰好等于限定投资额的项目组合时，可以最后一次交换后的项目组合作为最优组合。

二、运用评价指标进行长期投资决策举例

前面已经具体介绍了长期投资决策分析的基本方法和评价指标，企业可以据此对各种长期投资决策方案进行评价，从中选择最优方案。在实际工作中，常见的长期投资决策主要包括：固定资产应否购置的决策；固定资产是否更新改造的决策；固定资产何时更新的决策等等。

（一）固定资产应否购置的决策

购置某项固定资产，一般来说对企业会有两种影响：第一，增加新产品，从而增加企业的收益；或以设备代替劳动，使变动费用减少；第二，增加投资支出，因而使固定成本增加。因此，在进行决策分析时，必须考虑购建有关设备、工具所需的投资，以及该投资为企业生产经营所带来的经济利益。所谓固定资产应否购置的决策就是指计算扩建或添置有关厂房设备所需要的投资额和增加的现金流入量的现值，然后将两者进行比较，

如果前者低于后者,说明固定资产购置或建造的方案是可行的。一般可运用净现值法进行决策分析。

[例20]某企业拟生产一种新产品,估计该产品行销期为8年,每年可产销产品20 000件,每件售价100元,单位产品成本70元,所得税率为33%。为生产该产品需购买一套设备,其买价为150 000元,安装费为5 000元,8年后设备的残值为7 000元,采用直线折旧法;为生产该产品还需垫支流动资金20 000元。该企业规定其投资报酬率至少达到10%。根据上述资料对这套设备应否购置进行决策分析。

(1)计算购买这套设备后的现金流出量。

现金流出量 = 150 000 + 5 000 + 20 000 = 175 000(元)

(2)计算购买这套设备后的现金流入量的现值。

$$\text{现金流入量的现值} = \left[20\,000\times(100-70)\times(1-33\%)+\frac{155\,000-7\,000}{8}\right]\times(P_A/A,10\%,8)+(20\,000+7\,000)\times(P/F,10\%,8)$$

$$=420\,500\times5.335+27\,000\times0.47$$

$$=2\,225\,976.50(\text{元})$$

(3)计算投资的经济效果,即净现值。

净现值 = 2 255 976.50 − 175 000 = 2 080 976.50(元)

以上计算结果表明,该项购置方案的净现值为正数,所以企业应购置该套设备。

(二)固定资产购置或租赁的决策分析

企业生产经营所需的固定资产,既可以直接购买,也可以从外部租赁。在假设无论是购置还是租赁固定资产,所生产的产品质量并无明显的区别、对外销售收入没有影响的前提下,应比较购置和租赁方式下成本支出数额的现值,选择成本支出较少的方案。

在进行这类决策时,需要注意的是:租赁费计入成本费用,减少了企业当期的纳税收益,具有抵税的作用;购置的固定资产也要计提折旧,折旧费也能减少当期的纳税收益,也具有抵税的作用。所以,在固定资产购置或租赁的决策分析中,应考虑所得税因素,计算纳税利益。

[例21]光华公司生产中需要一台检验仪器,若从外部购买,买价、运输费及安装费共计360 000元,可以使用3年,期满有残值18 000元;若从外部租赁,每年租赁费150 000元,租赁期为3年。该企业的资金成本为8%,所得税税率为33%。

要求:做出该检验仪器应购置还是租赁的决策分析。

(1)购置所付代价的现值 = 购买价的现值 − 折旧纳税利益的现值 − 残值的现值

$$=360\,000-\frac{360\,000-18\,000}{3}\times33\%\times(P_A/A,8\%,3)-18\,000\times(P/F,8\%,3)$$

$$=360\,000-114\,000\times33\%\times2.577\,1-18\,000\times0.793\,83$$

= 248 760.56(元)

(2)租赁所付代价的现值 = 租赁费的现值 - 租赁费纳税利益的现值

= 150 000 × (P_A/A,8%,3) - 150 000 × 33% × (P_A/A,8%,3)

= 150 000 × 2.577 1 - 49 500 × 2.577 1

= 258 998.55(元)

通过以上计算可以看出,租赁所付出代价的现值 258 998.55 元要高于购置所付代价的现值 248 760.56 元。所以,该公司应选择购买该检验仪器的方案,它可以使企业少付出现值为 10 237.90 元的代价。

(三)固定资产是否更新的决策分析

固定资产更新是对技术上或经济上不宜继续使用的旧资产,用新的资产更换或用先进的技术对原有设备进行局部改造。目的在于以最小的投资,取得最大的收益。固定资产更新决策就是从经济效果出发,运用一定的方法,研究各种固定资产最合理的更新方案,选择最佳方案的过程。

机器设备在其有效年限内,随着时间的延长,其性能不断老化、精密度不断降低,因而其生产效率将不断下降、耗费将不断增大。当性能优良、消耗较小的新设备面市时,企业必然面临着是否更新的问题。进行此决策的关键在于比较新、旧设备的成本与收益,看更新所能增加的收益或节约的成本是否大于更新所需要增加的投资。新设备的经济寿命与旧设备的剩余寿命相同条件下的更新分析,可以采用净现值指标结合差量分析法计算继续使用旧设备与使用新设备的现金净流量的差量,来确定旧设备更新对企业是否有利。

[例 22]某企业原有一批货车,是 4 年前购入的,原购置成本为 400 000 元,估计尚可使用 6 年。假定期满无残值,已提折旧(按直线法计提)160 000 元,账面折余价值为 240 000元。使用这批汽车每年可获运输收入 595 000 元,每年支付变动成本455 000元。该公司为提高运输周转量,降低消耗,准备另行购进一批新型车辆,约需600 000元。估计新型车辆可使用 6 年,假设期满无残值。购入新车时,旧车作价 145 000 元,使用新车后可增加营业收入 110 000 元,同时节约变动成本 39 000 元,假定企业投资报酬率至少应达到 14%。试决策其应否更新旧货车?

(1)计算更新货车与不更新货车的现金净流量的差量。

使用旧车的年现金净流量 = 营业收入 - 付现营业成本

= 595 000 - 455 000

= 140 000(元)

使用新车的年现金净流量 = 营业收入 - 付现营业成本

= (595 000 + 110 000) - (455 000 - 39 000)

$=289\ 000$(元)

使用新车增加的年现金净流量 $=289\ 000-140\ 000=149\ 000$(元)

(2)计算更新货车增加的净现值。

使用新车增加的现金净流量现值 $=149\ 000\times(P_A/A,14\%,6)$

$=149\ 000\times3.889$

$=579\ 461$(元)

以旧换新的实际现金流出量 $=600\ 000-145\ 000$

$=455\ 000$(元)

使用新车增加的净现值 $=579\ 461-455\ 000$

$=124\ 461$(元)

上述计算表明,购买新车可增加净现值 124 461 元,说明更新方案是可行的。

此外,我们还可以用内含报酬率指标来分析评价更新方案的可行性。其计算如下:

$$年金现值系数=\frac{600\ 000-145\ 000}{110\ 000+39\ 000}$$

$=3.054$

根据上述年金现值系数,查 1 元的年金现值表中时期为年的有关系数可知,内含报酬率在 22%和 24%之间,采用内插法计算见图 7-3。

折现率			年金现值系数		
22%	x	2%	3.167	0.113	0.147
IRR			3.054		
24%			3.020		

图 7-3

$$\frac{x}{2\%}=\frac{0.113}{0.147}\quad 得出\ x=1.54\%$$

$IRR=22\%+1.54\%=23.54\%>14\%$

上述计算分析结果表明,更新旧货车方案是可行的。

(四)固定资产何时更新的决策分析

固定资产使用到一定时间,必须要进行更新,为更先进的或比较经济的固定资产所替代。至于固定资产何时为最佳更新期,应从固定资产的经济寿命来考虑。某项固定资产从开始投入使用直至丧失其应有功能而无法修复再使用为止的期限,称为固定资产自然寿命。某项固定资产的年平均成本达到最低的使用期限,则称为固定资产的经济寿命,亦称最低成本期或最优更新期。一般来说,固定资产的经济寿命短于自然寿命。

要确定固定资产的经济寿命,就要计算出固定资产在使用期限内各年的年平均成本。如果某年的固定资产年平均成本最低，则该年末为固定资产最佳的更新期，如果固定资产此时不进行更新，固定资产的年平均成本就会逐年增大，该项固定资产再继续使用，在经济上就不合算了。

年平均成本的计算方法如下：用固定资产原价加上各年运行维修费用的现值减去残值的现值，然后除以年金现值系数。

具体计算方法见［例 23］。

［例 23］某企业购入一台设备，原价 19 200 元，使用年限为 8 年。其残值第一年末为 7 000 元，以后各年末依次为 6 000 元，5 000 元，4 000 元，3 000 元，2 000 元，800 元，200 元。假定第一年运行维修费为 500 元，以后逐年递增 1 000 元，利率为 12%，要求确定该项设备的经济寿命期。

设 C_n 代表使用该设备的年平均成本。

$$\begin{aligned}C_1 &= [19\,200 + 500 \times (P/F, 12\%, 1) - 7\,000 \times (P/F, 12\%, 1)] \div (P_A/A, 12\%, 1)\\&= [19\,200 + 500 \times 0.8929 - 7\,000 \times 0.8929] \div 0.8929\\&= 13\,396.15\end{aligned}$$

$$\begin{aligned}C_2 &= [19\,200 + 500 \times (P/F, 12\%, 1) + 1\,500 \times (P/F, 12\%, 2)\\&\quad - 6\,000 \times (P/F, 12\%, 2)] \div (P_A/A, 12\%, 2)\\&= [19\,200 + 500 \times 0.8929 + 1\,500 \times 0.7972 - 6\,000 \times 0.7972] \div 1.6901\\&= 9\,501.83\end{aligned}$$

$$\begin{aligned}C_3 &= [19\,200 + 500 \times (P/F, 12\%, 1) + 1\,500 \times (P/F, 12\%, 2) + 2\,500 \times\\&\quad (P/F, 12\%, 3) - 5\,000 \times (P/F, 12\%, 3)] \div (P_A/A, 12\%, 3)\\&= [19\,200 + 500 \times 0.8929 + 1\,500 \times 0.7972 + 2\,500 \times 0.7181 - 5\,000 \times 0.7181] \div 2.4018\\&= 7\,930.30\end{aligned}$$

$$\begin{aligned}C_4 &= [19\,200 + 500 \times (P/F, 12\%, 1) + 1\,500 \times (P/F, 12\%, 2) + 2\,500 \times (P/F, 12\%,\\&\quad 3) + 3\,500 \times (P/F, 12\%, 4) - 4\,000 \times (P/F, 12\%, 4)] \div (P_A/A, 12\%, 4)\\&= [19\,200 + 500 \times 0.8929 + 1\,500 \times 0.7972 + 2\,500 \times 0.7181 + 3\,500 \times 0.6355 - 4\\&\quad 000 \times 0.6355] \div 3.0373\\&= 7\,346.34\end{aligned}$$

$$\begin{aligned}C_5 &= [19\,200 + 500 \times (P/F, 12\%, 1) + 1\,500 \times (P/F, 12\%, 2) + 2\,500 \times (P/F, 12\%,\\&\quad 3) + 3\,500 \times (P/F, 12\%, 4) + 4\,500 \times (P/F, 12\%, 5) - 3\,000 \times (P/F, 12\%, 5)]\\&\quad \div (P_A/A, 12\%, 5)\\&= [19\,200 + 500 \times 0.8929 + 1\,500 \times 0.7972 + 2\,500 \times 0.7181 + 3\,500 \times 0.6355 + 4\\&\quad 500 \times 0.5674 - 3\,000 \times 0.5674] \div 3.6048\\&= 7\,132.95\end{aligned}$$

$C_6=[19\,200+500\times(P/F,12\%,1)+1\,500\times(P/F,12\%,2)+2\,500\times(P/F,12\%,3)+3\,500\times(P/F,12\%,4)+4\,500\times(P/F,12\%,5)+5\,500\times(P/F,12\%,6)-2\,000\times(P/F,12\%,6)]\div(P_A/A,12\%,6)$

$=[19\,200+500\times0.8929+1\,500\times0.7972+2\,500\times0.7181+3\,500\times0.6355+4\,500\times0.5674+5\,500\times0.5066-2\,000\times0.5066]\div4.1114$

$=7\,099.32$

$C_7=[19\,200+500\times(P/F,12\%,1)+1\,500\times(P/F,12\%,2)+2\,500\times(P/F,12\%,3)+3\,500\times(P/F,12\%,4)+4\,500\times(P/F,12\%,5)+5\,500\times(P/F,12\%,6)+6\,500\times(P/F,12\%,7)-800\times(P/F,12\%,7)]\div(P_A/A,12\%,7)$

$=[19\,200+500\times0.8929+1\,500\times0.7972+2\,500\times0.7181+3\,500\times0.6355+4\,500\times0.5674+5\,500\times0.5066+6\,500\times0.4523-800\times0.4523]\div4.5638$

$=7\,182.49$

$C_8=[19\,200+500\times(P/F,12\%,1)+1\,500\times(P/F,12\%,2)+2\,500\times(P/F,12\%,3)+3\,500\times(P/F,12\%,4)+4\,500\times(P/F,12\%,5)+5\,500\times(P/F,12\%,6)+6\,500\times(P/F,12\%,7)+7\,500\times(P/F,12\%,8)-200\times(P/F,12\%,8)]\div(P_A/A,12\%,8)$

$=[19\,200+500\times0.8929+1\,500\times0.7972+2\,500\times0.7181+3\,500\times0.6355+4\,500\times0.5674+5\,500\times0.5066+6\,500\times0.4523+7\,500\times0.4039-200\times0.4039]\div4.9676$

$=7\,265.03$

由此看见，该设备使用6年时的年平均成本（7 099.32元）最低，所以，该项设备的经济寿命为6年。

【本章小结】

长期投资，是指涉及投入大量资金，获取报酬或收益的持续时间超过一年以上，并能在较长时间内影响企业经营获利能力的一种投资。长期投资一般具有投资数额大，持续时间长，回收慢，风险高等特点。

长期投资决策需要考虑的因素包括货币的时间价值、投资的风险价值、资金成本和现金流量。

长期投资决策分析的方法包括静态分析法和动态分析法。静态分析法主要包括静态投资回收期法和投资报酬率法；动态分析法主要包括净现值法、净现值率法、现值指数法、内含报酬率法等方法。各种方法具有不同的优缺点，应配合起来有选择地使用。

【本章练习题】

一、单项选择题

1.现值指数(　　)就表明该项目具有正的净现值,对企业有利。

A.大于0　　B.小于0　　C.大于1　　D.小于1

2.某投资项目,若使用10%作为折现率,其净现值为250,用12%作为折现率,其净现值为-120,该项目的内含报酬率为(　　)。

A.8.65%　　B.13.85%　　C.11.35%　　D.12.35%

3.净现值指标为正值时,该指标越大说明投资方案的(　　)。

A.经济效益越好　　B.经济效益越差　　C.经济效益为零　　D.风险越大

4.采用净现值法进行决策分析时,选择方案的标准是净现值(　　)。

A.大于资金成本　　B.小于资金成本　　C.大于零　　D.小于零

5.下列长期投资决策评价指标中,其数值越小越好的指标是(　　)。

A.净现值　　B.投资回收期　　C.内含报酬率　　D.平均报酬率

6.能使投资方案的净现值等于零的折现率叫(　　)。

A.现值指数　　B.资金成本率　　C.内含报酬率　　D.平均报酬率

7.下列长期投资决策分析法中,没有考虑货币时间价值的是(　　)。

A.净现值法　　B.内含报酬率法　　C.投资报酬率法　　D.现值指数法

8.采用内含报酬率法进行决策分析时,选择方案的标准是内含报酬率(　　)。

A.大于资金成本　　B.小于资金成本　　C.大于零　　D.小于零

9.某投资项目的净现值为10万元,原投资额现值为100万元,则现值指数为(　　)。

A.10%　　B.1.1　　C.100%　　D.0.1

10.投资报酬率指标越高,说明投资方案的(　　)。

A.获利能力越强　　B.风险越大

C.货币时间价值越大　　D.回收期越长

二、多项选择题

1.在长期投资决策分析中,考虑货币时间价值的分析方法有(　　)。

A.回收期法　　B.净现值法　　C.内含报酬率法　　D.现值指数法

2.长期投资决策需要考虑的主要因素包括有(　　)。

A.货币的时间价值　　B.投资的风险价值

C.资金成本　　D.现金流量

3.影响回收期大小的因素有(　　)。

A.投资项目的使用寿命

B.投资项目投产后前若干年每年的现金净流量

C.原始投资额

D.原始投资回收后投资项目产生的年现金净流量

4.计算投资项目评价指标,所依据的折现率需事先已知,属于这类指标的有(　　)。

A.回收期　　B.现值指数　　C.净现值　　D.内含报酬率

5.关于净现值法与现值指数法,说法正确的有(　　)。

A.前者是绝对数,后者是相对数

B.前者考虑到货币的时间价值,后者没有考虑货币的时间价值

C.前者不便于在投资额不同的方案之间比较,后者可以在投资额不同的方案之间比较

D.对于同一方案两者所得到的结论相同

6.内含报酬率是指(　　)。

A.使投资方案净现值为零的折现率

B.能使未来现金流入量现值与未来现金流出量现值相等的折现率

C.投资报酬现值与总投资现值的折现率

D.投资方案的实际报酬率

7.判断一个独立投资项目是否具有财务可行性的评价标准有(　　)。

A.净现值大于零

B.现值指数大于零

C.内含报酬率大于零

D.内含报酬率大于投资者要求的最低报酬率

8.净现值指标的优点有(　　)。

A.使用了现金净流量指标

B.考虑了货币时间价值的影响

C.考虑了整个项目计算期的全部现金净流量

D.能从动态的角度直接反映投资项目的实际收益率水平

9.某企业资金成本为10%,在下列指标的计算结果中,方案可取的有(　　)。

A.净现值为-30 000元　　B.现值指数为3

C.内含报酬率为8%　　D.内含报酬率为12%

10.下列指标之间的关系中,正确的是(　　)。

A.净现值大于0,则现值指数大于1

B.现值指数小于1,则内含报酬率小于资金成本

C.现值指数等于1,则净现值等于0

D.内含报酬率大于资金成本,则净现值大于0

三、名词解释

1.货币时间价值
2.现金流量
3.资金成本
4.净现值
5.内含报酬率
6.固定资产的经济寿命

四、复习思考题

1.什么是货币的时间价值？在长期投资决策分析时为什么要考虑货币的时间价值？

2.什么是年金？年金可以分为哪几类？它们各有何特点？

3.什么是单利？什么是复利？长期投资决策分析时为什么要采用复利的方法折现？

4.什么是投资的风险价值？如何确定风险报酬率和风险报酬额？

5.什么是资金成本？为什么资金成本是确定投资项目是否可行的取舍率？

6.什么是现金流量？它由哪几部分构成？

7.简要说明静态投资回收期法的优缺点。

8.简要说明净现值法的优缺点。

9.净现值、净现值率、现值指数和内含报酬率这几个指标之间有什么联系？

10.什么是内含报酬率？如何利用内含报酬率法对投资方案进行评价？

11.什么叫固定资产的经济寿命？如何确定固定资产的最佳更新期？

五、实务练习题

习题一

(一)目的:练习货币时间价值的计算。

(二)资料及要求:

(1)某企业现在投资100万元,年利率为10%(复利,下同),8年后本利和应为多少元?

(2)某公司准备3年后购入设备一台,需要投资200万元,年利率是10%,则现在应一次性投入多少元,才能保证3年后取得足够的款项购置该项设备?

(3)某客户从现在起每年年底向保险公司交纳保险金1 000元,若年利率是10%,30年后他应该得到的一次性补偿应为多少元才算合适?

(4)某公司准备提存一笔基金,以备在今后5年内每年年末发放职工奖励150 000元,若年利率是8%,则现在应提存的基金数额是多少?

(5)名义利率为年息12%,

①若每半年复利一次,实际利率是多少?

②若每季度复利一次,实际利率是多少?

③若每月复利一次,实际利率是多少?

④通过以上计算,你发现了什么规律?为什么会存在这一规律?

(6)在今后10年内每年年初存入10 000元,年息10%,10年后的本利和应为多少?

(7)在今后3年内每年年初要提取20 000元,年利率是10%,则现在应一次性存入多少元?

(8)某投资项目建设期为3年,从第4年起直到第13年,每年可为企业增加现金净流入500 000元,若年利率是10%,则13年后的本利和应为多少?

(9)如果今后10年中,从第5年起每年年末存入10 000元,年利率是10%,则10年后的本利和是多少?

(10)某国政府发行一种无到期期限的债券,债券的持有人每年可凭该债券一张领取利息1 000元,若现在市场利率为年利率10%,则该债券每张的发行价格应为多少?

习题二

(一)目的:练习净现值和现值指数的计算。

(二)资料:某公司准备购入一设备以扩充生产能力。现有甲、乙两个方案可供选择。甲方案需投资30 000元,使用寿命5年,采用直线法计提折旧,5年后设备无残值,5年中每年销售收入为15 000元,每年的付现成本为5 000元。乙方案需投资36 000元,采用直线法计提折旧,使用寿命也是5年,5年后有残值收入6 000元。5年中每年销售收入为17 000元,付现成本第一年为6 000元,以后随着设备陈旧,逐年将增加300元,另需垫付营运资金3 000元。假设所得税率为25%,资金成本率为10%。

(三)要求:

(1)计算两个方案的现金流量。

(2)计算两个方案的净现值。

(3)计算两个方案的现值指数。

习题三

(一)目的:练习静态投资回收期、净现值和内含报酬率的计算。

(二)资料:某公司要进行一项投资,投资期为3年,每年年初投资200万元,第4年初开始投产,投产时需垫支50万元营运资金,项目寿命期为5年,5年中会使企业每年增加销售收入360万元,每年增加付现成本120万元,假设该企业所得税率25%,资金成本率10%。固定资产残值忽略不计。

（三）要求：计算该项目静态投资回收期、净现值及内含报酬率。

习题四

（一）目的：练习固定资产是否购置的决策分析。

（二）资料：天达公司拟购置一台自动化设备，需要投资480 000元，该设备可以使用6年，使用期满有净残值24 000元。使用该项设备每年可增加销售收入150 000元，付现的经营成本每年均为50 000元，该设备按直线法计提折旧。该公司的资金成本为12%，所得税税率为25%。

（三）要求：用净现值法和内含报酬率法判断此方案是否可行。

习题五

（一）目的：练习固定资产购置或租赁的决策分析。

（二）资料：某商业公司准备增设一连锁酒店，现有下列两个方案可供选择：

(1)建设方案：自行建造营业场所、设施和装饰店面，共需投资1 000 000元，其中在第1年年初投资600 000元，第2年年初和第3年年初各支付200 000元，建设期为3年，自第4年年初开始营业。营业期15年，每年年初需支付财产税、保险费共计36 000元。营业期终了时（第18年末）固定资产残值预计为50 000元。

(2)租赁方案：由一租赁公司在该商业公司选定的位置按其要求提供全部的营业场所、店面装置和设施。租期18年，从现在开始，每年年初支付租金165 000元（其中包括财产税、保险费计36 000元）；此外，还要在租约生效时支付保证金100 000元，并于租期终了时原数退还。

该公司的资金成本为10%，所得税税率为25%。

（三）要求：作出该连锁店应购置还是租赁的决策分析。

习题六

（一）目的：练习固定资产最佳更新期的决策分析。

（二）资料：某公司购置的一台设备，原值为40 000元，可以使用6年。第1年维修成本为1 000元，以后每年递增2 000元。使用1年后处置可以作价30 000元，以后每年递减6 000元。资金成本为10%。

（三）要求：作出固定资产何时更新的决策分析。

CHAPTER 8 第八章
全面预算管理

【学习目标】

1.理解全面预算管理的有关概念。

2.掌握编制全面预算的基本原理和方法。

第一节　全面预算概述

一、全面预算的涵义

预算(Budget)是指单位或个人未来一定时期内经营、资本、财务等各方面的收入、支出、现金流量的总体计划。预算是公司整体战略发展目标和年度计划的细化,它包括业务方面的预算(如收入预算、采购预算、费用预算等)、财务方面的预算(如现金预算、利润预算、现金流量表预算、资产负债表预算等)和资本性支出方面的预算。

预算是一种系统的方法,用来分配企业的财务、实物及人力等资源,以实现企业既定的战略目标。企业可以通过预算来监控战略目标的实施进度,有助于控制开支,并预测企业的现金流量与利润。

全面预算反映的是企业未来某一特定期间(一般不超过一年或一个经营周期)的全部生产、经营活动的财务计划,它以实现企业的目标利润为目的,以销售预测为起点,进而对生产、成本及现金收支等进行预测,并编制预计利润表、预计现金流量表和预计资产负债表,反映企业在未来期间的财务状况、经营成果和现金流量。

全面预算管理作为对现代企业发展起过重大推动作用的管理系统,是企业内部管理控制的一种主要方法。这一方法自从上个世纪20年代在美国的通用电气、杜邦、通用汽车公司产生并应用之后，很快就成了大型工商企业的标准作业程序。预算逐渐从最初的计划、协调功能，发展到现在兼具控制、激励、评价等诸多功能的综合性的经营战略管理工具，并处于企业管理控制系统的核心地位。正如著名管理学家戴维·奥利所说，全面预算管理是为数不多的几个能把企业的所有关键问题融合于一个体系之中的管理控制方法之一。

二、全面预算管理的特点

(一)以提高企业整体经济效益为根本出发点

全面预算管理将企业管理的职能化整合为企业管理的整体化，讲究联合管理、联合行动，大大提高了管理效率，从而增进企业经济效益。

(二)以市场为导向

在企业全面预算的编制、监督、控制与考核中必须始终牢牢树立以市场为导向的管理意识，注意把握市场的特点和变动，揣摩市场规律，并在实际工作中较好地运用规律为企业创造效益。

(三)以企业全员参与为保障

只有企业全体人员重视并积极参与预算工作，企业制定的预算才易于被员工接受，才能减少企业管理层和一般员工之间的信息不对称造成的负面影响，为顺利实现企业全面预算管理目标提供保障。

(四)以财务管理为核心

预算的编制、执行、控制和考评等一系列环节，以及众多信息的搜集、传递工作都离不开财务管理工作，财务管理部门是全面预算管理的中坚力量，具有不可替代的重要作用。

第二节 全面预算的内容及编制程序

一、全面预算的内容

(一)经营预算

经营预算是指企业日常发生的各项基本经营活动的预算。它主要包括销售预算、生产预算、直接材料预算、直接人工预算、制造费用预算、单位生产成本预算、推销及管理费用预算等。

经营预算中最基本和最关键的是销售预算,它是销售预测正式的、详细的说明。销售预测是计划的基础,加之企业主要是靠销售产品和劳务所提供的收入维持经营费用的支出并获利的,因而销售预算也就成为预算控制的基础。

生产预算是根据销售预算中的预计销售量,按产品品种、数量分别编制的。生产预算编好后,还应根据分季度的预计销售量,经过对生产能力的平衡排出分季度的生产进度日程表,或称为生产计划大纲,在生产预算和生产进度日程表的基础上,可以编制直接材料采购预算、直接人工预算和制造费用预算。这三项预算构成对企业生产成本的统计。

推销及管理费用预算,包括制造业务范围以外预计发生的各种费用明细项目,例如销售费用、广告费、运输费等。对于实行标准成本控制的企业,还需要编制单位生产成本预算。

(二)资本预算

资本预算又称资本性支出预算或投资预算,是指企业为了今后更好地发展,获取更大的报酬而作出的资本支出计划。它是综合反映建设资金来源与运用的预算。

(三)财务预算

财务预算是一系列专门反映企业未来一定预算期内预计财务状况和经营成果,以及现金收支等价值指标的各种预算的总称,具体包括现金预算、预计利润表、预计资产负债表和预计现金流量表等内容。

财务预算是企业全面预算体系中的组成部分,它在全面预算体系中有以下重要作用:

1.财务预算使决策目标具体化、系统化和定量化。

在现代企业财务管理中,财务预算能够起到全面、综合地协调、规划企业内部各部门、各层次的经济关系与职能,使之统一服从于未来经营总体目标的要求;同时,财务预算又能使决策目标具体化、系统化和定量化,能够明确规定企业有关生产经营人员各自职责及相应的奋斗目标,做到人人事先心中有数。

财务预算作为全面预算体系中的最后环节,可以从价值方面总括地反映经营期特种决策预算与业务预算的结果,使预算执行情况一目了然。

2 .财务预算有助于财务目标的顺利实现。

通过财务预算,可以建立评价企业财务状况的标准。将实际数与预算数对比,可及时发现问题和调整偏差,使企业的经济活动按预定的目标进行,从而实现企业的财务目标。

二、编制全面预算的主要程序

1.根据长期销售预算确定本年度的销售预算和资本支出预算。

2.本年度销售预算是年度预算的编制起点,按照“以销定产”原则确定生产预算、销售费用和管理费用预算。

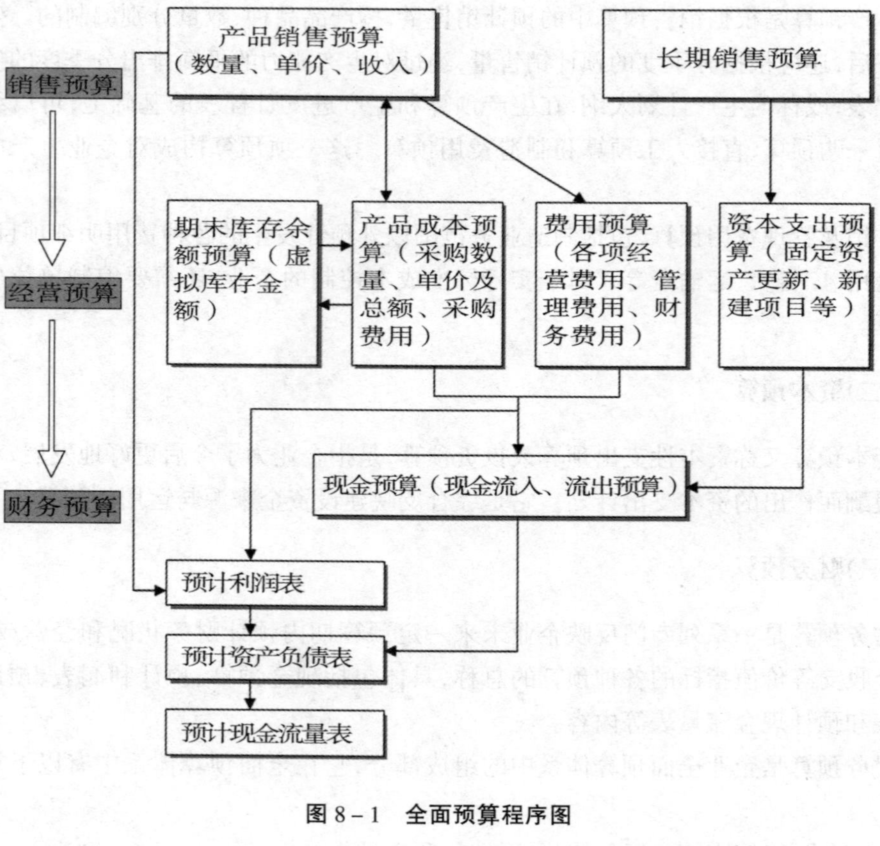

图 8-1 全面预算程序图

3.根据生产预算来确定直接材料、直接人工和制造费用预算。

4.产品成本预算和现金预算是有关预算的汇总。

5.预计利润表、预计资产负债表和预计现金流量表是全面预算的汇总。

第三节 全面预算的编制方法

一、全面预算编制的一般方法

(一)增量预算

增量预算是指在上年度预算实际执行情况的基础上,考虑了预算期内各种因素的变动,相应增加或减少有关项目的预算数额,以确定未来一定期间收支的一种预算方法。如果在基期实际数基础上增加一定的比率,则叫"增量预算法";反之,若是在基期实际数基础上减少一定的比率,则叫"减量预算法"。

这种方法主要适用于在计划期由于某些采购项目的实现而应相应增加的支出项目。如预算单位计划在预算年度上采购或拍卖小汽车,从而引起的相关车辆燃油费、保险费等采购项目支出预算的增减。其优点是预算编制方法简便、容易操作。缺点是以前期预算的实际执行结果为基础,不可避免地受到既成事实的影响,易使预算中的某些不合理因素得以长期沿袭,因而有一定的局限性。同时,也容易滋长预算分配中的平均主义和简单化,不利于调动各部门增收节支的积极性。

(二)零基预算

零基预算是指在编制成本费用预算时,不考虑以往会计期间所发生的费用项目或费用数额,而是以所有的预算支出为零作为出发点,一切从实际需要与可能出发,逐项审议预算期内各项费用的内容及其开支标准是否合理,在综合平衡的基础上编制费用预算的一种方法。

零基预算编制的五个步骤:

1.划分和确定基层预算单位:企业里各基层业务单位通常被视为能独立编制预算的基层单位。

2.编制本单位的费用预算方案:由企业提出总体目标,然后各基层预算单位根据企业的总目标和自身的责任目标出发,编制本单位为实现上述目标的费用预算方案,在方案中必须详细说明提出项目的目的、性质、作用,以及需要开支的费用数额。

3.进行成本—效益分析:基层预算单位按下达的"预算年度业务活动计划",确认预算期内需要进行的业务项目及其费用开支后,管理层对每一个项目的所需费用和所得收益进行比较分析,权衡轻重,区分层次,划出等级,挑出先后。基层预算单位的业务项目一般分为三个层次:第一层次是必要项目,即非进行不可的项目;第二层次是需要项目,即有助于提高质量、效益的项目;第三层次是改善工作条件的项目。进行成本效益分析的目的在于判断基层预算单位各个项目费用开支的合理程度、先后顺序以及对本单位业务活动的影响。

4.审核分配资金:根据预算项目的层次、等级和次序,按照预算期可动用的资金及其来源,依据项目的轻重缓急次序,分配资金,落实预算。

5.编制并执行预算:资金分配方案确定后,就制定零基预算正式稿,经批准后下达执行。执行中遇有偏离预算的地方要及时纠正,遇有特殊情况要及时修正,遇有预算本身问题要找出原因,总结经验加以提高。

(三)定期预算

定期预算是指在编制预算时以不变的会计期间(如日历年度)作为预算期的一种编制预算的方法。

定期预算方法的优点是能够使预算期间与会计年度相配合,便于考核和评价预算的执行结果;缺点是具有盲目性(远期指导性差)、滞后性(灵活性差)和间断性(连续性差)。

(四)滚动预算

滚动预算,又称连续预算或永续预算,是指在编制预算时,将预算期与会计年度脱离,随着预算的执行不断延伸补充预算,逐期向后滚动,使预算期永远保持为一个固定期间的一种预算编制方法。

滚动预算按其预算编制和滚动的时间单位不同可分为逐月滚动、逐季滚动和混合滚动三种方式。与传统的定期预算方法相比,按滚动预算方法编制的预算具有透明度高、及时性强、连续性好,以及完整性和稳定性突出等优点。缺点是预算工作量大。

(五)弹性预算

弹性预算法又称变动预算法、滑动预算法,是在变动成本法的基础上,以未来不同业务水平为基础编制预算的方法,是固定预算的对称。弹性预算是一种以预算期间可能发生的多种业务量水平为基础,分别确定与之相应的费用数额而编制的、能适应多种业务量水平的费用预算。它可以分别反映在各业务量的情况下所应开支(或取得)的费用(或利润)水平。正是由于这种预算可以随着业务量的变化而反映各该业务量水平下的支出控制数,具有一定的伸缩性,因而称为"弹性预算"。

用弹性预算的方法来编制成本预算时，其关键在于把所有的成本划分为变动成本与固定成本两大部分。变动成本主要根据单位业务量来控制，固定成本则按总额控制。

成本的弹性预算方式如下：

成本的弹性预算 = 固定成本预算数 + ∑(单位变动成本预算数 × 预计业务量)

编制弹性预算的步骤如下：

1.选择和确定各种经营活动的计量单位消耗量、人工小时、机器工时等。

2.预测和确定可能达到的各种经营活动业务量。在确定经营活动业务量时，要与各业务部门共同协调，一般可按正常经营活动水平的 70% - 120%之间范围确定，也可按过去历史资料中的最低业务量和最高业务量为上下限，然后再在其中划分若干等级，这样编出的弹性预算较为实用。

3.根据成本性态和业务量之间的依存关系，将企业生产成本划分为变动和固定两个类别，并逐项确定各项费用与业务量之间的关系。

4.计算各种业务量水平下的预测数据，并用一定的方式表示，形成某一项的弹性预算。

例如：某企业生产丙产品，预计单位变动成本 500 元，其中直接材料成本 310 元，直接人工成本 60 元，单位变动制造成本 40 元，预计固定制造费用总额 116 000 元。根据上述资料，按弹性预算法可编制不同业务量水平下的成本预算。

此例的业务量适用范围为 800 台至 1100 台之间，如生产量在这一业务量范围内，则固定成本相对不变，而变动成本与业务量成比例变动。根据业务量百分数编制各级水平的预算，以此形成弹性成本预算表。

弹性成本预算法的主要特点：

1.能提供一系列生产经营业务量的预算数据，它是为一系列业务量水平而编制的，因此，当某一预算项目的实际业务量达到任何水平时(必须在选择的业务量范围之内)，都有其适用的一套控制标准。

2.由于预算是按各项成本的性态分别列示的，因而可以方便地计算出在任何实际业务量水平下的预测成本，从而为管理人员在事前据以严格控制费用开支提供方便，也有利于在事后细致分析各项费用节约或超支的原因，并及时解决问题。

弹性预算的优点在于：一方面能够适应不同经营活动情况的变化，扩大了预算的范围，更好地发挥预算的控制作用，避免了在实际情况发生变化时，对预算作频繁的修改；另一方面能够使预算对实际执行情况的评价与考核，建立在更加客观可比的基础上。

弹性预算的适用范围：这种方法适用于各项随业务量变化而变化的项目支出，如学校的货物采购项目，由于学生的招生规模变化很大，因而可以根据预算年度计划招生人数、在校学生人数测算应添置的课桌凳、床的数量、教学楼防护维修或其他采购项目。

(六)概率预算

概率预算是指对在预算期内不确定的各预算构成变量,根据客观条件,做出近似的估计:估计他们可能变动的范围及出现在各个变动范围的概率,再通过加权平均计算有关变量在预算期内的期望值的一种预算编制方法。概率预算属于不确定预算,但是弹性预算属于确定预算。一般适用于难以准确预测变动趋势的预算项目,如开拓新业务等。

概率预算的基本特征是:

1.影响预算对象的各因素具有不确定性,因而存在着多种发展可能性,并且这些可能性能够计量。

2.由于对影响预算对象的变量的所有可能都做了客观的估计和测算,因而开阔了变量的范围,提高了预算指标的准确程度。

概率预算的编制程序:

1.在预测分析的基础上,估计各相关因素的可能值及其出现的概率,它可以根据历史资料或经验进行判断。

2.计算联合概率,即各相关因素的概率之积。

3.根据弹性预算提供的预算指标以及与之对应的联合概率计算出预算对象的期望值,即概率预算下的预算结果。

二、全面预算编制的具体方法

(一)销售预算

假设甲公司生产某种产品,其单位售价是每件 20 元,预计每一季度的销售收入中,当期收到货款的 60%,下一季度收到货款的 40%。经市场预测,该产品预算年销售量为 630 件,第一至第四季度的销售量分别为 100 件、150 件、200 件、180 件,本年年初应收账款为 620 元,该应收账款将于本年第一季度收回现金。

表 8-1 销售预算 单位:元

季度	一	二	三	四	全年
预计销售量(件)	100	150	200	180	630
预计单位售价	20	20	20	20	20
销售收入	2 000	3 000	4 000	3 600	12 600

表 8-2 预计现金收入 单位:元

上年应收账款	620				620
第一季度(销货 20 000)	1 200	800			2 000
第二季度(销货 30 000)		1 800	1 200		3 000
第三季度(销货 40 000)			2 400	1 600	4 000
第四季度(销货 36 000)				2 160	2 160
现金收入合计	1 820	2 600	3 600	3 760	11 780

(二)生产预算

生产预算是在上述销售预算的基础上编制的。

甲公司按下季度预计销售量的10%安排期末存货。年初存货为10件,年末存货为20件。

表8-3　生产预算　　单位:件

季度	一	二	三	四	全年
预计销售量	100	150	200	180	630
加:预计期末存货	15	20	18	20	20
合 计	115	170	218	200	650
减:预计期初存货	10	15	20	18	10
预计生产量	105	155	198	182	640

预计期末存货=下季度销售量×10%

预计期初存货=上季度期末存货

预计生产量=(预计销售量+预计期末存货)-预计期初存货

期末存货=期初存货+本期生产量-本期销售量

(三)直接材料预算

直接材料预算,是以生产预算为基础编制的。

甲公司各季度“期末材料存量”根据下季度生产需要量的20%确定,假设材料采购的货款有50%在本季度内付清,另外50%在下季度付清。年初应付账款为235元,年初、年末材料库存量分别为300千克、400千克。

表8-4　直接材料预算

季度	一	二	三	四	全年
预计生产量(件)	105	155	198	182	640
单位产品材料用量(千克/件)	10	10	10	10	10
生产需用量(千克)	1 050	1 550	1 980	1 820	6 400
加:预计期末存量(千克)	310	396	364	400	400
合 计	1 360	1 946	2 344	2 220	6 800
减:预计期初存量(千克)	300	310	396	364	300
预计材料采购量(千克)	1 060	1 636	1 948	1 856	6 500
单价(元/千克)	0.5	0.5	0.5	0.5	0.5
预计采购金额(元)	530	818	974	928	3250
直接材料成本(元)	525	775	990	910	3200

表 8-5　预计现金支出　　单位:元

上年应付账款	235				235
第一季度(采购 5 300)	265	265			530
第二季度(采购 8 180)		409	409		818
第三季度(采购 9 740)			487	487	974
第四季度(采购 9 280)				464	464
合 计	500	674	896	951	3 021

期末材料 = 期初材料 + 本期采购材料 - 本期耗用材料

(四)直接人工预算

直接人工预算也是以生产预算为基础编制的。直接人工成本一般均为当期付现,因此编制现金预算时可以直接使用。

表 8-6　直接人工预算

季度	一	二	三	四	全年
预计产量(件)	105	155	198	182	640
单位产品工时(小时/件)	10	10	10	10	10
人工总工时(小时)	1 050	1 550	1 980	1 820	6 400
每小时人工成本(元/小时)	0.2	0.2	0.2	0.2	0.2
人工总成本(元)	210	310	396	364	1 280

(五)制造费用预算

制造费用预算通常分为变动制造费用和固定制造费用两部分。变动制造费用以生产预算为基础来编制。固定制造费用需要逐项进行预计,通常与本期产量无关,按每季度实际需要的支付额预计,然后求出全年数。

表 8－7 制造费用预算

单位:元

季度	一	二	三	四	全年
变动制造费用:					
间接人工	10.5	15.5	19.8	18.2	64
间接材料	10.5	15.5	19.8	18.2	64
修理费	21	31	39.6	36.4	128
水电费	10.5	15.5	19.8	18.2	64
小计	52.5	77.5	99	91	320
固定制造费用:					
修理费	100	114	90	90	394
折旧	100	100	100	100	400
管理人员工资	20	20	20	20	80
保险费	7.5	8.5	11	19	46
财产税	10	10	10	10	40
小计	237.5	252.5	231	239	960
合 计	290	330	330	330	1 280
减:折旧	100	100	100	100	400
现金支出的费用	190	230	230	230	880

变动制造费用分配率 = 320/6 400 = 0.05(元/小时)

固定制造费用分配率 = 960/6 400 = 0.15(元/小时)

(六)产品成本预算

产品成本预算,是生产预算、直接材料预算、直接人工预算、制造费用预算的汇总。

表 8－8 产品成本预算

	单位成本			生产成本(640 件)	期末存货(20 件)	销货成本(630 件)
	每千克或每小时	投入量	成本(元)			
直接材料	0.5	10 千克	5	3200	100	3 150
直接人工	0.2	10 小时	2	1280	40	1 260
变动制造费用	0.05	10 小时	0.5	320	10	315
固定制造费用	0.15	10 小时	1.5	960	30	945
合 计			9	5 760	180	5 670

(七)销售费用预算

销售费用预算应和销售预算相配合,应有按品种、按地区、按用途的具体预算数额。

表 8-9 销售费用预算　　　　单位:元

销售费用:	
销售人员工资	200
广告费	550
包装、运输费	300
保管费	270
合 计	1 320
每季度支付现金(2 000 ÷ 4)	330

(八)管理费用预算

表 8-10 管理费用预算　　　　单位:元

管理费用:	
管理人员薪金	400
福利费	80
保险费	60
办公费	140
合 计	680
每季度支付现金(2 000 ÷ 4)	170

(九)现金预算

根据前述各预算的预计现金收入和支出数,可以编制现金预算如下:

表 8－11 现金预算 单位:元

季度	一	二	三	四	全年
期初现金余额	800	820	606	629	800
加:销货现金收入(表 8－2)	1 820	2 600	3 600	3 760	11 780
可供使用现金	2 620	3 420	4 206	4 389	12 580
减:各项支出:					
直接材料(表 8－5)	500	674	896	951	3 021
直接人工(表 8－6)	210	310	396	364	1 280
制造费用(表 8－7)	190	230	230	230	880
销售费用(表 8－9)	330	330	330	330	1 320
管理费用(表 8－10)	170	170	170	170	680
所得税	400	400	400	400	1 600
购买设备		1 000			1 000
股利		800		800	1 600
支出合计	1 800	3 914	2 422	3 245	11 381
现金多余或不足	820	(494)	1 784	1 144	1 199
向银行借款		1 100			1 100
还银行借款			1 100		1 100
短期借款利息(年利 10%)			55		55
长期借款利息(年利 12%)				108	108
期末现金余额	820	606	629	1 036	1 036

(十)利润表预算的编制

所得税费用是在利润规划时估计的,不是利用利润和所得税税率计算出来的。

表 8－12 利润表预算 单位:元

项目	金额
销售收入	12 600
销货成本	5 670
毛利	6 930
销售及管理费用	2 000
利息	163
利润总额	4 767
所得税费用(估计)	1 600
税后净收益	3 167

(十一)资产负债表预算

期末未分配利润＝1 625＋3 167－1 600＝3 192(元)

期末应收账款＝3 600×(1－60%)＝1 440(元)

期末应收账款＝928×(1－50%)＝464(元)

表 8－13 资产负债表预算 单位:元

资产			权益		
项目	年初	年末	项目	年初	年末
现金	800	1 036	应付账款	235	464
应收账款	620	1 440	长期借款	900	900
直接材料	150	200	股本	2 000	2 000
产成品	90	180	留存收益	1 625	3 192
固定资产	3 500	4 500			
累计折旧	400	800			
资产总额	4 760	6 556	权益总额	4 760	6 556

第四节 全面预算的执行、调整与考核评价

一、预算执行

预算执行即是预算目标的具体实施,它是预算目标实现与否的关键环节。在全面预算管理过程中,最容易进入的一个误区是,认为全面预算管理就是预算执行过程。这虽然强调了预算执行的核心作用,但忽略了其他的环节。在执行环节中,编制、调控、考评环节是渗透其中的,时刻需要修改编制以适应市场的需要,时刻需要有关部门的调控,时刻需要对执行过程和结果进行考评。

另一个需要强调的是,预算的有效实施,必须充分调动每个人的积极性,强化其责任意识。所以,在全面预算的执行过程中,不仅要充分调动企业的各种财力、物力资源,更要充分调动人力资源。在执行过程中尊重员工,充分发挥员工的主观能动性。

二、预算调控

预算调控是指预算协调职能以及在预算执行过程中的日常控制职能,它是预算目标顺利实现的有力保证。根据企业内外环境变化的影响力大小,企业的预算调控过程一般有两种情况,即预算协调和预算调整。

即使在企业内外环境未发生重大变化时,为了保证预算的顺利执行,仍需要不断地对人力、物力、财力、时间等各项资源在各个预算责任单位之间进行协调。这种协调是一种“微调”,主要作用是维持全面平衡。

如果当企业内外环境发生变化,预算出现较大偏差,原有预算不再适宜时,就要对预算进行调整了。它是在“微调”失效的情况下所进行的较大调整。由于预算是一项预

先的规划，市场变化有可能与预算情况发生偏差，所以预算指标的调整是一种客观需要，但不能因此而低估预算管理的功能，也不能因此否定预算管理。预算的调整也必须经过规定的程序和法定的授权，而不能自行随意更改，否则将会前功尽弃。

三、预算考评

考核与奖惩是预算工作生命线，没有考核，预算工作无法执行，预算管理就会变得毫无意义。预算考评就是要把预算执行情况与责任人和员工的经济利益挂钩，奖惩分明，从而使员工与企业形成责、权、利相统一的责任共同体，最大限度地调动每个员工的积极性和创造性。

在预算的考评环节中，要坚持动态考评和综合考评相统一的原则。动态考评是在生产经营活动的现场进行的，是对于预算的实际执行结果和预算指标之间差异的即时确认和处理。差异确认和处理越及时，对于预算执行行为的调控越主动，也就越有利于保证预算目标的实现。动态考评强调及时反馈，及时处理，实行的是即时考评。

综合考评则是预算期末对于各责任单位预算完成情况的分析评价，其考评对象包括企业内部各个责任层次，而考评内容以成本、利润等财务指标为主，实行的是事后考评。

对于充分发挥预算机制的作用来说，动态考评与综合考评是相辅相成、缺一不可的。动态考评作为过程控制的重要手段，与期末的综合考评相得益彰，使得过程与结果并重，真正发挥了系统控制的作用。

全面预算管理这种在国内外企业广泛推广的现代化管理方法，适应了市场经济发展的要求，在促进企业强化内部管理、开拓市场、提高效益等方面发挥了显著作用。但由于我国企业实施时间还不长，还需要在实践的过程中总结经验，进一步改进和完善这种管理体系。

【本章小结】

全面预算反映的是企业未来某一特定期间全部生产、经营活动的财务计划，它以实现企业的目标利润为目的，以销售预测为起点，进而对生产、成本及现金收支等进行预测，并编制预计利润表、预计现金流量表和预计资产负债表，反映企业在未来期间的财务状况和经营成果。

全面预算按照涉及的经济业务内容不同，可以分为经营预算、财务预算和资本性支出预算。经营预算与企业供应、生产和销售过程直接相联系，包括销售预算、生产预算、直接材料预算、直接人工预算、制造费用预算、销售费用预算、管理费用预算等。财务预算主要是反映企业预算期内可能达到的财务状况、经营成果和现金流量方面的预算。主要包括现金预算、预计资产负债表、预计利润表、预计现金流量表。资本性支出预算也可以称为资本预算，主要反映预算期内的各项资本性支出的预算安排。

全面预算编制以后，在日常的工作中，各部门要严格按照预算进行执行，一般不允许突破预算。确实需要调整预算的，由相关部门提出书面申请，报预算管理委员会审批。预算的考核评价、奖惩一定要落实到位，真正发挥出预算的激励和约束作用。

【本章练习题】

一、单项选择题

1.（　　）既是对未来财务结果的预测，又是对未来财务结果实现途径的安排，包括了非财务活动。

A.战略目标　B.战略规划　C.战略计划　D.预算

2.在下列预算编制方法中，基于一系列可预见的业务量水平编制的、能适应多种情况的预算是（　　）。

A.零基预算　B.定期预算　C.静态预算　D.弹性预算

3.经营预算又称为（　　）。

A.全面预算　B.营业预算　C.辅助预算　D.总预算

4.相对于弹性预算而言，固定预算的主要缺点是（　　）。

A.适应性差　B.稳定性差　C.连续性差　D.远期指导性差

5.各单位必须取得（　　）批准的预算调整审批表后方可进行考核结果的调整。

A.预算管理委员会　B.计划财务部

C.生产管理部　D.分管领导

二、多项选择题

1.全面预算编制程序包括（　　）环节。

A.预算目标确定　B.预算编制　C.预算控制　D.预算分析

E.预算考评

2.以下属于财务预算的有（　　）。

A.现金预算　B.销售预算

C.预计资产负债表　D.预计利润表

E.预计所得税表

3.预算编制的方法包括（　　）。

A.固定预算与弹性预算　B.零基预算与增量预算

C.财务预算与资本预算　D.经营预算与全面预算

E.滚动预算与定期预算

4.与生产预算有直接联系的预算是（　　）。

表 9-3 甲产品制造费用标准成本计算表

项目	标准
月标准总工时(1)	15 600 小时
标准变动制造费用总额(2)	56 160 元
标准变动制造费用分配表(3) = (2) ÷ (1)	3.6 元/时
单位产品工时标准(4)	1.5 时
变动制造费用标准成本(5) = (4) × (3)	5.40 元
标准固定制造费用总额(6)	187 200 元
标准固定制造费用分配率(7) = (6) ÷ (1)	12 元/时
固定制造费用标准成本(8) = (4) × (7)	18 元
单位产品制造费用标准成本(9) = (5) + (8)	23.40 元

(七)标准成本卡

为了便于计算和列示产品的标准成本,通常应为每一种产品设立一张标准成本卡,按成本项目、用量标准和价格标准,计算汇总每种产品的单位标准成本。

现根据前列各项有关资料,填列上例企业甲产品标准成本卡,见表 9-4。

表 9-4 甲产品标准成本卡

成本项目		用量标准	价格标准	单位标准成本
直接材料	A	3 公斤	45 元	135 元
	B	6 公斤	15 元	90 元
	C	9 公斤	30 元	270 元
	小计			495 元
直接人工		1.5 小时	10.80 元	16.20 元
变动制造费用		1.5 小时	3.60 元	5.40 元
固定制造费用		1.5 小时	12 元	18 元
甲产品单位标准成本				534.60 元

三、成本差异的计算分析

(一)成本差异的涵义

在标准成本制度下,成本差异是指在一定时期生产一定数量的产品所发生的实际成本与相关的标准成本之间的差额。

A.直接材料预算　　　　　　　　　　B.变动制造费用预算
C.销售及管理费用预算　　　　　　　D.直接人工预算
E.现金流量预算

5.下列关于全面预算管理的说法正确的是(　　)。
A.全面预算管理应该覆盖整个公司
B.全面预算管理涉及生产经营的所有活动
C.全面预算不局限于事前控制和事后控制,也不局限于财务部门
D.全面预算是一种管理制度和控制方略
E.全面预算是一种管理理念

三、名词解释

1.全面预算
2.零基预算
3.滚动预算
4.弹性预算
5.概率预算

四、简答题

1.编制全面预算的作用是什么?
2.全面预算是如何分类的?
3.全面预算一般应按什么程序编制?
4.全面预算的基本内容有哪些?
5.固定预算下各项预算的编制方法有哪些?

五、实务练习题

(一)目的:练习编制现金预算。
(二)资料:A公司11月份现金收支的预计资料如下:
(1)11月1日的现金(包括银行存款)余额为13 700元,已收到未入账支票40 400元。
(2)产品售价8元/件。9月销售20 000件,10月销售30 000件,11月预计销售40 000件,12月预计销售25 000件。根据经验,商品售出后当月可收回货款的60%,次月收回30%,再次月收回8%,另外2%为坏账。
(3)进货成本为5元/件,平均在15天后付款。编制预算时月底存货为次月销售的10%加1 000件。10月底的实际存货为4 000件,应付账款余额为77 500元。

(4)11 月的费用预算为 85 000 元,其中折旧为 12 000 元,其余费用需当月用现金支付。

(5)预计 11 月份将购置设备一台,支出 150 000 元,需当月付款。

(6)11 月份预交所得税 20 000 元。

(7)现金不足时可从银行借入,借款额为 10 000 元的倍数,利息在还款时支付。期末现金余额不少于 5 000 元。

(三)要求:编制 11 月份的现金预算(请将结果填列在下表给定的“11 月份现金预算”表格中,分别列示各项收支金额)。

11 月份现金预算

单位:元

项目	金额
期初现金	
现金收入:	
可使用现金合计	
现金支出:	
现金支出合计	
现金多余(或不足)	
借入银行借款	
期末现金余额	

CHAPTER 9 第九章 成本控制

【学习目标】

1.了解成本控制的意义、分类和原则;

2.掌握标准成本控制系统的概念、构成内容及标准成本的制定;

3.掌握成本差异计算分析、账务处理;

4.理解质量成本控制、使用寿命周期成本控制的基本内容。

第一节 成本控制概述

一、成本控制的意义

(一)成本控制的涵义

严格意义上的成本控制,是指运用以成本会计为主的各种方法,预定成本限额,按限额开支成本和费用,以实际成本和限额成本作比较,衡量经营活动的成绩和效果,并以此原则纠正不利差异,以提高工作效率,实现以至超过预期的成本限额。

成本控制有广义和狭义之分。狭义的成本控制主要是指对生产阶段成本的控制,即运用一定的方法对产品生产过程中构成产品成本的一切消耗,进行科学严格的计算、限制和监督,将各项实际消耗限制在预先确定的预算、计划或标准之内,并通过分析造成实际脱离计划或标准的原因,积极采取对策,以实现全面降低成本目标的一种会计管理行为或工作。狭义的成本控制比较看重对日常生产阶段产品成本的限制。

广义的成本控制则强调对企业生产经营的各个方面、各个环节以及各个阶段所有成本的控制。它不仅要控制产品生产阶段的成本,而且要控制产品的设计试制阶段的成本和销售及售后服务阶段的成本;不仅要控制产品成本,而且要控制产品以外的成本,如质量成本和产品使用寿命周期成本;不仅要加强日常的反馈性成本控制,而且要做好事前的前馈性成本控制。显然,广义的成本控制在空间上渗透到企业的方方面面,在时间上贯穿了企业生产经营的全过程,它与成本预测、成本决策、成本规划、成本考核共同构成了现代成本管理的完整系统。

有时,人们在更广泛的意义上使用"成本控制"一词。广义的成本控制是指管理方面对任何必要作业采取的手段,目的是以最低的成本达到预先规定的数量和质量。它是成本管理的同义词,包括了一切降低成本的努力。

狭义的成本控制和广义的成本控制的区别如下:

1.狭义的成本控制以完成预定成本限额为目标;广义的成本控制以成本最小化为目标。

2.狭义的成本控制仅限于有成本限额的项目;广义的成本控制不受这种限制,涉及企业的全部活动。

3.狭义的成本控制是在执行决策过程中努力实现成本控制;广义的成本控制还应包括正确选择经营方案,设计政策制定的过程,包括成本预测和决策分析,通常称为成本经营。

4.狭义的成本控制是指降低成本支出的绝对额,故又称绝对成本控制;广义的成本控制还包括统筹安排成本、数量和收入的相互关系,以求收入的增长超过成本的增长,实现成本的相对节约,故又称为相对成本控制。

(二)成本控制的意义

首先,成本控制是企业增加盈利的根本途径,达到直接服务于企业的目的。增加利润是企业的目的之一,也是社会经济发展的动力之一。无论在什么情况下,降低成本都可以增加利润。在收入不变的情况下,降低成本能增加利润;在收入增加的情况下,降低成本能使利润更快的增长;在收入下降的情况下,降低成本能抑制利润的下降。即使不完全以营利为目的的国有企业,如果成本很高,不断亏损,其生存受到威胁,也难以在控制经济、扩大就业和改善公用事业等方面发挥作用,同时还会影响政府财政,加重纳税人负担,对国计民生不利,失去其存在的价值。

其次,成本控制是抵抗内部压力、求得生存的主要保障。企业在经营过程中,外有同业竞争、政府课税和经济环境逆转等不利因素,内有职工改善待遇和股东要求分红的压力。企业用以抵御内外压力的武器,主要是降低成本、提高产品质量、创新产品设计和增加产销量。其中,降低成本是最主要的。降低成本能提高企业价格竞争能力;可以提高安全边际率，使企业在经济萎缩时继续生存下去；提高售价会引起经销商和供应商相应的提价要求和增加流转税负担，而降低成本可以避免这类外部压力。成本降低了，才有力量去提高质量、创新设计或者提高职工待遇和增加股利。

最后，成本控制是企业发展的基础。把成本控制在同业先进水平上，才有迅速发展的基础。成本降低了，可以降低售价以扩大销售，销售扩大后经营基础稳固了，才有力量提高产品质量，创新产品设计，寻求新的发展。许多企业陷入困境的重要原因之一，是在成本失去控制的情况下盲目发展，一味在促销和开发新产品上冒险，一旦市场萎缩或决策失误，企业没有抵抗能力，很快就垮下去了。

二、成本控制的分类

成本可以按不同的标准进行分类，常见的几种分类如下：

（一）按控制的时间分类

广义的成本控制按其时间的特征可分为事前成本控制、事中成本控制和事后成本控制三类。

事前成本控制是指在产品投产前的设计、试验阶段，对影响成本的各有关因素所进行的事前规划、审核和监督，同时建立健全各项成本的管理制度，达到防患于未然的目的；事中成本控制是指在产品的生产过程中，从投料起对成本的形成和偏离成本目标的差异进行的日常控制；事后成本控制是指在产品成本形成之后的综合分析和考核。

狭义的成本控制则只包括事前成本控制和事中成本控制。有人认为事后无法进行成本控制，但从再生产的总过程看，开展事后成本控制有助于总结经验、发现存在的问题，以便采取相应的对策。

（二）按控制的原理分类

这种分类实际是对第一种分类的进一步分类。以此为标志可将成本控制分为前馈性成本控制、防护性成本控制和反馈性成本控制三类。

前馈性成本控制是指利用控制理论中的前馈控制原理对事前的产品设计、试制阶段所进行的成本控制，它与防护性成本控制都属于事前的成本控制；防护性成本控制是一种辅助控制形式，也称制度控制，它是通过成本内部控制的规章制度来约束成本的支出，预防偏差和浪费的发生；反馈性成本控制是指利用反馈原理进行的日常或事后的成本控制。

（三）按控制的手段分类

以此为标志可将成本控制分为绝对成本控制和相对成本控制两类。

绝对成本控制侧重于节流，主要着眼于节约各项支出，杜绝浪费；相对成本控制是开源与节流并重，除采取节约措施外，还要根据本量利分析的原理，充分利用生产能量，达到相对降低单位成本的目的。

（四）按控制的对象分类

以此为标志可将成本控制分为产品成本控制和质量成本控制两类。

产品成本质量控制是指生产产品全过程的成本控制；质量成本控制是指质量与成本管理的有机结合，通过确定最优质量成本而达到控制成本的目的。

（五）按控制时期分类

以此为标志将成本控制分为经营期成本控制和使用寿命周期成本控制。

前者侧重本企业经营周期内的成本控制；后者则从用户角度出发，力图实现对取得成本和使用成本的双重控制。

三、成本控制的原则

（一）经济原则

经济原则，是指因推行成本控制而发生的成本不应超过因缺乏控制而丧失的收益。

通常，增加控制环节发生的成本比较容易计量，而控制的收益则较难确定，但并不能因此否定这条原则。在一般情况下，控制的收益会明显大于其成本，人们可以做出定性的判断。当然，确实有些企业为了赶时髦，不计工本，搞了一些华而不实的繁琐手续，经济效益不大，甚至得不偿失。实践证明，不符合经济原则的控制办法是没有生命力的，是不可能持久的。

经济原则在很大程度上决定了我们只在重要领域中选择关键因素进行控制，而不对所有成本进行同样周密的控制。

经济原则要求成本控制要能起到降低成本、纠正偏差的作用，并具有实用性。成本控制系统应能揭示何处发生了失误、谁应对失误负责、并能确保采取纠正措施。

经济原则要求在成本控制中贯彻“例外管理”原则。对正常成本费用支出可以从简控制，应特别关注各种例外情况。例如，对脱离标准的重大差异展开调查，对超出预算的支出建立审批手续等。

经济原则还要求贯彻重要性原则。应把注意力集中到重要事项，对成本的细微尾数、数额很细的费用项目和无关大局的事项可以从略。

(二)全面性原则

成本控制的全面性原则包括两个方面的涵义。

一是全员的成本控制,成本是一项综合性很强的指标,它涉及企业生产经营的各个方面。要降低成本,提高经济效益,单靠成本控制专职机构和人员是不够的,应充分调动每个部门和每个员工在成本管理中的积极性和主动性,使各部门各职能人员都能对其控制成本有责任。

二是全过程的成本控制。对企业来说,成本的控制不单指生产过程中制造成本的控制,控制领域应扩大到和产品有关的其他领域,即成本控制应贯穿成本形成的全过程,它包括产品的设计、研制、工艺制造、供销、运输、储藏,一直到用户的使用维修等各个方面。实践证明,只有整个产品寿命周期成本得以有效的控制,成本才会显著降低。

(三)因地制宜原则

因地制宜原则是指成本控制系统必须个别设计,适合特定企业、部门、岗位和成本项目的实际情况,不可完全照搬别人的做法。

适合特定企业的特点,是指对大型企业、中小型企业和新企业,发展快和相对稳定的企业,这个行业和那个行业的企业,以及同一企业不同发展阶段,管理重点、组织管理风格、成本控制方法和奖励形式都应当有区别。例如,新建企业的管理重点是销售和制造,而不是成本;正常营业后管理重点是经营效率,要开始控制费用并建立成本标准;扩大规模后管理重点转为扩大市场,要建立收入中心和正式的业绩报告系统;规模庞大的老企业管理的重点是组织的巩固,需要周密的计划和建立投资中心。适用所有企业的成本控制模式是不存在的。

适合特定部门的要求是指销售部门、生产部门、技术开发部门、维修部门和管理部门的成本形成过程不同,建立成本控制和实行控制的方法也应有区别。

适合职务和岗位责任要求时间是指总经理、厂长、车间主任、班组长需要不同的成本信息,应为他们提供不同的成本控制报告。

适合成本项目的特点,是指材料费、人工费、制造费和管理费的各明细项目,以及资本支出等,有不同的性质和用途,控制的方法应有区别。

(四)领导重视与全员参与原则

企业的任何活动都会发生成本,都应在成本控制的范围之内。任何成本都是人的某种作业的结果,只能由参与或者有权干预这些活动的人来控制,不能指望另外的人来控制成本。任何成本控制方法,其实质都是设法影响执行作业或者有权干预作业的人,使他们能自我控制。所以,每个职工都应负有成本责任,成本控制是全体职工的共同任务,只有通过全体职工协调一致的努力才能完成。

1.成本控制对企业领导层的要求

(1)重视并全力支持成本控制。各级管理人员对于成本控制工作是否认真办理,往往视最高当局是否全力支持而定。

(2)具体完成成本目标的决心和信心。管理当局认定成本控制的目标或限额必须而且可以完成。成本控制的成败也就是他们自己的成败。

(3)具有实事求是的精神。实施成本控制,不可好高骛远,更不能急功近利、操之过急。只有脚踏实地、按部就班,才能逐渐取得成效。

(4)以身作则,严格控制自身的责任成本。

2.成本控制对员工的要求

(1)具有成本控制的愿望和成本意识,养成节约成本的习惯,关心成本控制的结果。

(2)具有合作精神,理解成本控制是一项集体的努力过程,不是个人活动,必须在共同目标下同心协力。

(3)能够正确理解和使用成本控制信息,据以改进工作,降低成本。

有效控制成本的关键,是调动全体员工的积极性。一般来说,人是不希望别人来控制自己的。严格的成本控制并不是一件令人愉快的事情,无论对各级管理人员还是一般职工都是如此。但是,控制总是必需的。

(五)目标管理原则

目标管理是指企业管理部门以既定的目标作为管理人力、物力、财力和各项重要经济指标的基础。成本控制也应以目标管理为基础。它必须以标准成本和预算为成本控制的目标,各种管理方法的运用,措施的实施,都应以这个目标为核心,使成本控制在允许的范围之内,保证实现良好的经济效益。

四、成本控制的程序

成本控制贯穿于企业(公司)生产经营的全过程。一般来说,成本控制应包括以下基本程序:

1.制定成本标准

成本标准即对各项费用开支和资源消耗所规定的数量限额,是检查、衡量、评价实际成本水平的依据。

2.执行成本标准

执行成本标准即对产品成本的累积过程进行具体的监督,审核各项费用和耗费,实施增产节约措施,以保证成本目标的实现。

3.揭示成本差异

揭示成本差异即核算确定实际成本脱离标准的差异，分析差异的成因，明确责任的归属。

4.纠正不利偏差

纠正不利偏差即根据差异的成因和性质，提出降低成本的新措施，或修订成本标准。

5.评价和激励

评价目标成本的执行结果，根据成本业绩实施奖惩。

第二节 标准成本控制系统

一、标准成本控制系统的意义及内容

标准成本控制系统亦称标准成本制度、标准成本法。20 世纪 20 年代受泰罗制的生产过程标准化思想影响而被引入成本会计，经过六七十年的发展，成为理论上较为完善、实践中行之有效的成本控制系统之一。

（一）标准成本控制系统的涵义

标准成本控制系统是指围绕标准成本的相关指标而设计的，将成本的前馈控制、反馈控制及核算功能有机结合而形成的一种成本控制系统。它具有事前估算成本、事中及事后计算与分析成本并揭示矛盾的功能。

（二）标准成本控制系统的内容

标准成本控制系统包括：标准成本制定、成本差异的计算分析和成本差异的账务处理三方面的内容。其中，标准成本的制定与成本的前馈控制相联系；成本差异计算分析与成本的反馈控制相联系；成本差异账务处理则与成本的日常核算相联系。

二、标准成本的制定

（一）标准成本的涵义

所谓标准成本是指按照成本项目反映的、在已经达到的生产技术水平和有效经营管理条件下，应当发生的单位产品成本目标。可见标准成本不同于预算成本，标准成本是一种单位的概念，它与单位产品相联系；而预算成本则是一种总额的概念，它与一定

的业务量相联系。但两者都不是实际发生的成本,而是一种预定的成本目标。如果以一定的业务量为基础乘以标准成本即是预算总成本,因此两者在实际是相同的,只是从各自不同的角度来判断或说明某项计划或成本的完成情况。

(二)制定标准成本的意义

制定标准成本对于指导和控制企业的日常经济活动意义重大,主要体现在以下几方面:

1.便于分清各部门的责任

由于标准成本的每一个项目都采用单独的价格标准和数量标准,因而就可确定每个成本项目的实际脱离标准的差异的责任归属,从而分清各部门的责任。

2.便于控制成本

日常经济活动中,只有不断地计算和分析差异,才能找到成本升降的真正原因,以便进行成本控制。

3.便于决策

标准成本是一种预定的成本目标,它剔除了各种不合理的因素,因此在确定产品售价和不同投资方案进行比较时具有重要的参考价值。

4.便于成本核算

采用标准成本,不必将全部生产费用按一定的标准,在完工产品和在产品之间进行分配,可大大简化成本核算工作。

(三)标准成本的种类

制定标准成本,首先应确定选择什么水平的成本目标作为现行标准成本。可供选择的标准成本的种类很多,主要包括理想标准成本、正常标准成本和现实标准成本三种。

1.理想标准成本

理想标准成本是以现有的生产经营条件处于最佳状态为基础确定的最低水平成本。这种标准成本是在假定材料无浪费、设备无故障、产品无废品、工时全有效的基础上制定的。它的要求过高,企业全体职工即使共同努力也常常无法达到,因此它不宜作为现行标准成本。

2.正常标准成本

正常标准成本也称平均标准成本,它是根据过去一段时期实际成本的平均值,剔除其中生产经营活动中异常情况,并考虑今后的变动趋势而制定的标准成本。这种标准成本将未来视为历史的延伸,主要以过去若干年内成本的平均水平为基础制定,并结合未来的变动趋势进行调整。因此,它是一种经过努力可以达到的成本,企业可以以此作为现行标准成本。但是它的应用有其局限性，企业只有在国内外经济形势稳定、生产发展比较平稳的情况下才能采用。

3.现实标准成本

现实标准成本又称期望可达到的标准成本，它是根据企业最可能发生的生产要素耗用量、生产要素价格和生产经营能力利用程度而制定的。由于这种标准成本包含企业一时还不能避免的某些不应有的低效、失误和超量消耗，因此它是一种经过努力可以达到的既先进又合理，最切实可行且接近实际的成本，因而被西方国家广泛应用。

（四）直接材料标准成本的制定

直接材料标准成本需按两项标准确定：直接材料用量标准和直接材料价格标准。

直接材料用量标准是指单位产品必须耗用的各种直接材料的数量。直接材料用量标准通常应根据企业的产品设计、生产工艺状况，并结合企业的经营管理水平，考虑降低材料消耗的可能等条件制定，所以该标准的制定最好由产品设计部门及相关管理人员负责。

直接材料价格因受诸多因素的影响，其标准的确定相对较难。通常，直接材料价格标准应能反映目前市价及未来市场的变动情况，考虑最有利的采购条件，如经济采购批量、最经济的运输等，而且应当征询采购部门的意见后制定。

在此基础上，直接材料标准成本可确定如下：

某单位产品耗用某种材料的标准成本 = 直接材料用量标准 × 直接材料价格标准

某单位产品的直接材料标准成本 = ∑某种产品所耗用的各种材料标准成本

假定某企业甲产品耗用 A、B、C 三种直接材料，其直接材料标准成本计算见表 9－1。

表 9－1　甲产品直接材料标准成本的计算

标准	材料 A	材料 B	材料 C
用量标准(1)	3 公斤	6 公斤	9 公斤
价格标准(2)	45 元	15 元	30 元
成本标准 (3) = (1) × (2)	135 元	90 元	270 元
单位产品直接材料标准 成本(4) = ∑(3)	495 元		

（五）直接人工标准成本制定

直接人工标准成本由两项标准制定：直接人工用量标准和直接人工价格标准。

直接人工用量标准即工时用量标准、工时标准或工时定额。工时既可以是指直接人工生产工时，也可以是机器工时。工时标准的制定比较困难，通常应由相关工程、技术部门在研究的基础上，以努力工作为前提，适当考虑正常的工作间隙而制定的。

直接人工价格标准即工资率标准，通常可由劳动工资部门根据用工情况，在不同的工资制度下，工资率标准有不同的表现形式：采用计件工资时，工资率标准就是标准计件工资单价。采用计时工资制度，工资率标准就是单位工时标准工资率，其计算公式为：

单位工时工资率标准＝标准工资总额÷标准总工时

公式中的"标准总工时"是指企业在现有的生产技术和工艺水平的条件下，可能生产的最大产量，或是实现的最大生产能力，故也称"产能标准"，通常用生产工人工作小时或机器台时数来表示。

在此基础上，直接人工标准成本可确定如下：

直接人工标准成本＝工时标准×工资率标准

上例企业甲产品直接人工标准成本计算见表9－2。

表9－2　甲产品直接人工标准成本计算

项目	标准
月标准总工时(1)	15 600小时
月标准总工资(2)	168 480元
工资率标准(3)＝(2)÷(1)	10.80元/小时
单位产品工时标准(4)	1.5时
直接人工标准成本(5)＝(4)×(3)	16.20元

（六）制造费用标准成本的制定

制造费用标准成本由制造费用用量标准和制造费用价格标准两个因素决定的。

制造费用用量标准即工时用量标准，其含义与直接人工用量标准相同。

制造费用价格标准即标准费用分配率。其计算公式如下：

标准费用分配率＝标准制造费用总额÷标准总工时

在此基础上，制造费用标准成本可确定如下：

制造费用标准成本＝工时标准×标准费用分配率

成本按其性态，分为变动成本和固定成本。前者随着产量变动而变动；后者相对固定，不随产量变动而变动。因此制造费用也可以分为变动制造费用和固定制造费用，其标准成本的制定也应在此基础上进行。

上例企业甲产品制造费用标准成本计算见表9－3。

(二)成本差异的类型

成本差异按照不同的标准分为以下类型:

1.用量差异与价格差异

用量差异是反映由于直接材料、直接人工和变动制造费用等要素实际用量消耗与标准用量消耗不一致产生的成本差异。

其计算公式为:

用量差异=标准价格×(实际产量下的实际用量-实际产量下的标准用量)=标准价格×实际产量下的用量差　　公式(1)

式中的"标准用量"是总量概念,与标准成本制定过程中使用的"用量标准"(单位概念)不同;另外,"用量差"属于实物或工时的消耗差异,它与属于成本范畴的"用量差异"不同,不能混为一谈。

价格差异是反映由于直接材料、直接人工和变动制造费用等要素实际价格水平与标准价格不一致而产生的成本差异,其计算公式为:

价格差异=(实际价格-标准价格)×实际产量下实际用量

=价格差×实际产量下的实际用量　　公式(2)

公式中"标准价格"与标准成本制定过程中使用的"价格标准"相同,都属于单位概念;但是"价格差"与"价格差异"则是两个不同的概念,前者是价格本身的差异,而后者是价格原因引起的成本差异。

2.纯差异与混合差异

从理论上讲,任何一类差异在计算时都需要假定某个要素变动时其他要素固定在一定基础上不变。如果把其他要素固定在标准的基础上,这样算出的差异就是纯差异;如:纯用量差异就是标准价格与用量差之积;纯价格差异则是价格差与标准用量之积。

与纯差异相对立的差异就是混合差异。混合差异又叫做联合差异,是指总差异扣除所有的纯差异后的剩余差异,它等于价格差与用量差之积。

对混合差异的处理有三种方法:第一,将其分离出来,单独列示,由企业管理部门承担责任。因为这种差异的数额一般比较小,产生的原因又比较复杂,不是控制的重点所在。第二,将混合差异按项平均或按比重在各种纯差异之间进行分配。其根据是混合差异的产生是由价格和用量两个因素共同变动的结果,应当由它们共同承担。第三,为简化计算,不单独计算混合差异,而是直接将其归并于某项差异。

在标准成本制度下,对混合差异采取了第三种方法。理由是:首先,由于企业的用量差异大多是可控差异,为抓住主要矛盾,应当将它计算的清楚些,而引起价格变动的原因比较复杂,不容易控制,这样可以计算的粗一些,纯价格差异合并。其次,从最初的责任看,混合差异也应当计入价格差异。无论是直接材料还是直接人工,其价格差的形成先于用量差。如，材料是先采购后耗用，在采购成交的当时就形成了价格差；工资率的差异也是在录用工人时就形成了。某期生产耗用量的变化只是在早已形成的价格差异归属于特定时期的特定产品。

3.有利差异与不利差异

成本差异按其数量特征可分为有利差异和不利差异。有利差异是指因实际成本低于标准成本而形成的节约差异。不利差异是指实际成本超过标准成本而形成的超支差异。但是这里的有利和不利是相对的，并不是有利差异越大越好。有时为了盲目追求成本的有利差异，有的企业不惜以牺牲质量为代价。

4.可控差异与不可控差异

可控差异是指与主观努力程度相联系而形成的差异，又叫主观差异。它是控制的重点所在。

不可控差异是指与主观努力程度关系不大，主要受客观原因影响而形成的差异，又叫客观差异。

现将常用的成本差异分类列示如图9－1。

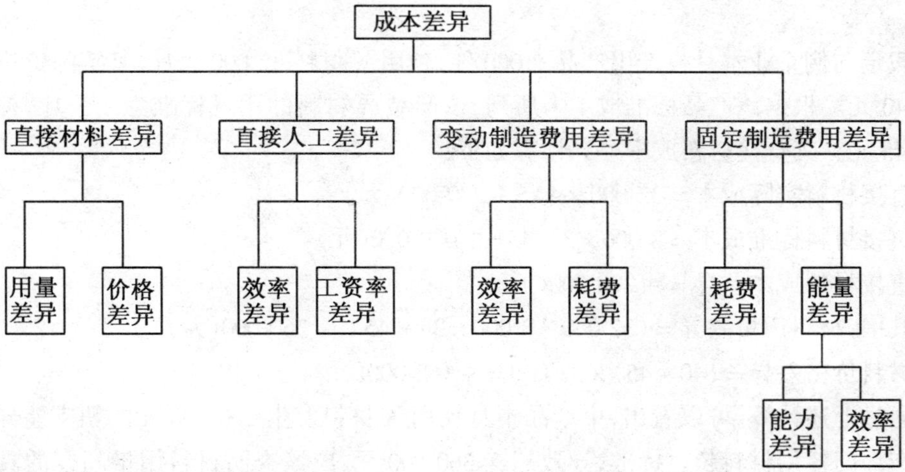

图9－1　成本差异分类列示图

(三)直接材料成本差异的计算和分析

直接材料成本差异是指直接材料实际成本与其标准成本的差异，它由直接材料用量差异和直接材料价格差异两部分组成。

1.直接材料用量差异

直接材料用量差异是指由于直接材料实际用量与其标准用量的差异而导致的直接材料成本差异。其计算公式为：

直接材料用量差异＝(材料实际用量－材料标准用量)×材料标准价格　　公式(3)

直接材料用量差异的形成的原因是多方面的，有生产部门的原因，也有非生产部门的原因。用料的责任心强弱、技术技艺状况、废品废料率的高低、设备工艺状况等，是材料用量差异的主要原因；材料质量状况、材料规格的适应程度等，也会导致材料用量差异。正因为如此，材料用量差异的责任需要通过具体分析方能明确，但其主要责任部门往往是生产部门。

2.直接材料价格差异

直接材料价格差异是指由于直接材料实际价格与其标准价格的差异导致的直接材料成本差异。计算公式为：

直材料价格差异 =（材料实际价格 - 材料标准价格）× 材料实际用量　　　公式(4)

材料价格差异是直接材料成本差异中不应由生产部门负责的成本差异。计算和分析材料价格差异，可以区分部门责任。

材料价格差异的形成原因较为复杂，有主观原因也有客观原因。如市场价格变动、供应厂商的变动、运输方式及其路线的变动、采购批量的变动等等，都可能导致材料的价格差异。但由于它与采购部门的工作情况关系更密切，所以其主要责任部门是采购部门。

假定前例企业本月投产甲产品 8 000 件，领用 A 材料 32 000 公斤，其实际价格为每公斤 40 元。根据该产品标准成本卡所列，该产品 A 材料的用量标准为 3 公斤，标准价格为 45 元。其直接材料成本差异计算如下：

直接材料实际成本 = 32 000 × 40 = 1 280 000（元）

直接材料标准成本 = 8 000 × 3 × 45 = 1 080 000（元）

直接材料成本差异 = + 200 000（元）

其中：材料用量差异 =（32 000 - 8 000 × 3）× 45 = + 360 000（元）

材料价格差异 =（40 - 45）× 32 000 = - 160 000（元）

通过上述计算，可以看出，甲产品本月耗用 A 材料发生 200 000 元的超支差异。由于生产部门耗用材料超过标准，导致超支 360 000 元，应该查明材料用量超标的具体原因，以便改进工作，节约材料耗费。从材料价格而言，由于材料价格降低节约了 160 000 元，从而抵消了一部分由于材料超标耗用而形成的超支差异。这是材料采购部门的工作业绩，也应查明原因，以便巩固和发扬成绩。

(四)直接人工成本差异的计算和分析

直接人工成本差异包括直接人工效率差异和工资率差异。

1.直接人工效率差异

直接人工的效率差异即直接人工的用量差异，因为在既定的产量下人工用量的多少反映着效率的高低。其计算公式为：

直接人工效率差异 =（实际人工工时 - 标准人工工时）× 标准工资率　　　公式(5)

直接人工效率差异的形成原因也是多方面的，工人技术状况、工作环境和设备条件的好坏等，都会影响效率的高低，但其主要责任部门还是生产部门。

2.工资率差异

工资率差异即直接人工的价格差异。人工的价格表现为小时工资率。其计算公式为：

工资率差异 =（实际工资率 - 标准工资率）× 实际人工工时　　　公式(6)

工资率差异的形成原因亦较复杂，工资制度的变动、工人的升降级、加班或临时工的增减等等，都将导致工资率的差异。一般而言，这种差异的责任不在生产部门，劳动人事部门更应对其承担责任。

假定上例中企业本月甲产品实际用工 10 000 小时，实际应付直接人工工资 110 000 元。根据甲产品标准成本卡所列，该产品工时标准为 1.5 小时，标准工资率为 10.80 元，工资标准为 16.20 元。其直接人工成本差异计算如下：

直接人工成本差异 = 110 000 - 8 000 × 16.20 = - 19 600(元)

其中：直接人工效率差异 =（10 000 - 8 000 × 1.5）× 10.80

= - 21 600(元)

直接人工工资率差异 =（110 000 ÷ 10 000 - 10.80）× 10 000

= + 2 000(元)

通过上述计算可以看出，该产品的直接人工成本总体上节约 19 600 元。其中人工效率差异节约 21 600 元，但工资率差异超支 2 000 元。工资率超出标准可能是为了提高产品质量，调用了一部分技术等级和工资级别较高的工人，使小时工资率增加了 0.20(即 1 100 ÷ 100 - 10.80)元。但也因此在提高产品质量的同时，提高了工作效率，使工时的耗用由标准的 12 000 小时降到了 10 000 小时，节约工时 2 000 小时，从而导致了最终的成本节约。可见生产部门在生产组织上的成绩是应该肯定的。

(五)变动制造费用成本差异的计算和分析

变动制造费用成本差异由效率差异和耗费差异两部分组成。

1.效率差异

变动制造费用效率差异即变动制造费用用量差异，它是因实际耗用工时脱离标准而导致的成本差异。其计算公式为：

变动制造费用效率差异 =（实际工时 - 标准工时）× 变动制造费用标准分配率

公式(7)

式中的工时可以是人工工时，也可以是机器工时，这取决于变动制造费用的分配方法；式中的标准工时是指实际产量下的标准总工时。

变动制造费用效率差异的形成原因与直接人工的形成原因基本相同。

2.耗费差异

变动制造费用耗用差异即变动制造费用的价格差异，它是因变动制造费用或工时的实际耗费脱离标准而导致的成本差异，也称变动制造费用分配率差异。其计算公式为：

变动制造费用耗费差异=(变动制造费用实际分配率-变动制造费用标准分配率)×实际工时　　公式(8)

变动制造费用耗费差异是变动制造费用开支额或工时耗费发生变动的情况下出现的成本差异，其责任往往在于发生费用的部门。

假定上例中企业本月甲产品实际发生变动制造费用40 000元。根据前列该产品标准成本卡所列，其工时标准为1.5小时，标准费用分配率为每小时3.60元。其变动制造费用成本差异计算如下：

变动制造费用成本差异=40 000-8 000×1.5×3.60

=-3 200(元)

其中：变动制造费用效率差异=(10 000-8 000×1.5)×3.6

=-7 200(元)

变动制造费用耗用差异=(40 000÷10 000-3.6)×10 000

=+4 000(元)

通过以上计算可以看出，甲产品制造费用节约3 200元，是由于提高工作效率，工时由12 000(即8 000×1.5)小时降到10 000小时的结果。由于费用分配率由3.60元增加到4(即40 000÷10 000)元，使变动制造费用发生超支，从而抵消了一部分变动制造费用的节约额。应该查明费用分配率提高的具体原因。

(六)固定制造费用成本差异的计算和分析

固定制造费用成本差异是实际固定制造费用与实际产量标准固定制造费用的差异。其计算公式为：

固定制造费用成本差异=实际固定制造费用-实际产量标准固定制造费用=实际固定制造费用-实际产量×工时标准×标准费用分配率=实际固定制造费用-实际产量标准工时×标准费用分配率　　公式(9)

式中成本差异是在实际产量的基础上计算出来的。由于固定制造费用相对固定，一般不受产量的影响，因此，产量变动会对单位产品成本中固定制造费用费用发生影响，产量增加时，单位产品应负担的固定制造费用减少；产量减少时，单位产品应负担的固定制造费用会增加。这就是说，实际产量与设计生产能力规定的产量或计划产量的差异会对产品应负担的固定制造费用产生影响。也正因此，固定制造费用成本差异的分析方法与其他费用成本差异的分析方法有所不同，通常有两差异分析法和三差异分析法两种分析方法。

1.两差异分析法

两差异分析法将固定制造费用成本差异分为耗用差异和能量差异两种成本差异。

固定制造费用耗用差异是指实际固定制造费用与计划（预算）固定制造费用的差异，又称预算差异。计划固定制造费用是按计划产量和工时标准、标准费用分配率事先确定的固定制造费用。这种成本差异的计算公式为：

固定制造费用耗用差异＝实际固定制造费用－计划固定制造费用

＝实际固定制造费用－计划产量×工时标准×标准费用分配率

＝实际固定制造费用－计划产量标准工时×标准费用分配率　　公式（10）

固定制造费用能量差异是指由于设计或计划的生产能力利用程度的差异而导致的成本差异，也就是实际产量标准工时脱离设计或计划产量标准工时而产生的成本差异。计算公式如下：

固定制造费用能量差异＝（计划产量标准工时－实际产量标准工时）×标准费用分配率　　公式（11）

假定上例企业本月甲产品计划产量为 10 400 件，实际固定制造费用为 190 000 元。根据前列该产品标准成本卡所列，工时标准为 1.5 小时，标准费用分配率为 12 元。固定制造费用成本差异计算如下：

固定制造费用成本差异＝190 000－8 000×1.5×12

＝＋46 000（元）

其中：固定制造费用耗费差异＝190 000－10 400×1.5×12

＝＋2 800（元）

固定制造费用能量差异＝（10 400×1.5－8 000×1.5）×12

＝＋43 200（元）

通过以上计算可以看出，该企业甲产品固定制造费用超支 46 000 元，主要是由于生产能力利用不足，实际产量小于计划产量所致。固定制造费用超支，不论是耗用差异，还是能力差异，一般均应由有关的管理部门负责。

两差异分析法比较简单。但从上述计算公式可以看出：两差异分析法没有反映和分析生产效率对固定制造费用成本差异的影响。计算能量差异时，使用的都是标准工时，它说明的是按照标准工时反映的生产能力利用情况。如果实际产量标准工时和计划产量标准工时一致，则能量差异为零。但是，实际产量的实际工时可能与其标准工时存在差异，而生产能力的实际利用情况更取决于实际工时而非标准工时。实际工时与标准工时之间的差异，属于效率高低的问题。因此，固定制造费用成本差异分析更多地采用将能量差异再划分为能力差异和效率差异的三差异分析法。

2.三差异分析法

三差异分析法将固定制造费用的成本差异区分为耗费差异、能力差异和效率差异三种成本差异。其中耗费差异与两差异分析法相同,其计算公式仍为:

固定制造费用耗费差异=实际固定制造费用-计划固定制造费用　　公式(12)

能量差异是指实际产量实际工时脱离计划产量标准工时时引起的生产能力利用程度差异而导致的成本差异。其计算公式如下:

固定制造费用能力差异=(计划产量标准工时-实际产量标准工时)×标准费用分配率　　公式(13)

效率差异是指因生产效率导致的实际工时脱离标准的成本差异。其计算公式如下:

固定制造费用效率差异=(实际产量实际工时-实际产量标准工时)×标准费用分配率　　公式(14)

三差异分析法的上列各项计算公式可以归纳如图9-2。

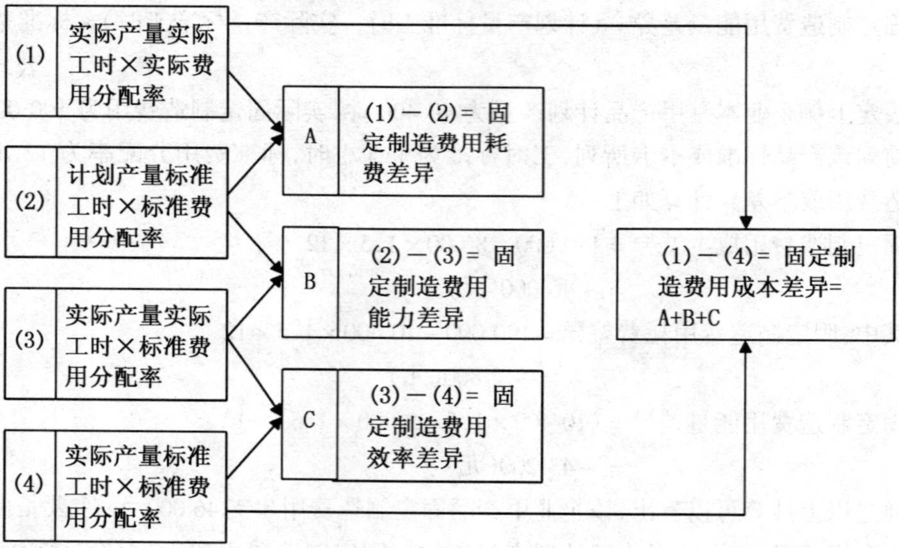

图9-2　三差异分析法计算公式归纳表

仍以上例中企业本月甲产品有关数据,计算其固定制造费用成本差异如下:

固定制造费用成本差异=190 000-8 000×1.5×12=+46 000(元)

其中:固定制造费用耗用差异=190 000-10 400×1.5×12

=+2 800(元)

固定制造费用能力差异=(10 400×1.5-10 000)×12

=+67 200(元)

固定制造费用效率差异=(10 000-8 000×1.5)×12

= -24 000(元)

三差异分析法的耗费分析等于两差异分析法的耗费差异。

三差异分析法的能力差异与效率差异之和等于两差异分析法的能量差异。采用三差异分析法,能够更好的说明生产能力利用程度和生产效率高低所导致的成本差异情况,并且便于分清责任;能力差异的责任一般在于管理部门,而效率差异的责任往往在于生产部门。

四、标准成本制度账务处理

(一)标准成本制度的会计科目

在采用标准成本制度的企业中,为了通过总账科目归集和结转各种成本差异,一般加设下列成本差异科目,即"直接材料用量差异"、"直接材料价格差异"、"直接人工效率(用量)差异"、"直接人工工资率(价格)差异"、"变动制造费用效率(用量)差异"、"变动制造费用耗费(价格、分配率)差异"、"固定制造费用耗费差异"和"固定制造费用能量差异"科目。如果固定制造费用成本差异采用三差异分析法进行分析,其中"固定制造费用能量差异"科目应改为"固定制造费用能力差异"和"固定制造费用效率差异"两个科目。

这些成本差异科目的借方登记超支差异,贷方登记节约差异和差异转出额(超支差异用蓝字转出,节约差异用红字冲减转出)。

(二)成本差异的账务处理

1.成本差异归集的账务处理

在发生各种成本差异时,对于超支差异,应借记各该成本差异科目,贷记有关科目;对于各种节约差异,借记有关科目,贷记各该成本差异科目。对应的成本、费用科目则按标准成本进行登记。

现将前例中企业本月甲产品的各种成本差异进行归集并编制会计分录如下:

(1)借:基本生产成本——甲产品	1 080 000	
直接材料用量差异	360 000	
贷:直接材料价格差异		160 000
原材料		1 280 000

记入"基本生产成本"科目借方的直接材料成本 1 080 000(即 1 280 000 - 360 000 + 160 000)元,为甲产品耗用材料的实际成本减去超支差异、加节约差异而算出的标准成本。与此相似,以下会计分录中"制造费用"科目也按标准成本登记。

(2)借:基本生产成本——甲产品	129 600	

直接人工工资率差异	2 000	
贷:直接人工效率差异		21 600
应付职工薪酬		110 000
(3)借:制造费用	43 200	
变动制造费用耗费差异	4 000	
贷:变动制造费用效率差异		7 200
原材料、应付职工薪酬等科目		40 000
(4)借:制造费用	144 000	
固定制造费用耗费差异	2 800	
固定制造费用能力差异	67 200	
贷:固定制造费用效率差异		24 000
原材料、应付职工薪酬等科目		190 000

2.成本差异期末结转的账务处理

月末对本月发生的各种成本差异可以按直接处理法、分摊处理法、年末集中处理法或分项处理法进行处理。

(1)直接处理法。直接处理法是将本月发生的各种差异全部转入销售成本、计入本月损益的一种差异处理方法。此法的根据在于:本月成本差异体现本月成本控制的业绩,应在本月利润中予以反映。

假定上例中企业本月只发生上列第1—4项会计分录中所列示的各种成本差异,月末应编制结转成本差异的会计分录如下:

借:产品销售成本	223 200	
贷:直接材料用量差异		360 000
直接材料价格差异		160 000
直接人工效率差异		21 600
直接人工工资率差异		2 000
变动制造费用耗费差异		4 000
变动制造费用效率差异		7 200
固定制造费用耗费差异		2 800
固定制造费用能力差异		67 200
固定制造费用效率差异		24 000

在上列会计分录中,“产品销售成本”科目的借方发生额为各种成本差异科目贷方转出的成本差异的代数和。通过上列转出分录,月末各成本差异科目均无余额,本月销售成本负担了本月全部成本差异;在将销售成本转入“本年利润”科目以后,本月成本差

异就全部计入本月损益。(注:带方框的数字表示红字,下同。)

这种方法核算工作比较简单,并使本月经营成果与当月成本控制的业绩直接挂钩,因此,采用标准成本制度的企业大多采用这种方法。但是当成本标准过于陈旧或实际成本水平波动幅度过大时,就会因成本差异额过大而导致当月利润失实,同时会使在产品和产成品等存货成本失实。

(2)摊销处理法。摊销处理法是指本月各种成本差异按标准成本的比例在月末存货和本月销货之间进行分摊,从而将存货成本和销货成本调整为实际成本的一种差异处理方法。

该法强调成本差异的产生与存货、销货都有联系,不能只由本月销货负担,应该有一部分差异随月末存货递延到下月。

假定上例企业甲产品月初在产品和产成品等存货为零,月末在产品的完工率为30%,产成品售出80%,则本月发生的成本差异中,应由在产品负担66 960元(即223 200×30%),应由产成品负担156 240元(即223 200×70%)。在产品成本差异中,销售成本应负担124 992元(即156 240×80%),库存产成品应负担31 248元(即156 240×20%)。月末,应编制成本差异的会计分录如下:

借:产品销售成本	124 992	
产成品	31 248	
基本生产成本(即在产品)	66 960	
贷:直接材料用量差异		360 000
直接材料价格差异		160 000
直接人工效率差异		21 600
直接人工工资率差异		2 000
变动制造费用耗费差异		4 000
变动制造费用效率差异		7 200
固定制造费用耗费差异		2 800
固定制造费用能力差异		67 200
固定制造费用效率差异		24 000

在上列会计分录中,本月销售成本,库存产成品和在产品说负担的各种成本差异的合计数为223 200元。

这种方法可以确定产品的实际成本,但分配成本差异工作过于繁琐,一般只在总账中保留产成品和在产品(基本生产成本)应负担的成本差异总数,不在各种在产品和产成品之间分配成本差异。因此,就各种产品来说,依然只计算标准成本,不计算实际成本。

(3)年末集中处理法。这种方法是各月只归集各种成本差异,不进行结转的账务处理,待到年末才集中结账处理。年末时,如果成本差异余额不大,可以全部转入年末销售成本;如果差异余额较大,原则上应将差异余额按分摊处理法分配转入"产品销售成本""基本生产成本"和"产成品"科目,以便把它们的年末余额由标准成本调整为实际成本。

这种方法不仅可以简化各月结转成本差异的工作,而且各月差异正负相抵后,年末余额一般不大,可以避免各月利润因直接负担差异而波动。但是如果年内某种成本差异的累计数过大,则会在很大程度上歪曲各月财务成果。

(4)分项处理法。分项处理法是指将各种成本差异按形成的原因分别处理:对用量差异按直接处理法处理,而对价格差异按分摊处理法处理。这种方法既能在一定程度上通过利润来反映本月成本控制业绩,又可以将非主观努力即控制的成本差异(例如大部分价格差异)合理地分配给有关对象,但缺点是处理工作复杂。

第三节　质量成本控制

一、质量成本控制的概念及意义

一个企业的产品是否畅销,至关重要的因素是质量,质量高,产品畅销;质量低产品滞销。但如果企业追求不必要的高质量,也会使产品因成本的大幅度提高而导致销售价格的不断上升或过高,从而使产品滞销,致使企业遭受不必要的损失,因此必须加强对质量成本的控制。

所谓质量成本是指企业为保持或提高产品质量所支出的一切费用,以及因产品质量未达到规定水平所造成的一切损失。

二、质量成本的构成

质量成本包括两方面的内容:一是预防和检查成本,二是损失成本。

预防和检查成本由两部分成本构成:预防成本和检查成本。所谓预防成本是指为了保证产品质量达到一定水平而发生的各种费用。如:质量计划工作费用、新产品评审费用和质量奖励费用等。所谓检查成本是指为评估和检查产品质量而发生的费用。如:进货检查费、工序检查费、产品检查费、破坏性试验的产品试验费用和检查设备的维护、保养费等。

损失成本包括内部质量损失成本和外部质量损失成本两部分。所谓内部质量损失成本是指生产过程中因质量问题而发生的损失成本。包括产品在生产过程中出现的各类费用支出,以及为弥补这种缺陷而发生的各种费用支出。如:报废损失、返修损失、复检费用、停工损失、事故分析处理费用和产品降级损失等。所谓外部质量成本是指产品销售后,因质量缺陷而引起的一切费用。如:支付用户的索赔费用、退货损失、保修费用和折价损失等。

与产品质量有关的预防和检查成本以及损失成本是两类具有不同性质的成本。预防和检查成本属于不可避免成本,随着产品质量的不断提高,这部分成本将会不断增大;损失成本则属于可避免成本,随着产品质量的提高,这部分成本将会不断降低。产品质量的高低通常以产品的合格品率来表示。

它们之间的关系如图 9-3。

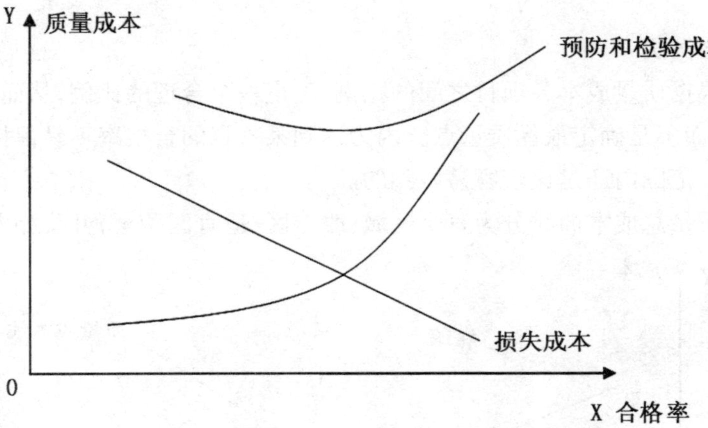

图 9-3　质量成本关系图

三、质量成本控制模型

确定最佳质量成本的方法有两种:边际分析法和合理比例法。

1.边际分析法

边际分析法又称公式法,此法是微分边际理论在最优质量成本控制中的应用。如果以合格品率代表质量水平,则存在最优质量成本点,即存在最佳的合格品率。设 F 为单位产品成本的内部质量损失,r 为合格品率,(1-r)为废品率,则每件合格品负担的质量损失成本 y_1 的计算公式是:

$$y_1 = F \cdot \frac{1-r}{r} \qquad \text{公式(15)}$$

设每件合格品负担的预防和检查成本为 y_2,它与合格品率和废品率之间的比值存在一定的比例关系。设这个比例系数为 K,即随合格品率变化需要追加的预防和检查成本的系数。这个系数是一常数，则 y_2 的计算公式是：

$$y_2 = F \cdot \frac{r}{1-r} \qquad \text{公式(16)}$$

如果以 y 表示单位合格品负担的质量成本，则：

$$y = y_1 + y_2 = F \cdot \frac{1-r}{r} + K \cdot \frac{r}{1-r} \qquad \text{公式(17)}$$

计算 y 的一阶导数，并令 $y' = 0$，证明过程简略，据此可以得出以下结论：

(1)当单位预防和检查成本等于单位废品损失成本时，存在最优质量成本点。

(2)最优质量成本点的计算公式是：

$$\text{最优合格品率}(r) = \frac{1}{1+\sqrt{\frac{K}{F}}} \qquad \text{公式(18)}$$

2.合格比例法

此法是根据质量成本各项目之间的比例，确定一个合理的比例，从而找到质量水平的适宜区域，而不是确定最优质量点。因为达到某一点的合格率不易保持，而使合格品率保持在某一范围内还是比较容易做到的。

此法将质量总成本曲线分为三个区域：改善区、适宜区和至善区，如图 9-4 所示。

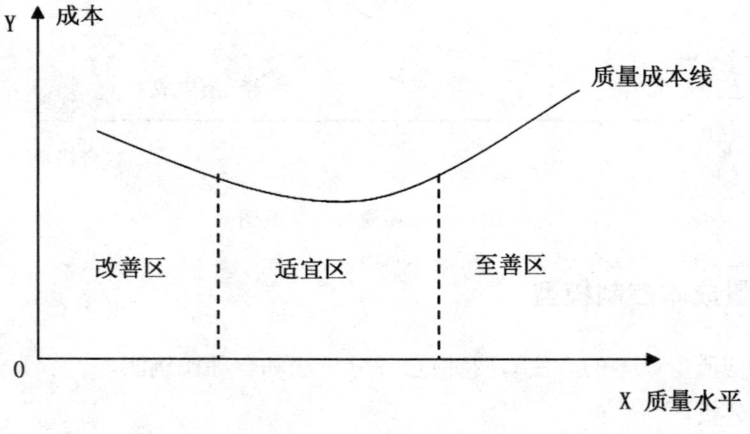

图 9-4　质量成本曲线的划分

如果产品质量处于改善区，说明产品质量水平较低，损失成本高，这为企业敲响了警钟，企业应尽快采取措施，追加预防和检查费用的支出，尽可能地提高产品质量；如果产品质量处于至善区，说明产品质量水平很高，而且超过了用户的需要，出现了不必要的质量成本损失，此时也是不可取的；理想的质量水平区域是适宜区，在这一区域内，质量适当，成本低，经济效益高。

质量成本诸项目间，客观的存在着一个合理的比例，当达到这一合理比例时，质量水平处于适宜区。外国专家研究认为，在一般情况下，质量成本中，预防成本占 10%左右;检查成本占30%左右;损失成本占60%左右。经过我国一些企业的实践证明,这一比例基本上具有代表性。当然,我们不能对此做绝对化理解,还应根据企业自身的具体情况来确定。

第四节　使用寿命周期成本控制

一、使用寿命周期成本控制的概念及意义

在当今社会,企业只关心产品成本的控制还是不够的,还必须从用户的角度来研究分析使用成本的影响,也就是要研究使用寿命周期成本的控制。

所谓使用寿命周期成本又称使用成本,是用户为取得并实现所需产品或劳务的功能所付出的代价。包括原始成本(买价)和运用维护成本。

目前,西方许多国家比较重视寿命周期成本的研究,因为用户要求生产厂商报价时,不仅要报原价,还要报运用维护成本,提供产品的能源消耗、排污标准、保用期及大修理周期等参数。另外,购买单位处理报价投标时,往往以寿命周期成本为准,而不是以售价为准。对此我国研究较少,则主要是由于我国正处于社会主义市场经济的起步阶段。目前我国许多企业家已经认识到,要想开发国际大市场,参与国际间的竞争,必须重视产品寿命周期成本的研究与控制。

二、使用寿命周期成本的控制

(一)生产者角度的使用寿命周期成本控制

从生产者的角度,就是一切为用户着想,千方百计降低产品寿命周期成本,减少用户的支出,从而达到扩大销量,争取更多用户,增加利润的目的。需注意的一点是:对于生产者来说,控制寿命周期成本只是促销的一种手段,而不是像产品成本控制或质量成本控制那样是纯粹为了控制成本。

(二)使用者角度的使用寿命周期成本控制

从使用者的角度,就是在决定是否购买某种产品时,不仅要考虑产品的售价,而且还要考虑产品的使用寿命周期成本。采用的分析方法有两种:一是购买时,要求厂商提供使用寿命周期成本的资料,比较不同厂商产品的使用寿命周期成本,取其最低者。二是将发生在使用期内不同时点上的运用维护成本分别折成现值,计算出可供选择产品

的现值成本,然后进行比较,择其最低者。

【本章小结】

成本控制是企业增加盈利的重要途径,是企业生存和发展的重要保障。成本控制要遵循"成本——效益"原则、因地制宜的原则、领导重视与全员参与的原则。

标准成本控制系统是将成本核算与成本控制有机结合的体系,它包括标准成本的制定、成本差异的计算分析、成本差异的账务处理。其中,成本差异的计算分析是产品生产成本控制的一个重要途径。直接材料、直接人工和变动制造费用差异均可以分解为价格差异和用量差异;固定制造费用差异可以分解为预算差异和能量差异,能量差异还可以再分解为能力差异和效率差异。

质量成本是指为了保证和提高产品质量所付出代价,以及因为产品质量没有达到规定标准所造成的损失。质量成本包括预防成本、检验成本、内部质量损失成本、外部质量损失成本。

使用寿命周期成本是指用户为了取得所需要的产品并使其功能得以发挥所付出的全部代价,包括原始成本和运用维护成本。用户在购买一项产品时,既要考虑其原始成本,也要考虑其运用维护成本。

【本章练习题】

一、单项选择题

1.将成本控制分为前馈性成本控制、防护性成本控制和反馈性成本控制的标准是(　　)。

A.控制的时间　　B.控制的原理　　C.控制的手段　　D.控制的对象

2.直接人工效率差异的计算公式是(　　)。

A.直接人工效率差异 = 标准工资率 ×(实际工时—标准工时)

B.直接人工效率差异 = 实际工资率 ×(实际工时—标准工时)

C.直接人工效率差异 = 实际工时 ×(实际工资率—标准工资率)

D.直接人工效率差异 = 标准工时 ×(实际工资率—标准工资率)

3.下列成本差异中,一般应由采购部门负责的是(　　)。

A.直接材料价格差异　　B.直接材料数量差异

C.直接人工价格差异　　D.固定制造费用预算差异

二、多项选择题

1.期末成本差异账务处理的方法有(　　)。

A.直接处理法　　B.分摊处理法

C.年末集中处理法　　　　　　　D.分项处理法

2.三差异分析法将固定制造费用的成本差异分为(　　)。

A.耗费差异　　B.能力差异　　C.效率差异　　D.能量差异

3.直接人工成本差异包括(　　)。

A.能量差异　　B.工资率差异　　C.效率差异　　D.耗费差异

三、名词解释

1.标准成本

2.质量成本

3.使用寿命周期成本

四、复习思考题

1.简要说明成本控制的意义及原则。

2.标准成本体系的作用是什么?

3.如何制定直接材料、直接人工和制造费用的标准成本?

4.在标准成本制度下,会计期末,一般对各种成本差异怎样处理?

5.什么叫质量成本?它由哪些内容构成?

五、实务练习题

(一)目的:练习标准成本制度下的成本差异的计算分析,及有关的账务处理。

(二)资料:某公司生产和销售甲产品。生产甲产品耗用A、B两种材料,只经过一个生产部门的一个工种(同一级别)的加工。本月预算固定制造费用为90 000元,预算工时为30 000工时。变动制造费用分配率和固定制造费用分配率均按直接人工工时计算。甲产品的标准成本卡如下:

标准成本卡

产品名称:甲

计量单位:件　　　　　　20××年×月×日制订

项目	材料名称	耗用标准	标准价格、工资率或分配率(元)	金额(元)
直接材料	A	10公斤	10	100
	B	20公斤	9	180
直接人工		15工时	4	60
变动制造费用		15工时	3	45
固定制造费用		15工时	2	30
单位产品标准成本				415

月初没有在产品和产成品;本月投入 1 800 件甲产品,全部于本月完工入库;本月销售 A 产品 1 500 件,每件售价 500 元。本月其他有关实际资料如下:

项目	材料名称	实际耗用	实际价格、工资率或分配率(元)	金额(元)
直接材料	A	17 000 公斤	11	187 000
	B	37 000 公斤	8.5	314 500
直接人工		28 000 工时		114 800
变动制造费用				51 800
固定制造费用				86 800
实际产品成本总额				754 900

(三)要求

(1)计算确定各种成本差异,其中材料价格差异在领用材料时计算,固定制造费用按三差异分析法计算确定成本差异。

(2)编制生产领用材料,将本月发生的其他各种费用计入产品成本、结转完工入库产品标准成本、销售产品、结转已售产品标准成本,及结转成本差异(本月发生的各种成本差异全部计入当期损益)的会计分录。

CHAPTER 10 第十章

责任会计

【学习目标】

1.了解责任会计的涵义、内容和责任会计核算的原则。

2.掌握责任中心的种类及各责任中心的考核指标。

3.理解责任预算、责任报告、内部转移价格、内部结算方式等责任会计实施中的基本问题。

第一节 责任会计概述

一、责任会计的概念

20世纪20年代以来,特别是第二次世界大战以后,随着社会经济的迅速发展和科学技术的日新月异,市场竞争日趋激烈,现代企业的规模越来越大,经营业务也日益复杂。在这种情况下,企业管理当局已不可能再按传统的管理方法将企业的各项管理业务事无巨细地集中于一身,亲自掌握。为了有效地管理、监控庞大的经济组织,以适应经济发展的需要,有必要实施分权管理。

所谓分权管理,就是将日常经营管理决策权在不同层次的管理人员之间进行适当的划分,并通过相应的授权,使不同层次的管理人员能对各该权责范围内的经营管理活动做出及时有效的决策。实行分权管理能够赋予基层管理人员较大的经营自主权和经济责任,可以充分调动企业各级管理人员的工作积极性和创造性,同时也增加了他们的经营权力和经济责任,大大减轻了企业高层管理人员的工作压力与决策负荷,使他们能把工作重点放在企业的长远战略规划上。为了及时了解和掌握各层次管理人员的工作绩效,加强企业的内部控制,以责任单位为核算对象的责任会计便应运而生。

责任会计,就是根据分权管理原则所确定的权责范围和界限划分责任中心,并按责任中心归集和积累有关收入、成本、利润或投资效果等会计资料,以反映、控制其业务过程和考核评价其工作绩效的会计方法和程序。在责任会计制度下,通常以按分权单位而划分的"责任中心"为主体,每一责任中心都在"权、责、利"三者紧密结合的前提下开展日常业务工作,并依据各该责任中心的责任预算对其业务经营过程与结果进行考评。

二、责任会计的内容

责任会计的内容主要包括以下五个方面:

(一)划分责任中心,确定责任范围

责任中心是指承担一定的经济责任,并享有一定权利和利益的企业内部单位。实行责任会计,需要在企业内部根据企业的组织机构以及各责任单位的权责范围和业务活动的特点不同,将责任中心划分为成本中心、收入中心、利润中心和投资中心四大类。责任中心应该有专人负责、承担责任并具有相应的权力。在实际工作中,责任中心权责范围的划分要在认真调查研究的基础上,权衡利弊,取优舍劣,尽量减少冲突,化解矛盾。

(二)编制责任预算,制定考核标准

责任预算是用货币等形式对责任中心的生产经营活动做出的计划安排,它是以全面预算为基础,将全面预算所确定的总体目标进行分解,具体落实到每一个责任中心,作为其开展经营活动、评价工作业绩的主要依据。各责任中心的责任预算和考核标准一定要事先确定,使责任承担者事先明确自己承担的责任及在企业整体目标中的作用和地位,并以此规范和激励自己的行为,促进责任预算的执行。

(三)建立核算系统,编制责任报告

责任中心的业绩考评,是责任会计的核心。为了反映各责任中心对责任预算和考核指标的完成情况,必须建立相应的核算系统,并定期编制责任报告,计算、分析差异原因,调节经营活动,以保证企业目标的实现。

(四)科学制定内部转移价格

为了正确地考核各个责任中心的工作业绩,对于企业内部各责任中心之间相互提供产品或劳务的业务活动,必须由企业管理当局科学地制定出适合本企业特点的内部

转移价格，以便分清各责任中心的经济责任，为考核业绩提供依据。内部转移价格的制定，即要有助于调动各有关责任中心生产经营的积极性，又有助于保证各责任中心和整个企业之间的经营目标一致性的实现。

(五)分析评价业绩，实施行为控制

根据责任报告中列示的工作业绩对责任中心的工作进行综合分析并实施行为控制，对工作业绩好的加以奖励，对存在问题的应加以解决，同时还应加以惩罚，以做到功过分明，最大限度地调动各个责任中心的工作积极性。

三、责任会计的原则

责任会计属企业内部控制制度，由于各企业的组织管理体制不同，因此其实施责任会计的具体做法也各有差异，但却应该遵循如下基本原则：

(一)责任主体原则

责任会计要以责任中心为主体而不是以产品为主体组织会计工作，日常信息的收集、整理、计算、记录、分析和对比都应以责任单位为主体进行。

(二)可控性原则

责任中心只能对其可控的收入、成本和利润负责，其权利和责任必须紧密结合，保持一致。在责任预算和责任报告、责任考核中只应包括责任者能够控制的成本、收入和利润。不可控成本、收入等因素不必列入。

(三)一致性原则

责任中心权责范围的确定、责任预算的编制和责任者成绩的评价、考核，应该促使责任者之间协调地为企业总目标的实现而努力工作，保持各责任中心的目标同企业总目标的一致性，以及责任者的利益同企业整体利益的一致性，防止各责任中心因片面追求局部利益而损失企业的整体利益。

(四)激励性原则

责任会计应坚持行为科学对人的激励管理理论，各责任中心责任目标、责任预算的确定应是合理的，经过努力后可以实现的；也可采用“自编预算”的形式激励员工参与企业目标的设计及实现，其行为控制中奖励和报酬应与责任者所付出的劳动相一致。这样，才能激励各责任中心的工作积极性，以保证其个体目标与企业整体目标的共同实现。

(五)反馈性原则

责任会计应建立一套完整的日常记录,归集和计算各责任中心的业绩,使各责任单位随时了解各自的预算执行情况,以便决策者迅速做出应变决策,调整责任中心的经济活动,实现规定的目标。为此,责任报告的编制应及时、准确。

第二节 责任中心

一、责任中心的含义及种类

(一)责任中心的含义

所谓责任中心,是指具有一定的管理权限并承担相应经济责任的企业内部单位。

责任中心的划分和设置,应充分考虑企业内部管理的需要及操作上的可行性和经济性。不同的企业或同一企业的不同发展阶段可以设置不同数量和形式的责任中心,但作为责任中心,必须符合如下基本条件:有权控制并有可能单独归集成本的发生,或收入的实现,或资金筹集和投放,并能对所引起的后果承担责任。

(二)责任中心的种类

责任中心按其所起的作用和所担任的责任不同,一般可分为成本中心、收入中心、利润中心和投资中心四类。

二、责任中心的设置

(一)责任中心的设置原则

在设置责任中心时,应遵循以下原则:

1.与企业的组织机构相适应

每个企业都是由若干个部门和若干个管理层次组成的,各部门和各层次间都有着密切的业务联系,构成了企业整个的管理系统。责任会计作为企业管理系统的一部分,必须服从企业管理的总体要求。因此,在确立责任中心、实施责任会计时,必须在全面研究企业原有的组织机构形式的基础上,统筹设计确保原有组织机构,并根据责任会计的要求进行适当的调整。这样,既可以保持企业正常的管理秩序,又可以将责任会计与企业管理的其他方式结合起来。

2.重点突出,层次分明

要根据企业内部价值管理的主要矛盾建立每个责任中心,根据职权范围和能够进行价值控制的跨度确定一个或数个重点责任中心。同时,对同一类责任中心,要根据实际情况实行分级控制。

3.责权分明,单独核算

责权分明,是建立责任中心的关键。在建立责任中心时,必须赋予责任中心相应的责任和与责任相符的权力。为了保证责任和权力的实施,各个责任中心必须进行单独核算。责权分明是前提,单独核算是保证。只有既责权分明又单独核算的责任中心,才能起到真正的作用。

4.责权利紧密结合

责任中心的基本特征就是责权利相结合。每个责任中心除了有明确的责任和相应的权力外,还必须建立与其责任相配套的利益机制,使每个管理人员的个人利益与其管理业绩直接挂钩。

(二)成本中心的设置

1.成本中心的涵义

成本中心是对成本或费用负责的责任中心。成本中心一般没有收入实现。

成本中心在各类形式的责任中心中应用较为广泛,在一个企业里,大到车间、部门,小到班组、个人,都可能成为成本中心,但其计算、考核和控制的内容、范围是不一样的,前者要求全面、系统,往往涉及多项成本、费用项目,而后者可能只控制、考核一项或几项成本、费用项目。一个大的成本中心(如车间)可能由若干个小的成本中心(如生产班组)组成。

2.成本中心的类型

(1)成本中心按照其投入与产出之间相互关系的不同,可分为以下几种:

①标准成本中心。标准成本中心是指投入量同产出量之间有密切联系的成本中心。在这类成本中心里,每单位产品所需的投入量是已知的,生产的产品不仅十分明确,而且可以度量。

②任意成本中心。任意成本中心也叫费用中心,是指投入量同产出量之间没有直接联系的成本中心。在这类成本中心里,所耗费的资源同其所取得的成果之间不存在密切关系。

(2)成本中心按管理范围不同,可分为以下几种:

①生产车间或分厂。生产车间包括基本生产车间和辅助生产车间。

②仓库。包括材料仓库、半成品仓库和产成品仓库。

③管理部门。指大部分职能部门,包括供应部门、生产部门、会计部门等。

(3)成本中心按管理层次不同,可分为以下几种:

①车间——(工段)班组——个人三级成本中心。

②仓库——保管人员两级成本中心。

③管理部门——管理人员两级成本中心。

3.成本中心的特点

(1)成本中心在其业务中只发生成本或费用支出,而没有收入或无权控制和决定收入的实现。例如:企业下属的厂、矿,无论其规模多大,如果无权自行销售其产品,或无权就产品的销售问题做决策,它们就只能作为成本中心。

(2)成本中心只对其可控制的各项成本、费用支出承担责任。所谓可控成本是指能被该成本中心决定和控制的各种耗费,具体而言,可控成本应具备如下三个条件:第一,成本中心事先有权知道将要发生哪些成本,金额多少;第二,成本中心有权并能够通过自身的行为在一定范围内对其增减调整;第三,成本中心有权并能够及时计量其发生的实际成本。凡不能同时符合上述三个条件的成本则为该成本中心的不可控成本,则不属于该成本中心的责任成本。

成本的可控与不可控是相对而言的,这与责任中心所处的管理层次的高低、管理权限的大小以及控制范围的大小有直接关系,一项成本在这个部门是不可控的,在另一个部门则可能是可控的,如:产品销售费用属于销售部门的可控成本,而对于生产部门而言又属于不可控成本;在下一级成本中心是不可控成本,而在上一级则是可以控制的。正确划分各个成本中心的可控成本和不可控成本,是对其编制责任预算和考核工作绩效的关键。

(3)成本中心控制和考核的内容是责任成本。成本中心当期发生的全部可控成本之和即为其责任成本。此处的责任成本与财务会计中的产品成本虽然都为生产经营过程的资金耗费,但两者是有区别的。首先,产品成本是按谁受益、谁承担的原则按产品品种归集成本费用,而责任成本是按谁负责、谁承担的原则按责任中心进行归集成本费用;其次,两者核算的目的也不完全一样,这在归集各成本中心的责任成本时一定要注意。

4.成本中心的考核指标

成本中心仅发生成本和费用支出而无收入,更不能控制和影响收入,因此其考核的主要指标是责任成本差异。

所谓责任成本差异,是指各成本中心实际发生的责任成本与预算或标准的责任成本之间的差额。如责任成本差异为零或负数,则表明该成本中心取得了良好的成绩和效果,应予以奖励,但责任成本差异(负数)过大的话,也应注意是否存在产品质量或其他方面的问题;如责任成本差异为正数,则表明该成本中心没有很好地完成责任预算,应在此基础上进一步寻找原因,改善经营活动。

(三)收入中心的设置

1.收入中心的含义

收入中心是企业中只有权控制收入,并对收入的实现承担经济责任的责任中心。

在企业中,销售部门只有权利控制收入,而对产品成本没有控制的权利,可以设定为收入中心。

2.收入中心的考核指标

由于收入中心在授权的范围内,可以决定产品的销售量和销售价格,所以对收入中心的考核指标主要包括销售量和销售额。另外,存货周转率也是反映企业销售速度快慢的一个指标,也可以作为对收入中心考核的指标。

(四)利润中心的设置

1.利润中心的含义

利润中心是既对成本负责,又对收入和利润负责的责任中心。

相对于成本中心而言,利润中心在生产经营方面有较大的自主权和独立性,它可以根据企业的既定政策自行决定利用现有生产能力生产什么和怎样销售,实施决策权。

2.利润中心的类型

利润中心按其产品或劳务的销售方式不同,分为自然利润中心和人为利润中心两类。

(1)自然利润中心。自然利润中心是指向外界市场销售产品或提供劳务,取得收入,给企业带来利润的利润中心。

(2)人为利润中心。人为利润中心是指在企业内部各责任中心之间按照内部转移价格转移中间产品或提供劳务的利润中心。例如:钢铁公司有采矿、冶炼、轧钢三个生产部门,如果采矿部门将矿砂售给冶炼部门,冶炼部门将钢锭售给轧钢部门,那么这几个部门都可以转为人为的利润中心。实际上很多成本中心都可以转为人为的利润中心。

3.利润中心的考核指标

由于利润中心既对成本负责,又对收入负责,因此应以收入与成本的差额为利润中心的考核重点。对不同范围的利润中心而言,其具体考核指标有以下三种形式:

(1)边际贡献。边际贡献是指利润中心实现的销售收入总额扣减被售出产品的全部变动成本后的余额。

边际贡献不仅反映利润中心的工作绩效,而且是评价和判断利润中心是否有存在价值的重要指标。如果一个利润中心不能提供边际贡献,则说明其不仅不能为企业整体效益做出任何贡献，而且还有可能吞食其他利润中心的成果。

(2)可控收益。可控收益是指利润中心实现的边际贡献扣减其成本中心可以控制的直接固定成本后的余额，计算公式为：

可控收益 = 销售收入 - 变动成本 - 可控直接固定成本

可控收益是评价和判断利润中心主要责任人工作绩效的重要指标，可控收益越大、超过预算责任指标额越多，则表明利润中心的工作业绩越好。

(3)直接收益。直接收益是指利润中心实现的销售收入扣减其全部直接成本后的余额。即：

直接收益 = 销售收入 - 变动成本 - 可控直接固定成本 - 不可控直接固定成本

根据权责一致的原则，利润中心不必为其不可控的直接固定成本承担责任，因此，直接收益不宜作为考核和评价利润中心工作业绩的依据。但对于其上一级责任中心而言，计算各利润中心的直接收益仍具有一定的积极意义。因为利润中心的不可控直接固定成本一般是由投资引起的，因此企业主管人员可根据直接收益以检查过去的投资是否合理、适当，现有生产能力是否得以充分利用等。

利润中心各项收益指标的计算及相互关系见下例。

[例 1]某利润中心产销单一产品，本期销售产品 2 000 件，单价 40 元，产品单位变动成本 25 元。本中心本期直接固定成本总额 10 000 元，其中可控成本 3 500 元。则该利润中心各项考核指标计算如下：

边际贡献 = 2 000 × (40 - 25) = 30 000(元)

可控收益 = 30 000 - 3 500 = 26 500(元)

直接收益 = 26 500 - (10 000 - 3 500) = 20 000(元)

(五)投资中心的设置

1.投资中心的含义

投资中心是既对收入、成本、利润负责，又对投资效果负责的责任中心。

投资中心一般处于责任中心的最高层次，与利润中心相比，投资中心不但有生产决策权、销售决策权，还有资金筹集和运用的决策权，即有权对现有生产规模进行扩大或缩减。

2.投资中心的考核指标

投资中心实质上是更高层次的利润中心，但它不仅对成本、收入、利润负责，而且还要对投资效果负责，因此，对投资中心应采用投资报偿率和剩余收益进行评价和考核。

(1)投资报偿率。投资报偿率又称投资利润率，是指投资中心实现的利润额与其所运用资金的比率。投资报偿率越高，表明其运用所控资金的效果越好；反之，则表明其所控资金运用效果越差。投资报偿率的计算公式为：

$$投资报偿率=\frac{营业利润}{营业资产}=\frac{营业收入}{营业资产}\times\frac{营业利润}{营业收入}=资产周转率\times销售利润率$$

式中的营业资产指包括固定资产和流动资产在内的全部资产,计算时应按期初及期末的平均余额为准,其中的固定资产可以按原值计算,也可以按净值计算。营业利润指扣除利息前的利润。

作为评价投资中心业绩的指标,投资报偿率具有如下优点:

①因减少资金占用,扩大销售收入、降低成本费用支出都可以提高投资中心的投资报偿率,因此投资报偿率的高低能综合反映投资中心各方面的工作业绩。

②投资报偿率属于相对数指标,剔除了资金占用规模不同对投资中心收益额的影响,因此便于在不同投资中心之间、不同行业之间和不同历史时期之间进行营利能力的比较分析。

③因新投资项目的投资报偿率必须高于现有投资报偿率,才能提高投资中心整体的投资报偿率,因此投资报偿率指标有利于敦促投资中心选择更好的新投资项目。

运用投资报偿率评价投资中心的工作业绩,也有其不容忽视的缺点:

①营业资产中的固定资产如以净值计算,随着折旧的增加,其固定资产账面净值会逐渐降低,在盈利能力不变或下降的情况下,投资报偿率也会自然升高。这将导致投资中心的责任人在其任职期内为追求高报偿率,而不进行新的投资,不对设备进行更新,从而会导致企业生产能力日趋下降。

[例2]设某企业年初的固定资产原值为500万元,可用10年,采用直线法折旧,年折旧率10%,无残值。折旧前的年经营利润100万元,假设无通货膨胀,不考虑流动资产价值。则按固定资产原值和账面净值计算的前三年的投资报偿率如下:

账面净值法下:

$$第一年投资报偿率=(100-50)\div(\frac{500+450}{2})=11\%$$

$$第二年投资报偿率=(100-50)\div(\frac{450+400}{2})=12\%$$

$$第三年投资报偿率=(100-50)\div(\frac{400+350}{2})=13\%$$

账面原值法下:

$$第一年至第三年每年投资报偿率=(100-50)\div500=10\%$$

通过比较可知,在各年经营水平不变的情况下,账面净值法计算的投资报偿率逐年提高,而账面原值法下的投资报偿率每年都相同。相比之下,采用账面原值法较好。

②单纯依靠投资报偿率指标控制和考核投资中心的业绩,有时会导致各投资中心的局部目标与企业整体目标不一致的现象。

[例3]某公司下设两个投资中心,它们和全公司的投资报偿率见表10-1。

表 10－1

投资中心	营业利润	营业资产	投资报偿率
A	20 000	100 000	20%
B	10 000	100 000	10%
全公司	30 000	200 000	15%

现 A 中心有一投资项目，投资额 50 000 元，可实现利润 8 500 元，从表 10－2 中可以看出，这个项目对公司非常有利，可以使公司投资报偿率提高为 15.4%。

表 10－2

投资中心	营业利润	营业资产	投资报偿率
A	28 500	150 000	19%
B	10 000	100 000	10%
全公司	38 500	250 000	15.4%

虽然 A 中心投资项目的报偿率可达 8 500 ÷ 50 000 = 17%，但 A 中心接受后将使 A 中心的投资报偿率由 20%下降为 19%，显然 A 中心不会接受此投资项目。

又假设 B 中心很高兴地接受了一个投资额为 50 000 元、利润为 6 500 元的投资项目，因为接手后将使 B 中心的投资报偿率由 10%提高为 11%，说明 B 中心的工作绩效将有所提高。但从表 10－3 中可以看出，这个项目对公司非常不利，它使公司的投资报偿率由 15%下降为 14.6%。见表 10－3。

表 10－3

投资中心	营业利润	营业资产	投资报偿率
A	20 000	100 000	20%
B	16 500	150 000	11%
全公司	36 500	250 000	14.6%

可见，由于各投资中心为追求自身的高投资报偿率，而使企业整体放弃了较好的 A 中心的投资项目，选择了 B 中心较差的投资项目，这显然对企业是不利的。

(2)剩余收益。剩余收益是指投资中心实现的利润额扣减其营业资产按最低报偿率计算的投资报偿后的余额。其计算公式如下：

剩余收益 = 营业利润 －（营业资产 × 最低投资报偿率）

式中的最低投资报偿率一般应等于或略大于市场的存款利率，可以由企业统一规定，也可以由投资中心按其资金成本分别确定，后者意味着投资中心有更大的投资决策权。

运用剩余收益指标考核和评价投资中心的工作业绩，其最大的优点是可以鼓励投资中心接受对企业有利的投资项目，从而使各投资中心的局部利益与整个企业利益更趋于一致。

[例 4]设例 3 中的公司统一规定的最低投资报偿率为 15%，并按剩余收益指标考核投资中心的业绩。则 A、B 两投资中心投资项目的决策分析如下：

A 投资中心：

投资前的剩余收益 = 20 000 − 100 000 × 15% = 5 000(元)

投资后的剩余收益 = 28 500 − 150 000 × 15% = 6 000(元)

可见，A 中心将接受这一投资项目，因项目实施后将使 A 中心的剩余收益提高 1 000元。

B 投资中心：

投资前的剩余收益 = 10 000 − 100 000 × 15% = −5 000(元)

投资后的剩余收益 = 16 500 − 150 000 × 15% = −6 000(元)

虽然 B 中心实施新投资项目可使投资报偿率提高，但剩余收益却较投资前降低 1 000元，因此 B 中心将会放弃此投资机会。

A、B 两投资中心的决策结果，将使企业整体利润有所增加。

剩余收益指标的不足之处是不利于各投资中心之间的业绩比较，因为各投资中心所控资金的数额一般不会完全相同。

第三节　内部转移价格

一、内部转移价格的意义

内部转移价格，是指企业内部各责任中心之间相互提供产品或劳务而相互结算所运用的价格。合理地制定内部转移价格的意义主要是：

(一)有利于明确划分责任中心的经济责任

只有制定出合理的各责任中心之间发生业务联系、进行经济往来时所采用的结算价格，才能真正明确各个责任中心的经济责任界限，保证责任会计制度的正确运行。

（二）有利于客观评价责任中心的工作业绩

在责任会计制度下，成本中心、利润中心和投资中心的业绩考评都直接或间接地和内部转移价格有关。合理的内部转移价格能恰当地衡量各责任中心的工作业绩，使绩效考评工作走上正确的发展轨道。

（三）有利于充分调动各责任中心的工作积极性

内部转移价格可以发挥类似外部市场价格的辅助调节作用，在一定程度上影响各责任中心员工的工作精神和工作态度，从而调动全体员工的工作积极性。

（四）有利于合理配置企业内部资源

有了内部转移价格，制造部门就可以以其来决定提供产品的数量，购买部门也可以以其来决定所需产品的数量。

二、制定内部转移价格的原则

合理的内部转移价格，必须符合如下原则：

第一，为转让双方自愿接受。

第二，对转让双方都有利，使双方互惠互利。

第三，有利于企业整体实现最佳效益。

三、内部转移价格的类型

内部转移价格的制定一般有如下几种方法可供选择。

（一）以“成本”为基础制定内部转移价格

以产品成本作为内部转移价格，是制定内部转移价格的最简单的方法，也是许多企业过去最常采用的方法。其具体形式有：

1.以实际成本为内部转移价格

实际成本可以按全部成本法计算，也可以按变动成本法计算。此法下，由于各责任中心间的相互结算以实际成本计价，因此，对于提供产品或劳务的部门来说，它可以毫无困难地将生产经营过程中的损失、浪费随产品转移而转移给耗用部门，而耗用部门也可以通过产品的转入而毫不费力地享受提供产品或劳务部门生产经营中取得的成绩。因此，此种作法不利于调动各责任中心控制成本的积极性。同时，由于各责任中心间经营成果的相互转移，也不利于对责任中心的工作业绩进行客观、公正的评价。

2. 以标准成本为内部转移价格

以标准成本为转让价格，可以避免上述相互转嫁损失、浪费或转移节约成果的不合理现象的发生，利于提高转让双方努力降低成本的积极性，但对于利润中心和投资中心而言，此法限制了其材料采购权和产品销售权的实施，实质上否定了利润中心和投资中心的存在。因此以标准成本或实际成本为内部转移价格，一般只适用于成本中心间责任成本的相互结转。

3. 以成本加成为内部转移价格

当产品或劳务转移涉及利润中心或投资中心时，由于此法下提供产品或劳务的部门可以获得一定数额的利润，因此在形式上确认了利润中心或投资中心的地位。但如以实际成本为加成基础，同样会发生转嫁浪费损失和转移节约成果的不合理现象，同时由于成本越高，利润会越大，因此可能会起到鼓励浪费提高成本的消极作用。如以标准成本为加成基础，虽然可以划清转让双方成本控制的责任，但利润额高低的确定，仍需管理当局慎重斟酌。

（二）市场价格

以市场价格为转移价格，是制定内部转移价格最合理的形式，最符合责任会计的基本原则宗旨，尤其对于利润中心和投资中心。因为市场价格最为客观、公正，以此为基础计算的各利润中心的工作业绩也应为最公正合理。在此法下，各利润中心为实现更好的经济效益，既不会以低于市价的转让价格向其他利润中心提供产品，也不会按高于市价的转让价格接受其他利润中心的产品，各利润中心的产品既可以内销（或内购），也可以外销（或外购），将市场竞争机制引入了企业内部，更有利于提高各责任中心的工作积极性。以市价为内部转移价格，对于转让方来说，由于内销可以节约部门销售费用，实际较外销更为有利；对于转入方来说，由于内购可以节约运费等费用，所以较外购也有利，对整个企业来说，也必然有利。为了促成利润中心间的内部销售和采购，确保企业内部资源的合理利用，在以市价为内部转移价格时，转让双方必须遵循如下原则：

1. 利润中心的产品，应首先用于满足内部其他利润中心的需要，但有权拒绝以低于市价的转让价格对内供应。

2. 利润中心所需的原材料、半成品和劳务等，应首先从内部其他利润中心取得，但如对方要高于市价或质量不合要求，则有权拒绝。

3. 内部转让不影响利润中心履行其已经签订的对外供货合同。

以市价为内部转移价格有时也会受到一定限制，如有些产品或劳务没有现成的市价，或虽有市价，但属于非完全竞争市场的价格，则不宜直接作为内部转移价格。

（三）协商价格

内部转移价格也可以由转让双方共同协商议定，即采用协议价格的形式。

以协议价格确定的内部转移价格，通常会低于市场价格，它主要适用于以下几种情况：

1.产品或劳务没有现成的市价或虽有市价但非完全竞争市场价格。

2.利润中心内销(内购)产品或劳务较外销(外购)可以节约部分或全部销售费用。

3.利润中心的外销产品或劳务无法充分利用现有生产能力。

此时，以合理的协议价促成内部转让会使转让双方均受益，进而使整个企业受益。

[例5]利润中心甲产销单一产品，年最大生产能力50 000单位，年对外销售量只有30 000单位。市价18元，单位变动成本10元，其所产产品也是利润中心乙所必需的原材料，乙中心年需求量为20 000单位。甲中心内销其产品每单位可节约的变动销售费用为2元。

在此情况下，协议价格的下限应为：

10 - 2 = 8(元)

上限为市价18元

至于价格究竟以多少合理，应由双方协商确定，设双方以平均分享利益为原则，则其内部转移价格应为：

(18 + 8) ÷ 2 = 13(元)，或 8 + (18 - 8) ÷ 2 = 13(元)

如此项内部转让得以实现，其结果将使双方共同受益，转让双方及企业整体的受益情况为：

甲中心因扩大销量而增加收益：(13 - 8) × 20 000 = 100 000元

乙中心因降低采购成本而增加收益：(18 - 13) × 20 000 = 100 000元

企业因促成内部转让增加收益：200 000元

由转让双方共同协商以确定合理的内部转移价格，是企业实行责任会计时所必须解决好的一个重要问题，它直接关系到能否客观公正地评价各责任中心的工作业绩，能否使企业整体实现最佳经济效益。因此，为尽可能合理公正地达成协商议价，避免企业整体利益遭受损失(如上例中如果甲、乙两利润中心因达不成协议价而无法促成产品的内部转移，则甲中心的生产能力将继续闲置，从而使企业整体丧失可增加收益200 000元的机会，即遭受损失)，企业可成立由精通经济业务、并且有组织才能的人员组成的内部仲裁机构，以负责协调和处理各责任中心间发生的纠纷和争议，但其作用仅限于在转让双方发生争执时进行公正的仲裁，以促成内部转让的实现，而不应该侵犯企业领导人已明确授予各责任中心的自主权。

(四)双重内部转移价格

所谓双重内部转移价格，是指产品(半成品)的供需双方分别采用不同的转移价格。一般来说，对产品的接受单位所收到的产品(半成品)按供应单位的变动成本计价，是比较适宜的。因为,如果定价高于外界市场价格时,接受单位可向外界进货。产品供应单位的部分生产能力就可能因此而闲置起来,无法充分利用。这从整个企业看,显然是不利的。

对产品供应单位的内部转移价格,一般来讲,应包括“内部利润”,否则,供应单位将得不到任何利润。若按变动成本转让,还会发生“亏损”,那么,就难以激励它在生产经营中充分发挥主动性、积极性。

第四节　责任预算

一、责任预算的含义

责任预算是指以责任中心为对象,以其可控的成本、收入和利润为内容编制的预算。责任预算既是各责任中心努力的目标和控制的依据,又是考核责任中心业绩的标准,是责任会计的重要组成部分。进一步说,责任预算就是把总预算确定的目标,按照企业内部各责任中心进行划分,落实到各部门或各层次,从而保证实现企业总目标的预算体系。

二、责任预算的编制

责任预算的编制是以企业的全面预算为基础进行的。企业的全面预算规定了整个企业和生产经营各方面的总目标和总任务,为了保证全面预算的实现,必须把全面预算中规定的指标按照各个责任中心进行分解,形成责任预算。所以,责任预算实质上是全面预算的落实和具体化,两者是一致的。在实行自编预算的企业,其全面预算的编制程序为自下而上,先由基层单位根据企业的总体规划自编本单位预算,然后由预算编制委员会汇总、平衡、协调成为正式预算,再分解落实到企业各个部门和基层单位,成为各责任中心的责任预算。此种预算编制方法充分体现了行为科学中“参与”与“激励”的原则,有利于调动责任中心的工作积极性和创造性。

责任预算的具体编制应根据各责任中心的业务性质,采用相应的弹性预算、概率预算、绩效预算等形式,以充分发挥预算的规划、控制和考核等多重作用。在具体编制时可按照两种顺序进行,一种是自上而下将总预算从责任中心的角度进行层层分解而形成各责任中心的预算。另一种是采取自下而上的方式,将各责任中心的分预算层层汇总形成总预算。两种方式中,前一种比较常见,它能使整个企业浑然一体,便于统一指挥和调度。而后一种虽然有利于发挥各责任中心的积极性和创造性,却容易使各责任中心只注意本中心的具体情况，彼此协调性差，冲击企业的总体目标。

责任预算是通过各种责任指标表现的，包括各种价值指标和非价值指标。价值指标如：成本中心责任预算中的可控成本额，收入中心责任预算中的销售额，利润中心责任预算中的可控收益、目标利润，投资中心责任预算中的投资报偿率、剩余收益等；非价值指标如：责任中心设备完好率、职工出勤率、销售量等。前者为主要的考核指标。

责任预算包括的内容，由责任中心的责任范围和控制权力所决定。各类责任中心责任预算的具体内容与责任报告中的预算部分完全相同，具体请参见本章节将要介绍的责任报告部分。

三、编制责任预算实例

假设甲公司下设两个分公司：A 公司和 B 公司，均为利润中心，各分公司下属三个管理部门：销售部门（收入中心）、生产部门（成本中心）、行政管理部门（成本中心）。甲公司责任预算的简略形式如表 10-4，10-5，10-6，10-7，10-8。

表 10-4 甲公司责任预算

2×××年

责任中心	项目	责任预算	责任人
	营业利润		
利润中心	A 公司	17 200	A 公司经理
利润中心	B 公司	20 000	B 公司经理
利润中心	合计	37 200	公司总经理

表 10-5 A 公司责任预算

2×××年

责任中心	项目	责任预算	责任人
收入中心	销售部	230 000	销售部经理
成本中心	可控成本		
	制造部	150 000	制造部经理
	行政管理部	32 800	行政管理部经理
	销售部	30 000	销售部经理
	合计	212 800	
利润中心	营业利润	17 200	A 公司经理

表 10－6　A公司销售部责任预算

2×××年

责任中心	项目	责任预算	责任人
收入中心	东北销售区	100 000	责任人A
收入中心	东南销售区	50 000	责任人B
收入中心	西北销售区	65 000	责任人C
收入中心	西南销售区	10 000	责任人D
收入中心	出口销售	5 000	责任人E
收入中心	合计	230 000	销售部经理

表 10－7　A公司制造部责任预算

2×××年

责任中心	项目	责任预算	责任人
成本中心	一车间：		
	变动成本		
	直接材料	50 000	
	直接人工	6 000	
	变动制造费用	4 000	
	小　计	60 000	
	固定成本		
	固定性制造费用	7 000	
	合　计	67 000	车间负责人
成本中心	二车间：		
	变动成本		
	直接材料	40 000	
	直接人工	4 000	
	变动性制造费用	6 000	
	小　计	50 000	
	固定成本		
	固定性制造费用	23 000	
	合　计	73 000	车间负责人
	制造部其他费用	10 000	制造部经理
成本中心	总　计	150 000	制造部经理

表 10－8　A 公司行政管理部及销售部责任预算(费用)

2×××年

责任中心	项目	责任预算	责任人
成本中心	行政管理部：		
	工资费用	30 000	
	折旧费	2 000	
	保险费	500	
	办公费	300	
	合计	32 800	行政管理部经理
成本中心	销售部：		
	工资费用	15 000	
	办公费	10 000	
	广告费	3 000	
	其他	2 000	
	合计	30 000	销售部经理

第五节　内部结算、责任转账与责任报告

一、内部结算

(一)内部结算的意义

1.有效地组织和利用企业内部资金

通过内部结算，运用金融手段将分散在各责任中心的闲散资金聚积起来，积少成多，从而在一定程度上缓解了企业资金紧张的状况，严格结算纪律，加快货币回笼，减少资金占用。

2.强化企业资金管理和调控

通过内部结算使内部结算中心充分发挥了融资中心和结算中心的作用，方便了各部门，减少资金在途，加速资金周转，并使各单位的经济活动与资金收付在公司账户上及时反映出来，有利于企业增强资金集中管理、使用和调控能力。

3.提高各部门的信誉度，支持企业的发展

在企业范围内办理内部结算，使各部门彻底改变了以前能拖就拖、能欠就欠的旧观

念，逐渐树立和强化了信用观念，内部结算将相对分散的资金集中起来，充实了企业的经营资金，从而在一定程度上支持了企业的发展。

（二）内部结算的方式

企业各责任中心之间发生的经济往来，通常要在企业内部以模拟银行结算方式进行结算以达到管理和控制企业经济活动的目的。根据内部结算对象的不同，通常采用以下几种结算方式：

1.内部货币结算方式。这种方式就是指在企业内部发行货币，如资金本票、流通券、资金券、厂内货币、厂内本票等，进行企业内部往来业务的结算。内部货币作为企业内部的流通手段、支付手段、储存手段等履行其特有的职能，但在企业的范围之外则无法流通、运用。内部货币发行数量的多少、票面金额的大小，均应根据企业的具体情况确定，但式样需与人民币有明显区别。运用内部货币结算方式，能够强化广大职工的价值观念、核算观念、经济责任观念，但手续过于复杂，一般必须配套设置厂内银行，因此机构庞大，不便于管理。这种结算方式适用于责任单位之间的小额零星收支结算，以及较低层次、未在内部银行开设存款户头的责任中心之间的经济往来，通常不能作为企业唯一的或主要的内部结算方式，而应和其他结算方式配合使用。

2.内部支票结算方式。这是指由付款部门签发内部支票，通知厂内银行从其账户中支付款项的结算方式。这种结算方式分为签发、收受和银行转账三个环节。签发就是由付款单位根据有关原始凭证签发内部支票直接交付收款单位；收受就是收款单位经过审核无误后接受付款单位的支票；银行转账就是收款单位将支票送达厂内银行办理收款转账。内部支票一般一式三联，第一联为收款凭证；第二联为付款凭证；第三联为厂内银行记账凭证。采用内部支票结算方式，可以使收、付双方当时结清款项，避免由于产品质量、价格等原因在结算过程中发生纠纷，影响责任中心正常的资金周转，所以是最常用的内部结算方式之一。但如果结算频繁且金额较小，则不宜采用这种方式。这种结算方式主要适用于责任单位之间的大笔收支结算业务。

3.转让通知单方式。这是指由收款单位根据有关原始凭证签发转让通知单，通知厂内银行将转让通知单转给付款单位的一种结算方式。转让通知单一般可设计成三联式，第一联为收款部门的收款凭证；第二联为付款部门的付款凭证；第三联为企业内部结算中心的记账凭证。这种结算方式手续简便，结算及时，适用于经常性的、质量与价格较为稳定的往来业务，如辅助车间向生产车间供气、供水、供电等业务。但由于转让通知单是单项传递，付款方若对结算业务的质量、数量、价格发生异议，交涉起来就比较麻烦。

当然，除了前述三种结算方式以外，企业还可采用内部托收承付结算方式、内部委托收款结算方式、内部委托付款结算方式等。进行内部结算方式设计，应本着既满足结算业务和资金管理的需要，又简化结算手续的原则进行。一般而言，仅采用一两种结算方式是远远不够的，企业应根据上述原则恰当选择结算方式，并将选定的结算方式结合起来使用，以便满足不同的需要。

二、责任转账的必要性及方法

在责任预算的执行过程中，为了及时了解各责任中心责任预算的执行情况，需要就成本、收入、利润等为每个责任中心分别设置相应的账户以归集其实际发生的可控收入、成本和利润。归集中为了分清责任，有时需要将某些成本，按其责任归属，在有关责任中心的账户之间进行转账，此项账务处理被称为责任转账。

进行责任转账可以恰当地分清各责任中心的责任，正确地反映各责任单位的业绩，对责任发生单位与责任承担单位的各种损失(包括直接发生的损失以及由于本身的责任给其他责任中心带来的相应损失)，应该及时地进行责任转账，以便及时地分清责任。

责任转账的方法一般包括以下两种：

双轨制：各责任中心有专人根据有关原始凭证把各该中心日常发生的可控收入、成本，以及各中心相互间的结算和转账业务记入单独设置的责任会计账户内，然后根据需要，定期或不定期地汇总计算收入、成本和利润，与财务会计的日常核算分开进行。此法的优点是责任会计核算和考核可以完全按照企业内部管理的需要而进行，不受国家财务会计制度的制约，具有较大的灵活性，但工作量大。

单轨制：不设专门的责任会计账户，而是在传统财务会计的各种账户的明细账户内为各责任中心分别设置专栏进行登记，并定期地为各责任中心进行信息汇总。此法的优点是可以简化核算工作，减少重复劳动，核算资料既能满足对内责任会计核算的要求，又能满足对外报告的需要。但对会计人员的素质和企业管理水平的要求较高。

三、责任报告

(一)责任报告的意义

实行责任会计，需要对各责任中心的业绩定期地进行考核和评价，而责任中心业绩的考核是通过编制责任报告完成的。

所谓责任报告，就是按每一责任中心根据其实际发生的可控收入、成本、利润等资料编制的，反映其责任预算执行情况的会计报告，又称业绩报告。

在责任报告中，应分栏列示各种可控成本、收入和利润等项目的预算、实际金额及实际与预算的差异额和差异率，必要时还可增设上期实际数及本期实际与上期实际相比的增减额，以及本期实际与预算、本期实际与上期实际差异原因的分析等资料，以便各责任中心在下一步工作中能扬长避短，更好地完成各自的责任。

责任报告编制的依据是责任会计的日常信息记录及各责任中心的责任预算。因责任中心是逐级设置的，因此其责任报告也应该自下而上地逐级编制。

（二）责任报告的形式

责任报告的形式主要有报表、数据分析和文字说明等。将责任预算、实际执行结果及其差异用报表予以列示是责任报告的基本形式。在揭示差异时，还必须对重大差异予以定量分析和定性分析。定量分析旨在确定差异的发生程度，定性分析旨在分析差异产生的原因，并根据这些原因提出改进建议，以供责任中心和企业高层经理加强控制。因此，责任报告的形式除报表之外，还要采取数据分析和文字说明的形式。

在企业的不同管理层次上，责任报告的侧重点应有所不同。最低层次的责任中心的责任报告应当最详细，随着层次的升高，责任报告的内容应以更为概括的形式来表现。这一点与责任预算的由上至下分解过程不同，责任预算是由总括到具体，责任报告是由具体到总括。责任报告应能突出产生差异的重要影响因素。为此，应遵循例外管理原则，突出重点，使报告的使用者能把注意力集中到少数严重脱离预算的因素或项目上来。

（三）责任报告实例

设某公司作为投资中心，下设 A、B 两个分公司，A、B 均为利润中心，各分公司下属的三个职能部门又设为成本中心，则其各类责任中心的业绩报告的简略形式见表 10－9，10－10，10－11。

表 10－9　成本中心责任报告　　单位：元

项　目	预算额	实际额	差异额
A 分公司第一车间可控成本			
变动成本			
直接材料	50 000	70 000	20 000
直接人工	6 000	6 500	500
变动性制造费用	4 000	3 500	－500
变动成本合计	60 000	80 000	20 000
固定成本			
固定性制造费用	7 000	6 800	－200
可控成本合计	67 000	86 800	19 800
A 分公司制造部门可控成本			
第一车间			
变动成本	60 000	80 000	20 000
固定成本	7 000	6 800	－200

（续表）

项　　目	预算额	实际额	差异额
小　计	67 000	86 800	19 800
第二车间			
变动成本	50 000	80 000	30 000
固定成本	23 000	19 200	(3 800)
小　计	73 000	99 200	26 200
制造部门其他费用	10 000	9 000	－1 000
可控成本合计	150 000	195 000	45 000
A 分公司可控成本			
制造部门	150 000	195 000	45 000
行政管理部门	22 800	21 800	－1 000
销售部门	30 000	30 000	0
可控成本合计	202 800	246 800	44 000

表 10－10　利润中心责任报告　　单位：元

项　　目	预算额	实际额	差异额
A 分公司销售收入			
东北销售区	100 000	110 000	10 000
西北销售区	50 000	54 000	4 000
华中销售区	65 000	72 000	7 000
东南销售区	10 000	50 000	40 000
西南销售区	5 000	25 000	20 000
可控收入小计	230 000	311 000	81 000
A 分公司变动成本			
第一车间	60 000	80 000	20 000
第二车间	50 000	80 000	30 000
小　计	110 000	160 000	50 000
A 分公司边际贡献	120 000	151 000	31 000
A 分公司可控固定成本			
制造部门			
第一车间	7 000	6 800	(200)
第二车间	23 000	19 200	(3 800)
制造部门其他费用	10 000	9 000	－1 000
小　计	40 000	35 000	(5 000)
行政管理部门	22 800	21 800	－1 000
销售部门	30 000	30 000	0
可控固定成本合计	92 800	86 800	－6 000
A 分公司可控收益	27 200	64 200	37 000
总公司分摊费用	12 400	12 400	0
A 分公司利润	14 800	51 800	37 000

表 10－11 投资中心责任报告 单位:元

项 目	预算额	实际额	差异额
A分公司利润	14 800	51 800	37 000
B分公司利润	20 000	16 000	－4 000
合 计	34 800	67 800	33 000
营业资产平均占用额	174 000	271 200	97 200
投资报偿率	20%	25%	5%
最低报偿率	15%	15%	0
剩余收益	8 700	27 120	18 420

【本章小结】

责任会计是现代分权管理模式的产物。责任会计需要将企业内部的部门,按照其享有的权利和承担责任的大小,划分为成本中心、收入中心、利润中心和投资中心。

成本中心业绩考核评价的指标是责任成本;收入中心业绩考核评价指标包括销售量、销售额、存货周转率;利润中心业绩考核评价的指标是可控收益;投资中心业绩评价的指标包括投资报偿率和剩余收益。

内部转移价格是企业内部部门相互提供中间产品或劳务时所采用的结算价格。内部转移价格是否合理,一方面会影响到对各个部门的业绩评价,另一方面会影响到企业的税收负担。内部转移价格的类型包括:以成本为基础制定内部转移价格;以市价为基础制定内部转移价格;协商价格;双重内部转移价格。几种内部转移价格各有其优缺点,企业应根据具体情况加以选择。

【本章练习题】

一、单项选择题

1.应用范围最广泛的责任中心是(　　)。

A.成本中心　B.利润中心　C.投资中心　D.收入中心

2.最高层次的责任中心是(　　)。

A.成本中心　B.利润中心　C.投资中心　D.收入中心

3.成本中心考核评价的指标是(　　)。

A.生产成本　B.销售收入　C.营业利润　D.责任成本

4.利润中心考核评价的指标是(　　)。

A.可控收益　B.销售收入　C.营业利润　D.责任成本

5.已知 ABC 公司加权平均的最低投资利润率为 20%,其下设的甲投资中心投资额为 200 万元,剩余收益为 20 万元,则该中心的投资利润率为(　　)。

A.10%　　B.20%　　C.30%　　D.40%

二、多项选择题

1.责任会计的原则包括(　　)。

A.责任主体原则　　B.可控性原则　　C一致性原则　　D.激励性原则

E.反馈性原则

2.责任中心按照所享有的权利及承担的责任大小可以划分为(　　)。

A.成本中心　　B.利润中心　　C.投资中心　　D.收入中心

E.资产中心

3.投资中心考核评价的指标是(　　)。

A.净现值　　B.现值指数　　C.内含报酬率　　D.投资报偿率

E.剩余收益

4.内部转移价格的类型包括(　　)。

A.以实际成本为基础确定内部转移价格　　B.市场价格

C.协商价格　　D.双重内部转移价格

E.以标准成本为基础确定内部转移价格

三、名词解释

1.责任会计

2.责任中心

3.剩余收益

4.内部转移价格

四、简答题

1.什么是责任成本?它与产品成本有何区别?

2.说明投资中心考核指标各有何优缺点?如何计算?

3.简要说明责任转账的必要性。

4.什么是责任报告?它有何作用和内容?

5.什么是内部转移价格?为什么要制定内部转移价格?

6.制定内部转移价格要遵循什么原则?可选用哪些方法?

五、实务练习题

练习一

(一)目的:练习利润中心的业绩评价与分析。

（二）资料：某企业设有四个利润中心，分别产销不同的单一产品。其上年度的有关资料如下：

	A	B	C	D
预算数				
销售收入	160 000	380 000	300 000	350 000
边际贡献率	52.5%	28%	26%	42%
可控收益	75 000	75 000	70 000	100 000
实际数				
销售收入	200 000	350 000	280 000	420 000
变动成本	100 000	245 000	210 000	252 000
直接固定成本	40 000	60 000	50 000	70 000
其中：不可控成本	25 000	25 000	25 000	25 000

（三）要求：

（1）计算各利润中心上年度的实际边际贡献、可控收益和直接收益。

（2）分析并评价各利润中心主管人员的工作成绩和能力。

练习二

（一）目的：练习投资中心工作业绩的评价。

（二）资料：某企业分设三个事业部，均被授予充分的经营和投资自主权，上年度有关实际资料如下：

D	A	B	C
利息支出	150 000	260 000	350 000
税后利润	240 000	280 000	310 000
平均营业资产	3 000 000	4 800 000	6 250 000

企业所得税税率60%。

（三）要求：

（1）计算各部的投资报偿率并评价其业绩。

（2）设该企业以投资报偿率为考核各部绩效的标准，现各部均有投资1 500 000元的机会，估计每年可增加营业利润330 000元，这一机会对哪几个事业部有吸引力？

（3）该企业要求各部的最低投资报偿率为20%，计算各事业部上年度的剩余收益。

练习三

(一)目的:练习投资报偿率和剩余收益指标的计算。

(二)资料:某公司下设四个投资中心的资料如下:

	A	B	C	D
销售收入	50 000	45 000	——	——
营业利润	5 000	——	6 600	2 000
营业资产	——	15 000	30 000	——
销售利润率	——	8%	——	4%
投资周转率	——	——	2	——
投资报偿率	25%	——	——	16%
最低报偿				
百分率	20%	——	——	18%
金 额	——	2 700	——	——
剩余收益	——	——	1 800	——

(三)要求:计算有关数据,分别填入各空格内。

练习四

(一)目的:练习利润中心责任报告的编制。

(二)资料:甲利润中心某月份实际发生可控收入及成本资料为:销售收入458 000元,变动生产成本237 000元,变动销售及管理费用30 800元,固定成本102 600元,其中可控固定成本60 200元。这些项目的预算数分别为:销售收入450 000元,变动生产成本240 000元,变动销售及管理费用30 000元,固定成本102 000元,其中可控固定成本60 000元。

(三)要求:根据上述资料,编制该中心本月份的责任报告。

练习五

(一)目的:练习责任中心局部利益与企业整体利益的协调。

(二)资料:某公司有加工和装配两个生产部门,装配部每年需300 000个甲零件现由加工部提供,其内部转让价格为每个5元。加工部生产300 000个甲零件的成本如下:

变动制造成本	600 000
固定制造成本	175 000
其他变动成本	200 000
其他固定成本	100 000
上级分配的固定成本	120 000
合　　计	1 195 000

最近该装配部决定从市场按每个4.5元的价格购入所需甲零件。加工部的所有工场设备都是租用的，如果加工部停歇，实际上现有固定成本都是可以避免的。设加工部对外销售量将为零。

(三)要求：

(1)从装配部和公司整体利益的不同角度确定甲零件应否从市场购进，为什么？

(2)为促进内部转让，甲零件的内部转移价格应如何制定(确定其议价的最高和最低价)。

练习六

(一)目的：练习内部转移价格的制定。

(二)资料：某企业所属各厂均为利润中心。A厂的一种产品，其年生产能力为100 000件，目前的年产销量为75 000件，单位变动成本7元，在现价12元的条件下已难以进一步增加外销量。该产品可以由B厂做进一步加工后出售，但过去却一直按11元的价格从外部采购。该企业领导人在最近召开的各部、厂主管会议上了解到这一情况，认为这是企业利润的外流，因此要求B厂考虑不再继续外购该种产品而改由A厂提供。

(三)要求：按两厂平均分享利益的原则，根据下列不同情况测算并提出关于内部转让价格的资料和建议，供两厂作为协商的基础(据A厂分析，产品如在内部转让，每件可节省包装及销售佣金等费用0.50元)。

(1)B厂的年需用量为20 000件。

(2)B厂的年需用量为30 000件。

(3)A厂如将价格降为11.25元，肯定能使年外销量提高至100 000件，而B厂的年需用量为20 000件。

练习七

(一)目的：练习内部转移价格的制定。

(二)资料：某企业从事多种经营，并以各事业部为利润中心，其中有一个部专门经营自行车的产销。

最近该企业并入一家轮圈制造厂，其生产能力为年产自行车圈1 000 000套，年产销量600 000套，每套售价为30元，单位变动成本为18元。

自行车部每年需用轮圈300 000套，过去一直由外部厂商供应，由于批量较大，故可按每套28元的优惠价格购得。

现该企业领导人要求自行车部改向新并入的轮圈厂(亦为利润中心)购买其所需的全部轮圈。经测算，轮圈厂为增产此项内部供应产品，每年需增加固定成本750 000元，但每套可节约包装运杂等费0.6元。

(三)要求：按照平均分享利益的原则，每套轮圈的内部转让价格应以多少最为合理？按此价格转让，双方和企业整体每年各可增加多少利润？

六、案例分析

迅达公司部门间的转移定价

南京迅达汽车销售公司是一家综合性的汽车销售公司,主要从事新车、旧车及零配件的销售及售后服务等业务。其中,新车销售为公司的主要业务。公司在经营中始终坚持“以顾客为本”的经营理念,努力使顾客满意,良好的信誉为公司赢得了丰厚的回报和不断增长的市场占有率。公司在不断加强对外经营管理的同时,在内部管理上也实行了一整套科学的管理办法。

该公司设有三个业务部门,即新车销售部、旧车销售部和服务部(承担对内外的维修和售后服务,同时负责零配件的销售),每个部门都是一个利润中心,各部门独立核算,部门经理及相关人员的收入与所在部门的业绩(毛利)直接挂钩。其收益状况见迅达汽车销售公司损益表。

为了在激烈的竞争中立于不败之地,进一步提高市场占有率,公司推出了一项新的业务,即以旧换新业务,公司管理层希望这项新业务成为公司新的利润增长点。

今天,新车销售部经理王浩接到了第一笔以旧换新的业务。一位顾客希望以他的旧的 A 型轿车折价购买一辆标价为 102 400 元的 B 型轿车。目前在市场上这款 B 型轿车是以 8.5 折出售。新车部经理王浩有权决定旧车的价格,但同时,他也必须负责处置这辆旧车。处置方式有两种:一是通过公司的旧车销售部销售,接受旧车的价格由该部门的经理赵玄决定;二是自己通过旧车的拍卖或批发来售出这辆车。无论采取何种方式,王浩都要保证在这项业务中获得利润。

迅达汽车销售公司损益表

(12 月 31 日)

单位:元

新车销售收入			61 149 968
新车销售成本		50 502 416	
推销员报酬		2 597 952	53 100 368
			8 049 600
销售折让			1 857 792
新车销售毛利			6 191 808
旧车销售收入		38 331 136	
旧车销售成本	30 516 432		
销售员报酬	1 466 464	31 982 896	
		6 348 240	
销售折让		977 888	
旧车销售毛利			5 370 352
			11 562 160

（续表）

对外提供服务收入		5 560 176	
成本		4 111 744	
		1 448 432	
对内修理服务			
收费	3 785 280		
成本	3 908 992	－123 712	
服务工作毛利			1 324 720
			12 886 880
一般管理费用			7 867 360
税前利润			5 019 520

确定旧车的价格是这项业务的关键。在进行了初步分析之后，王浩认为，顾客所要购买的这款B型轿车目前在市场上的销路并不十分理想，而且目前仓库里的这辆新车已经存放了一段时间；所幸的是，顾客所要折价的这辆旧A型轿车的颜色和款式目前在市场上还很流行。所以，王浩很希望在有利可图的情况下，促成这项业务，尽快出手这辆新车。

为了确定旧车的作价，王浩与旧车部经理赵玄一同对旧车进行了检查。经过初步检查，他们发现这辆车必须经过维修才能售出，维修费用约为5 600元。经过维修后这辆旧车在市场上销售的批发价约为25 600元，零售价约为35 600元。而目前在市场上状况良好的同类旧车的购入价在22 000～23 600元之间。而在下周的旧车拍卖价估计只需17 600元就可买到。

经过与顾客的协商，最后王浩与顾客达成一致意见：王浩将旧车作价定位34 160元，新车按标价102 400元出售（不打折）。签署完有关的文件后，顾客满意地离开了。

接下来的问题是会计部门如何记录这项以旧换新的业务呢？新车的售价为102 400元，进价为71 120元，会计部门将新车的销售毛利确认为31 280元。而旧车的作价是34 160元，同时还要花费5 600元的维修费用，共需花费39 760元，而旧车销售的价格：批发价为25 600元，零售价为35 600元，这部分亏损如何处理？旧车的入账价值应确认为多少才合适呢？按照会计原则，会计部经理决定将旧车按购入价值34 160元入账。

得知会计部将34 160元作为旧车的入账价值，旧车部经理赵玄坚决反对，他不接受这个价格，他认为20 000元（批发价25 600元－维修费用5 600元）才是合理的。“要知道，我的部门也是要实现利润的，我们部门的员工的收入取决于销售旧车的毛利，用这样的价值入账，最终会使我们部门的业绩受损，这不公平，我们不能接受。”

正当他们争执的时候，又出现了新情况，当服务部门对这辆车进行了进一步的检查后发现，车后轴有一个裂缝，只有更换后轴才能将这辆车售出。更换后轴的零件费和人工费共计约为4 240元。这样,这项以旧换新的业务又增加了一个额外的维修费用。

公司总经理孙曼得知这个情况后决定召开公司高管会议,就内部转移价格的制定问题进行讨论,会上服务部经理林志强又提出了一个新的问题。林志强认为目前服务部对内部工作的收费低于对外部顾客的收费,"仅此一项,去年个人的收入就损失了64 000元,所以,我们更愿意接受外部顾客的服务请求,而不愿接受内部部门的服务请求。就拿目前这项以旧换新的业务来说吧,我们只收取9 840元(5 600元+4 240元)的修理费用。而按行业标准,我们对外应收取的标准维修费用为13 280元,二者相差3 440元。这样我们部门的毛利就被低估了,直接影响了部门的业绩评价,也影响了我们部门员工的收入。目前,我们部门的工作主要是维修销售部购入的旧车,我认为对这些旧车的修理费用应与对外维修所收取的费用相同。"服务部的费用分析情况见迅达汽车销售公司服务部费用分析表。

赵玄和王浩都认为,在做初步检查时,很难发现后轴上的裂缝,没有发现很正常,这部分维修费用应由服务部门来承担,因为把车修好是林志强他们部门的责任。而且服务部门根本不应从为公司内部维修服务中赚取利润,毕竟内外有别嘛。

总经理孙曼听了这些部门经理的意见后,一时难以决定到底应如何处理。但他感到这个问题应尽快、妥善解决,否则就会影响各部门的积极性。他指示会计部经理李露尽快将这项业务情况计算一下,看看到底怎样做才对公司赚取利润有利。

几天后,这项以旧换新业务的维修成本确切数据出来了,服务部门所花的总维修成本为11 008元,其中,更换后轴花了5 888元,比预计数多了1 168元。

迅达汽车销售公司服务部费用分析表

单位:元

	对外维修	对内维修	合计
工作量(机时)	22 240	8 408	30 648
直接人工费	1 710 880	1 581 120	3 292 000
物料消耗	592 992	524 080	1 117 072
部门生产能力成本	504 928	417 072	922 000
	2 808 800	2 522 272	5 331 072
零件成本	1 302 944	1 386 720	2 689 664
	4 111 744	3 908 992	8 020 736
所有工作的收费	5 560 016	3 785 280	9 345 296
毛利	1 448 432	-123 712	1 324 720
分配公司生产能力成本			913 280
部门年利润			411 440

要求：

1.计算迅达汽车销售公司从整个交易中获利多少？假定，旧车是以35 600元的零售价销售出去，修理成本为11 008元(不考虑销售人员的佣金)。

2.迅达汽车销售公司的每一个部门都是一个利润中心，在已知修理成本为11 008元的情况下，请问：

(1)这辆旧车应以什么价格从新车销售部转移到旧车销售部？为什么？

(2)服务部门应收取多少维修费最为合适？为什么？

(3)采取什么策略使这辆旧车经过修理后出售的利润最大？

3.运用案例中所提供的信息，评价各利润中心的业绩，并说明目前迅达汽车销售公司采用三个利润中心的方法是否是最好的？为什么？如果不是，请设计一个更好的方法，并与目前所采用的方法进行比较，说明你的理由。

附表一 复利终值系数表

n/i	1%	2%	3%	4%	5%	6%	7%	8%	9%	10%	12%	14%	15%	16%	18%	20%	24%	28%	32%	36%
1	1.0100	1.0200	1.0300	1.0400	1.0500	1.0600	1.0700	1.0800	1.0900	1.1000	1.1200	1.1400	1.1500	1.1600	1.1800	1.2000	1.2400	1.2800	1.3200	1.3600
2	1.0201	1.0404	1.0609	1.0816	1.1025	1.1236	1.1449	1.1664	1.1881	1.2100	1.2544	1.2996	1.3225	1.3456	1.3924	1.4400	1.5376	1.6384	1.7424	1.8496
3	1.0303	1.0612	1.0927	1.1249	1.1576	1.1910	1.2250	1.2597	1.2950	1.3310	1.4049	1.4815	1.5209	1.5609	1.6430	1.7280	1.9066	2.0872	2.3000	2.5155
4	1.0406	1.0824	1.1255	1.1699	1.2155	1.2625	1.3108	1.3605	1.4116	1.4641	1.5735	1.6890	1.7490	1.8160	1.9388	2.0736	2.3642	2.6844	3.0360	3.4210
5	1.0510	1.1041	1.1593	1.2167	1.2763	1.3382	1.4026	1.4693	1.5386	1.6105	1.7623	1.9254	2.0114	2.1003	2.2878	2.4883	2.9316	3.4360	4.0075	4.6526
6	1.0615	1.1262	1.1941	1.2653	1.3401	1.4185	1.5007	1.5809	1.6771	1.7716	1.9738	2.1950	2.3131	2.4364	2.6996	2.9860	3.6352	4.3980	5.2899	6.3275
7	1.0721	1.1487	1.2299	1.3159	1.4071	1.5036	1.6058	1.7738	1.8280	1.9487	2.2107	2.5023	2.6600	2.8262	3.1855	3.5832	4.5077	5.6295	6.9826	8.6054
8	1.0829	1.1717	1.2668	1.3686	1.4775	1.5938	1.7182	1.8509	1.9926	2.1436	2.4760	2.8526	3.0590	3.2784	3.7589	4.2998	5.5895	7.2508	9.2170	11.703
9	1.0937	1.1951	1.3048	1.4233	1.5513	1.6895	1.8385	1.999	2.1719	2.3579	2.7731	3.2519	3.5179	3.8030	4.4335	5.1598	6.9310	9.2234	12.167	15.917
10	1.1046	1.2190	1.3439	1.4802	1.6289	1.7908	1.9672	2.1589	2.3674	2.5937	3.1058	3.7072	4.0456	4.4114	5.2338	6.1917	8.5944	11.806	16.060	21.647
11	1.1157	1.2434	1.3842	1.5395	1.7103	1.8983	2.1049	2.3316	2.5804	2.8531	3.4785	4.2262	4.6524	5.1173	6.1759	7.4301	10.657	15.112	21.119	29.439
12	1.1268	1.2682	1.4258	1.6010	1.7959	2.0122	2.2522	2.5182	2.8127	3.1384	3.8960	4.8179	5.3503	5.9360	7.2876	8.9161	13.215	19.343	27.983	40.037
13	1.1381	1.2936	1.4685	1.6651	1.8856	2.1329	2.4098	2.7196	3.0658	3.4523	4.3635	5.4924	6.1528	6.8858	8.5994	10.699	16.386	24.759	36.937	54.451
14	1.1495	1.3195	1.5126	1.7317	1.9799	2.2609	2.5785	2.9372	3.3417	3.7975	4.8871	6.2613	7.0757	7.9875	10.147	12.839	20.319	31.691	48.757	74.053
15	1.1610	1.3459	1.5580	1.8009	2.0789	2.3966	2.7590	3.1722	3.6425	4.1772	5.4736	7.1379	8.1371	9.2655	11.974	15.407	25.196	40.565	64.359	100.71

（续表）

n/i	1%	2%	3%	4%	5%	6%	7%	8%	9%	10%	12%	14%	15%	16%	18%	20%	24%	28%	32%	36%
16	1.1726	1.3728	1.6047	1.8730	2.1829	2.5404	2.9522	3.4259	3.9703	4.5950	6.1304	8.1371	9.3576	10.748	14.129	18.488	31.243	51.923	84.954	136.97
17	1.1843	1.4002	1.6528	1.9479	2.2920	2.6928	3.1588	3.7000	4.3276	5.0545	6.8860	9.2765	10.761	12.468	16.672	22.186	38.741	66.461	112.14	186.28
18	1.1961	1.4282	1.7024	2.0258	2.4066	2.8543	3.3799	3.9960	4.7171	5.5599	7.6900	10.5751	12.375	14.463	19.673	26.623	48.039	86.071	148.02	253.34
19	1.2081	1.4568	1.7535	2.1068	2.5270	3.0256	3.6165	4.3157	5.1417	6.1159	8.6128	12.056	14.232	16.777	23.214	31.948	59.568	108.89	195.39	344.54
20	1.2202	1.4859	1.8061	2.1911	2.6533	3.2071	3.8697	4.6610	5.6044	6.7275	9.6463	13.743	16.367	19.461	27.393	38.338	73.864	139.38	257.92	468.57
21	1.2324	1.5157	1.8503	0.2788	2.7860	3.3996	4.1406	5.0338	6.1088	7.4002	10.804	15.668	18.822	22.574	32.324	46.005	91.592	178.41	340.45	637.26
22	1.2447	1.5460	1.9161	2.3699	2.9253	3.6035	4.4304	5.4365	6.6586	8.1403	12.100	17.861	21.645	26.168	38.142	55.206	113.57	228.36	449.39	866.67
23	1.2572	1.5769	1.9736	2.4647	3.0715	3.8197	4.7405	5.8715	7.2579	8.2543	13.552	20.362	24.891	30.376	45.008	66.247	140.83	292.30	593.20	1178.7
24	1.2697	1.6084	2.0328	2.5633	3.2251	4.0489	5.0724	6.3412	7.9111	9.8497	15.179	23.212	28.625	35.236	53.109	79.497	174.63	374.14	783.02	1603.0
25	1.2824	1.6406	2.0938	2.6658	3.3864	4.2919	5.4274	6.8485	8.6231	10.835	17.000	26.462	32.919	40.874	62.669	95.396	216.54	478.90	1033.6	2180.1
26	1.2953	1.6734	2.1566	2.7725	3.5557	4.5494	5.8076	7.3964	9.3992	11.918	19.040	30.167	37.857	47.414	73.949	114.48	268.51	613.00	1364.3	2964.9
27	1.3082	1.7069	2.2213	2.8834	3.7335	4.8823	6.2139	7.9881	10.245	13.110	21.325	34.390	43.535	55.000	87.260	137.37	332.95	784.64	1800.9	4032.3
28	1.3213	1.7410	2.2879	2.9987	3.9201	5.1117	6.6488	8.6271	11.167	14.421	23.884	39.204	50.066	63.800	102.97	164.68	412.86	1004.3	2377.2	5483.9
29	1.3345	1.7758	2.3566	3.1187	4.1161	5.4184	7.1143	9.3173	12.172	15.863	26.750	44.693	57.575	74.009	121.50	197.81	511.95	1285.6	3137.9	7458.1
30	1.3478	1.8114	2.4273	3.2434	4.3219	5.7435	7.6123	10.063	13.268	17.449	29.960	50.950	66.212	85.850	143.37	237.38	634.82	1645.5	4142.1	10143
40	1.4889	2.2080	3.2620	4.8010	7.0400	10.286	14.794	21.725	31.408	45.259	93.051	188.83	267.86	378.72	750.38	1469.8	5455.9	19427	66521	*
50	1.6446	2.6916	4.3839	7.1067	11.467	18.420	29.457	46.902	74.358	117.39	289.00	700.23	1083.7	1670.7	3927.4	9100.4	46890	*	*	*
60	1.8167	3.2810	5.8916	10.520	18.679	32.988	57.946	101.26	176.03	304.48	897.60	2595.9	4384.00	7370.2	20555	56348	*	*	*	*

附表二　复利现值系数表

n/i	1%	2%	3%	4%	5%	6%	7%	8%	9%	10%	12%	14%	15%	16%	18%	20%	24%	28%	32%	36%
1	0.9901	0.9804	0.9709	0.9615	0.9524	0.9434	0.9346	0.9259	0.9174	0.9091	0.8929	0.8772	0.8696	0.8621	0.8475	0.8333	0.8065	0.7813	0.7576	0.7353
2	0.9803	0.9712	0.9426	0.9246	0.9070	0.8900	0.8734	0.8573	0.8417	0.8264	0.7972	0.7695	0.7561	0.7432	0.7182	0.6944	0.6504	0.6104	0.5739	0.5407
3	0.9706	0.9423	0.9151	0.8890	0.8638	0.8396	0.8163	0.7938	0.7722	0.7513	0.7181	0.6750	0.6575	0.6407	0.6086	0.5787	0.5245	0.4768	0.4348	0.3975
4	0.9601	0.9238	0.8885	0.8548	0.8227	0.7921	0.7629	0.7350	0.7084	0.6830	0.6355	0.5921	0.5718	0.5523	0.5158	0.4823	0.4230	0.3725	0.3294	0.2923
5	0.9515	0.9057	0.8626	0.8219	0.7835	0.7473	0.7130	0.6806	0.6499	0.6209	0.5674	0.5194	0.4972	0.4762	0.4371	0.4019	0.3411	0.2910	0.2495	0.2149
6	0.9420	0.8880	0.8375	0.7903	0.7462	0.7050	0.6663	0.6302	0.5963	0.5645	0.5066	0.4556	0.4323	0.4104	0.3704	0.3349	0.2751	0.2274	0.1890	0.1580
7	0.9327	0.8606	0.8131	0.7599	0.7107	0.6651	0.6227	0.5835	0.5470	0.5132	0.4523	0.3996	0.3759	0.3538	0.3139	0.2791	0.2218	0.1776	0.1432	0.1162
8	0.9253	0.8535	0.7874	0.7307	0.6768	0.6274	0.5820	0.5403	0.5019	0.4665	0.4039	0.3506	0.3269	0.3050	0.2660	0.2326	0.1789	0.1388	0.1085	0.0854
9	0.9143	0.8368	0.7664	0.7026	0.6446	0.5919	0.5439	0.5002	0.4604	0.4241	0.3606	0.3075	0.2843	0.2630	0.2255	0.1938	0.1443	0.1084	0.0822	0.0628
10	0.9053	0.8203	0.7441	0.6756	0.6139	0.5584	0.5083	0.4632	0.4224	0.3855	0.3220	0.2697	0.2472	0.2267	0.1911	0.1615	0.1164	0.0847	0.0623	0.0462
11	0.8963	0.8043	0.7224	0.6496	0.5847	0.5268	0.4751	0.4289	0.3875	0.3505	0.2875	0.2366	0.2149	0.1954	0.1619	0.1346	0.0938	0.0662	0.0472	0.0340
12	0.8874	0.7885	0.7014	0.6246	0.5568	0.4970	0.4440	0.3971	0.3555	0.3186	0.2567	0.2076	0.1869	0.1685	0.1373	0.1122	0.0757	0.0517	0.0357	0.0250
13	0.8787	0.7730	0.6810	0.6006	0.5303	0.4688	0.4150	0.3677	0.3262	0.2897	0.2292	0.1821	0.1625	0.1452	0.1163	0.0935	0.0610	0.0404	0.0271	0.0184
14	0.8700	0.7579	0.6611	0.5775	0.5051	0.4423	0.3878	0.3405	0.2992	0.2633	0.2046	0.1597	0.1413	0.1252	0.0985	0.0779	0.0492	0.0316	0.0205	0.0135
15	0.8613	0.7430	0.6419	0.5553	0.4810	0.4173	0.3624	0.3152	0.2745	0.2394	0.1827	0.1401	0.1229	0.1079	0.0835	0.0649	0.0397	0.0247	0.0155	0.0099
16	0.8528	0.7284	0.6232	0.5339	0.4581	0.3936	0.3387	0.2919	0.2519	0.2176	0.1631	0.1229	0.1069	0.0980	0.0709	0.0541	0.0320	0.0193	0.0118	0.0073

（续表）

n/i	1%	2%	3%	4%	5%	6%	7%	8%	9%	10%	12%	14%	15%	16%	18%	20%	24%	28%	32%	36%
17	0.8444	0.7142	0.6050	0.5134	0.4363	0.3714	0.3166	0.2703	0.2311	0.1978	0.1456	0.1078	0.0929	0.0802	0.0600	0.0451	0.0259	0.0150	0.0089	0.0054
18	0.8360	0.7002	0.5874	0.4936	0.4155	0.3503	0.2959	0.2502	0.2120	0.1799	0.1300	0.0946	0.0808	0.0691	0.0580	0.0376	0.0208	0.0118	0.0068	0.0039
19	0.8277	0.6864	0.5703	0.4746	0.3957	0.3305	0.2765	0.2317	0.1945	0.1635	0.1161	0.0829	0.0703	0.0596	0.0431	0.0313	0.0168	0.0092	0.0051	0.0029
20	0.8195	0.6730	0.5537	0.4564	0.3769	0.3118	0.2584	0.2145	0.1784	0.1486	0.1037	0.0728	0.0611	0.0514	0.0365	0.0261	0.0135	0.0072	0.0039	0.0021
21	0.8114	0.6598	0.5375	0.4388	0.3589	0.2942	0.2415	0.1987	0.1637	0.1351	0.0926	0.0638	0.0531	0.0443	0.0309	0.0217	0.0109	0.0056	0.0029	0.0016
22	0.8034	0.6468	0.5219	0.4220	0.3418	0.2775	0.2257	0.1839	0.1502	0.1228	0.0826	0.0560	0.0462	0.0382	0.0262	0.0181	0.0088	0.0044	0.0022	0.0012
23	0.7954	0.6342	0.5067	0.4057	0.3256	0.2618	0.2109	0.1703	0.1378	0.1117	0.0738	0.0491	0.0402	0.0329	0.0222	0.0151	0.0071	0.0034	0.0017	0.0008
24	0.7876	0.6217	0.4919	0.3901	0.3101	0.2470	0.1971	0.1577	0.1264	0.1015	0.0659	0.0431	0.0349	0.0284	0.0188	0.0126	0.0057	0.0027	0.0013	0.0006
25	0.7798	0.6095	0.4776	0.3751	0.2953	0.2330	0.1842	0.1460	0.1160	0.0923	0.0588	0.0378	0.0304	0.0245	0.0160	0.0105	0.0046	0.0021	0.0010	0.0005
26	0.7720	0.5976	0.4637	0.3604	0.2812	0.2198	0.1722	0.1352	0.1064	0.0839	0.0525	0.0331	0.0264	0.0211	0.0135	0.0087	0.0037	0.0016	0.0007	0.0003
27	0.7644	0.5859	0.4502	0.3468	0.2678	0.2074	0.1609	0.1252	0.0976	0.0763	0.0469	0.0291	0.0230	0.0182	0.0115	0.0073	0.0030	0.0013	0.0006	0.0002
28	0.7568	0.5744	0.4371	0.3335	0.2551	0.1956	0.1504	0.1159	0.0895	0.0693	0.0419	0.0255	0.0200	0.0157	0.0097	0.0061	0.0024	0.0010	0.0004	0.0002
29	0.7493	0.5631	0.4243	0.3207	0.2429	0.1846	0.1406	0.1073	0.0822	0.0630	0.0374	0.0224	0.0174	0.0135	0.0082	0.0051	0.0020	0.0008	0.0003	0.0001
30	0.7419	0.5521	0.4120	0.3083	0.2314	0.1741	0.1314	0.0994	0.0754	0.0573	0.0334	0.0196	0.0151	0.0116	0.0070	0.0042	0.0016	0.0006	0.0002	0.0001
35	0.7059	0.5000	0.3554	0.2534	0.1813	0.1301	0.0937	0.0676	0.0490	0.0356	0.0189	0.0102	0.0075	0.0055	0.0030	0.0017	0.0005	0.0002	0.0001	*
40	0.6717	0.4529	0.3066	0.2083	0.1420	0.0972	0.0668	0.0460	0.0318	0.0221	0.0107	0.0053	0.0037	0.0026	0.0013	0.0007	0.0002	0.0001	*	*
45	0.6391	0.4102	0.2644	0.1712	0.1113	0.0727	0.0476	0.0313	0.0207	0.0137	0.0061	0.0027	0.0019	0.0013	0.0006	0.0003	0.0001	*	*	*
50	0.6080	0.3715	0.2281	0.1407	0.0872	0.0543	0.0339	0.0213	0.0134	0.0085	0.0035	0.0014	0.0009	0.0006	0.0003	0.0001	*	*	*	*
55	0.5785	0.3365	0.1968	0.1157	0.0683	0.0406	0.0242	0.0145	0.0087	0.0053	0.0020	0.0007	0.0005	0.0003	0.0001	*	*	*	*	*

附表三　年金终值系数表

n/i	1%	2%	3%	4%	5%	6%	7%	8%	9%	10%	11%	12%	13%	14%	15%
1	1.0000	1.0000	1.0000	1.0000	1.0000	1.0000	1.0000	1.0000	1.0000	1.0000	1.0000	1.0000	1.0000	1.0000	1.0000
2	2.0100	2.0200	2.0300	2.0400	2.0500	2.0600	2.0700	2.0800	2.0900	2.1000	2.1100	2.1200	2.1300	2.1400	2.1500
3	3.0301	3.0604	3.0909	3.1216	3.1525	3.1836	3.2149	3.2464	3.2781	3.3100	3.3421	3.3744	3.4069	3.4396	3.4725
4	4.0604	4.1216	4.1836	4.2465	4.3101	4.3746	4.4399	4.5061	4.5731	4.6410	4.7097	4.7793	4.8498	4.9211	4.9934
5	5.1010	5.2040	5.3091	5.4163	5.5256	5.6371	5.7507	5.8666	5.9847	6.1051	6.2278	6.3528	6.4803	6.6101	6.7424
6	6.1520	6.3081	6.4684	6.6330	6.8019	6.9753	7.1533	7.3359	7.5233	7.7156	7.9129	8.1152	8.3227	8.5355	8.7537
7	7.2135	7.4343	7.6625	7.8983	8.1420	8.3938	8.6540	8.9228	9.2004	9.4872	9.7833	10.0890	10.4047	10.7305	11.0668
8	8.2857	8.5830	8.8923	9.2142	9.5491	9.8975	10.2598	10.6366	11.0285	11.4359	11.8594	12.2997	12.7573	13.2328	13.7268
9	9.3685	9.7546	10.1591	10.5828	11.0266	11.4913	11.9780	12.4876	13.0210	13.5795	14.1640	14.7757	15.4157	16.0853	16.7858
10	10.4622	10.9497	11.4639	12.0061	12.5779	13.1808	13.8164	14.4866	15.1929	15.9374	16.7220	17.5487	18.4197	19.3373	20.3037
11	11.5668	12.1687	12.8078	13.4864	14.2068	14.9716	15.7836	16.6455	17.5603	18.5312	19.5614	20.6546	21.8143	23.0445	24.3493
12	12.6825	13.4121	14.1920	15.0258	15.9171	16.8699	17.8885	18.9771	20.1407	21.3843	22.7132	24.1331	25.6502	27.2707	29.0017
13	13.8093	14.6803	15.6178	16.6268	17.7130	18.8821	20.1406	21.4953	22.9534	24.5227	26.2116	28.0291	29.9847	32.0887	34.3519
14	14.9474	15.9739	17.0863	18.2919	19.5986	21.0151	22.5505	24.2149	26.0192	27.9750	30.0949	32.3926	34.8827	37.5811	40.5047
15	16.0969	17.2934	18.5989	20.0236	21.5786	23.2760	25.1290	27.1521	29.3609	31.7725	34.4054	37.2797	40.4175	43.8424	47.5804

（续表）

n/i	1%	2%	3%	4%	5%	6%	7%	8%	9%	10%	11%	12%	13%	14%	15%
16	17.2579	18.6393	20.1569	21.8245	23.6575	25.6725	27.8881	30.3243	33.0034	35.9497	39.1899	42.7533	46.6717	50.9804	55.7175
17	18.4304	20.0121	21.7616	23.6975	25.8404	28.2129	30.8402	33.7502	36.9737	40.5447	44.5008	48.8837	53.7391	59.1176	65.0751
18	19.6147	21.4123	23.4144	25.6454	28.1324	30.9057	33.9990	37.4502	41.3013	45.5992	50.3959	55.7497	61.7251	68.3941	75.8364
19	20.8109	22.8406	25.1169	27.6712	30.5390	33.7600	37.3790	41.4463	46.0185	51.1591	56.9395	63.4397	70.7494	78.9692	88.2118
20	22.0190	24.2974	26.8704	29.7781	33.0660	36.7856	40.9955	45.7620	51.1601	57.2750	64.2028	72.0524	80.9468	91.0249	102.4436
21	23.2392	25.7833	28.6765	31.9692	35.7193	39.9927	44.8652	50.4229	56.7645	64.0025	72.2651	81.6987	92.4699	104.768	118.8101
22	24.4716	27.2990	30.5368	34.2480	38.5052	43.3923	49.0057	55.4568	62.8733	71.4027	81.2143	92.5026	105.4910	120.4360	137.6316
23	25.7163	28.8450	32.4529	36.6179	41.4305	46.9958	53.4361	60.8933	69.5319	79.5430	91.1479	104.6029	120.2048	138.2970	159.2764
24	26.9735	30.4219	34.4265	39.0826	44.5020	50.8156	58.1767	66.7648	76.7898	88.4973	102.1742	118.1552	136.8315	158.6586	184.1678
25	28.2432	32.0303	36.4593	41.6459	47.7271	54.8645	63.2490	73.1059	84.7009	98.3471	114.4133	133.3339	155.6196	181.8708	212.7930
26	29.5256	33.6709	38.5530	44.3117	51.1135	59.1564	68.6765	79.9544	93.3240	109.1818	127.9988	150.3339	176.8501	208.3327	245.7120
27	30.8209	35.3443	40.7096	47.0842	54.6691	63.7058	74.4838	87.3508	102.7231	121.0999	143.0786	169.3740	200.8406	238.4993	283.5688
28	32.1291	37.0512	42.9309	49.9676	58.4026	68.5281	80.6977	95.3388	112.9682	134.2099	159.8173	190.6989	227.9499	272.8892	327.1041
29	33.4504	38.7922	45.2189	52.9663	62.3227	73.6398	87.3465	103.9659	124.1354	148.6309	178.3972	214.5828	258.5834	312.0937	377.1697
30	34.7849	40.5681	47.5754	56.0849	66.4388	79.0582	94.4608	113.2832	136.3075	164.4940	199.0209	241.3327	293.1992	356.7868	434.7451

（续表）

n/i	16%	17%	18%	19%	20%	21%	22%	23%	24%	25%	26%	27%	28%	29%	30%
1	1.0000	1.0000	1.0000	1.0000	1.0000	1.0000	1.0000	1.0000	1.0000	1.0000	1.0000	1.0000	1.0000	1.0000	1.0000
2	2.1600	2.1700	2.1800	2.1900	2.2000	2.2100	2.2200	2.2300	2.2400	2.2500	2.2600	2.2700	2.2800	2.2900	2.3000
3	3.5056	3.5389	3.5724	3.6061	3.6400	3.6741	3.7084	3.7429	3.7776	3.8125	3.8476	3.8829	3.9184	3.9541	3.9900
4	5.0665	5.1405	5.2154	5.2913	5.3680	5.4457	5.5242	5.6038	5.6842	5.7656	5.8480	5.9313	6.0156	6.1008	6.1870
5	6.8771	7.0144	7.1542	7.2966	7.4416	7.5892	7.7396	7.8926	8.0484	8.2070	8.3684	8.5327	8.6999	8.8700	9.0431
6	8.9775	9.2068	9.4420	9.6830	9.9299	10.1830	10.4423	10.7079	10.9801	11.2588	11.5442	11.8366	12.1359	12.4423	12.7560
7	11.4139	11.7720	12.1415	12.5227	12.9159	13.3214	13.7396	14.1708	14.6153	15.0735	15.5458	16.0324	16.5339	17.0506	17.5828
8	14.2401	14.7733	15.3270	15.9020	16.4991	17.1189	17.7623	18.4300	19.1229	19.8419	20.5876	21.3612	22.1634	22.9953	23.8577
9	17.5185	18.2847	19.0859	19.9234	20.7989	21.7139	22.6700	23.6690	24.7125	25.8023	26.9404	28.1287	29.3692	30.6639	32.0150
10	21.3215	22.3931	23.5213	24.7089	25.9587	27.2738	28.6574	30.1128	31.6434	33.2529	34.9449	36.7235	38.5926	40.5564	42.6195
11	25.7329	27.1999	28.7551	30.4035	32.1504	34.0013	35.9620	38.0388	40.2379	42.5661	45.0306	47.6388	50.3985	53.3178	56.4053
12	30.8502	32.8239	34.9311	37.1802	39.5805	42.1416	44.8737	47.7877	50.8950	54.2077	57.7386	61.5013	65.5100	69.7800	74.3270
13	36.7862	39.4040	42.2187	45.2445	48.4966	51.9913	55.7459	59.7788	64.1097	68.7596	73.7506	79.1066	84.8529	91.0161	97.6250
14	43.6720	47.1027	50.8180	54.8409	59.1959	63.9095	69.0100	74.5280	80.4961	86.9495	93.9258	101.4654	109.6117	118.4108	127.9125
15	51.6595	56.1101	60.9653	66.2607	72.0351	78.3305	85.1922	92.6694	100.8151	109.6868	119.3465	129.8611	141.3029	153.7500	167.2863
16	60.9250	66.6488	72.9390	79.8502	87.4421	95.7799	104.9345	114.9834	126.0108	138.1085	151.3766	165.9236	181.8677	199.3374	218.4722

（续表）

n/i	16%	17%	18%	19%	20%	21%	22%	23%	24%	25%	26%	27%	28%	29%	30%
17	71.6730	78.9792	87.0680	96.0218	105.9306	116.8937	129.0201	142.4295	157.2534	173.6357	191.7345	211.7230	233.7907	258.1453	285.0139
18	84.1407	93.4056	103.7403	115.2659	128.1167	142.4413	158.4045	176.1883	195.9942	218.0446	242.5855	269.8882	300.2521	334.0074	371.5180
19	98.6032	110.2846	123.4135	138.1664	154.7400	173.3540	194.2535	217.7116	244.0328	273.5558	306.6577	343.7580	385.3227	431.8696	483.9734
20	115.3797	130.0329	146.6280	165.4180	186.6880	210.7584	237.9893	268.7853	303.6006	342.9447	387.3887	437.5726	494.2131	558.1118	630.1655
21	134.8405	153.1385	174.0210	197.8474	225.0256	256.0176	291.3469	331.6059	377.4648	429.6809	489.1098	556.7173	633.5927	720.9642	820.2151
22	157.4150	180.1721	206.3448	236.4385	271.0307	310.7813	356.4432	408.8753	469.0563	538.1011	617.2783	708.0309	811.9987	931.0438	1067.2796
23	183.6014	211.8013	244.4868	282.3618	326.2369	377.0454	435.8607	503.9166	582.6298	673.6264	778.7707	900.1993	1040.3583	1202.0465	1388.4635
24	213.9776	248.8076	289.4945	337.0105	392.4842	457.2249	532.7501	620.8174	723.4610	843.0329	982.2511	1144.2531	1332.6586	1551.6400	1806.0026
25	249.2140	292.1049	342.6035	402.0425	471.9811	554.2422	650.9551	764.6054	898.0916	1054.7912	1238.6363	1454.2014	1706.8031	2002.6156	2348.8033
26	290.0883	342.7627	405.2721	479.4306	567.3773	671.6330	795.1653	941.4647	1114.6336	1319.4890	1561.6818	1847.8358	2185.7079	2584.3741	3054.4443
27	337.5024	402.0323	479.2211	571.5224	681.8528	813.6759	971.1016	1159.0016	1383.1457	1650.3612	1968.7191	2347.7515	2798.7061	3334.8426	3971.7776
28	392.5028	471.3778	566.4809	681.1116	819.2233	985.5479	1185.7440	1426.5719	1716.1007	2063.9515	2481.5860	2982.6444	3583.3438	4302.9470	5164.3109
29	456.3032	552.5121	669.4475	811.5228	984.0680	1193.5129	1447.6077	1755.6835	2128.9648	2580.9394	3127.7984	3788.9583	4587.6801	5551.8016	6714.6042
30	530.3117	647.4391	790.9480	966.7122	1181.8816	1445.1507	1767.0813	2160.4907	2640.9164	3227.1743	3942.0260	4812.9771	5873.2306	7162.8241	8729.9855

附表四　年金现值系数表

n/i	1%	2%	3%	4%	5%	6%	7%	8%	9%	10%	12%	14%	15%	16%	18%	20%	24%	28%	32%
1	0.9901	0.9804	0.9709	0.9615	0.9524	0.9434	0.9346	0.9259	0.9174	0.9091	0.8929	0.8772	0.8696	0.8621	0.8475	0.8333	0.8065	0.7813	0.7576
2	1.9704	1.9416	1.9135	1.8861	1.8594	1.8334	1.8080	1.7833	1.7591	1.7355	1.6901	1.6467	1.6257	1.6052	1.5656	1.5278	1.4568	1.3916	1.7663
3	2.9410	2.8839	2.8286	2.7751	2.7232	2.6730	2.6243	2.5771	2.5313	2.4869	2.4018	2.3216	2.2832	2.2459	2.1743	2.1065	1.9813	1.8684	2.0957
4	3.9020	3.8077	3.7171	3.6299	3.5460	3.4651	3.3872	3.3121	3.2397	3.1699	3.0373	2.9137	2.8550	2.7982	2.6901	2.5887	2.4043	2.2410	2.3452
5	4.8534	4.7135	4.5797	4.4518	4.3295	4.2124	4.1002	3.9927	3.8897	3.7908	3.6048	3.4331	3.3522	3.2743	3.1272	2.9906	2.7454	2.5320	2.5342
6	5.7955	5.6014	5.4172	5.2421	5.0757	4.9173	4.7665	4.6229	4.4859	4.3553	4.1114	3.8887	3.7845	3.6847	3.4976	3.3255	3.0205	2.7594	2.6775
7	6.7282	6.4720	6.2303	6.0021	5.7864	5.5824	5.3893	5.2064	5.0330	4.8684	4.5638	4.2882	4.1604	4.0386	3.8115	3.6046	3.2423	2.9370	2.7860
8	7.6517	7.3255	7.0197	6.7327	6.4632	6.2098	5.9713	5.7466	5.5348	5.3349	4.9676	4.6389	4.4873	4.3436	4.0776	3.8372	3.4212	3.0758	2.8681
9	8.5660	8.1622	7.7861	7.4353	7.1078	6.8017	6.5152	6.2469	5.9952	5.7590	5.3282	4.9146	4.7716	4.6065	4.3030	4.0310	3.5655	3.1842	2.9304
10	9.4713	8.9826	8.5302	8.1109	7.7217	7.3601	7.0236	6.7101	6.4177	6.1446	5.6502	5.2161	5.0188	4.8332	4.4941	4.1925	3.6819	3.2689	2.9776
11	10.3676	9.7868	9.2526	8.7605	8.3064	7.8869	7.4987	7.1390	6.8052	6.4951	5.9377	5.4527	5.2337	5.0286	4.6560	4.3271	3.7757	3.3351	3.0133
12	11.2551	10.5753	9.9540	9.3851	8.8633	8.3838	7.9427	7.5361	7.1607	6.8137	6.1944	5.6603	5.4206	5.1971	4.7932	4.4392	3.8514	3.3868	3.0133
13	12.1337	11.3484	10.6350	9.9856	9.3936	8.8527	8.3577	7.9038	7.4869	7.1034	6.4235	5.8424	5.5831	5.3423	4.9095	4.5327	3.9124	3.4272	3.0404
14	13.0037	12.1062	11.2961	10.5631	9.8986	9.2950	8.7455	8.2442	7.7862	7.3667	6.6282	6.0021	5.7245	5.4675	5.0081	4.6106	3.9616	3.4587	3.0609
15	13.8651	12.8493	11.9379	11.1184	10.3797	9.7122	9.1079	8.5595	8.0607	7.6061	6.8109	6.1422	5.8474	5.5755	5.0916	4.6755	4.0013	3.4834	3.0764
16	14.7179	13.5777	12.5611	11.6523	10.8378	10.1059	9.4466	8.8514	8.3126	7.8237	6.9740	6.2651	5.9542	5.6685	5.1624	4.7296	4.0333	3.5026	3.0882

（续表）

n/i	1%	2%	3%	4%	5%	6%	7%	8%	9%	10%	12%	14%	15%	16%	18%	20%	24%	28%	32%
17	15.5623	14.2919	13.1661	12.1657	11.2741	10.4773	9.7632	9.1216	8.5436	8.0216	7.1196	6.3729	6.0472	5.7487	5.2223	4.7746	4.0591	3.5177	3.0971
18	16.3983	14.9920	13.7535	12.6896	11.6896	10.8276	10.0591	9.3719	8.7556	8.2014	7.2497	6.4674	6.1280	5.8179	5.2732	4.8122	4.0799	3.5295	3.1039
19	17.2260	15.6785	14.3238	13.1339	12.0853	11.1581	10.3356	9.6036	8.9601	8.3649	7.3658	6.5504	6.1982	5.8775	5.3163	4.8435	4.0967	3.5386	3.1090
20	18.0456	16.3514	14.8775	13.5903	12.4622	11.4699	10.5940	9.8181	9.1285	8.5136	7.4694	6.6231	6.2593	5.9288	5.3528	4.8696	4.1103	3.5458	3.1129
21	18.8570	17.0112	15.4150	14.0292	12.8212	11.7641	10.8355	10.0168	9.2922	8.6487	7.5620	6.6870	6.3125	5.9731	5.3867	4.8913	4.1212	3.5514	3.1159
22	19.6604	17.6580	15.9369	14.4511	13.1630	12.0416	11.0612	10.2007	9.4424	8.7715	7.6446	6.7429	6.3587	6.0113	5.4099	4.9094	4.1299	3.5558	3.1180
23	20.4558	18.2922	16.4436	14.8568	13.4886	12.3034	11.2722	10.3711	9.5802	8.8832	7.7184	6.7921	6.3988	6.0442	6.4321	4.9245	4.1371	3.5592	3.1197
24	21.2434	18.9139	16.9355	15.2470	13.7986	12.5504	11.4693	10.5288	9.7066	8.9847	7.7843	6.8351	6.4338	6.0726	5.4509	4.9371	4.1428	3.5619	3.1210
25	22.0232	19.5235	17.4131	15.6221	14.0939	12.7834	11.6536	10.6748	9.8226	9.0770	7.8431	6.8729	6.4641	6.0971	5.4669	4.9476	4.1474	3.5640	3.1220
26	22.7952	20.1210	17.8768	15.9828	14.3752	13.0032	11.8258	10.8100	9.9290	9.1609	7.8957	6.9061	6.4906	6.1182	5.4804	4.9563	4.1512	3.5656	3.1227
27	23.5596	20.7059	18.3270	16.3296	14.6430	13.2105	11.9867	10.9352	10.0266	9.2372	7.9426	6.9352	6.5135	6.1364	5.4919	4.9636	4.1542	3.5669	3.1233
28	24.3164	21.2813	18.7641	16.6631	14.8981	13.4062	12.1371	11.0511	10.1161	9.3066	7.9844	6.9607	6.5335	6.1521	5.5016	4.9697	4.1566	3.5679	3.1237
29	25.0658	21.8444	19.1885	16.9837	15.1411	13.5907	12.2777	11.1584	10.1983	9.3696	8.0218	6.9830	6.5509	6.1656	5.5098	4.9747	4.1585	3.5687	3.1240
30	25.8077	22.3965	19.6004	17.2920	15.3725	13.7648	12.4090	11.2578	10.2737	9.4269	8.0552	7.0027	6.5660	6.1772	5.5168	4.8789	4.1601	3.5693	3.1242
35	29.4086	24.9986	21.4872	18.6646	16.3742	14.4982	12.9477	11.6546	10.5668	9.6442	8.1755	7.0700	6.6166	6.2153	5.5386	4.9915	4.1644	3.5708	3.1248
40	32.8347	27.3555	23.1148	19.7928	17.1591	15.0463	13.3317	11.9246	10.7574	9.7791	8.2438	7.1050	6.6418	6.2335	5.5482	4.9966	4.1659	3.5712	3.1250
45	36.0945	29.4902	24.5187	20.7200	17.7741	15.4558	13.6055	12.1084	10.8812	9.8628	8.2825	7.1232	6.6543	6.2421	5.5523	4.9986	4.1666	3.5714	3.1250
50	39.1961	31.4236	25.7298	21.4822	18.2559	15.7619	13.8007	12.2335	10.9617	9.9148	8.3045	7.1327	6.6605	6.2463	5.5541	4.9995	4.1666	3.5714	3.1250
55	42.1472	33.1748	26.7744	22.1086	18.6335	15.9905	13.9399	12.3186	11.0140	9.9471	8.3170	7.1376	6.6636	6.2482	5.5549	4.9998	4.1666	3.5714	3.1250